페이스북
믿음의 책 : 로마서 이야기

faith;book
페이스북

믿음의 책 : 로마서 이야기

김동호

규장

삶을 변화시키는 원동력,
복음의 힘!

저는 꽤 가난한 집 무녀독남 외아들로 태어나 누구 못지않은 핸디캡을 가지고 살아왔습니다. 성격은 병적이리만큼 내성적이고 무엇보다 열등의식이 많아서 그대로 컸다면 아마 정상적인 사회생활이 어렵지 않았을까 싶습니다. 공부에도 큰 취미가 없어서 우등상 한 번 받아본 적 없고 상고 출신으로 대학 진학에도 실패해 고등학교 졸업 후에는 세운상가 점원이 되었습니다.

오늘의 제 모습은 제가 한 번도 욕심 내보거나 꿈꾸어본 적 없는 삶입니다. 저는 지금 제가 꿈꾸지도 않고 욕심도 내어보지 않은 삶을 살고 있는 것입니다. 오늘의 제 삶은 말 그대로 하나님의 은혜입니다. 한량없는 은혜입니다.

꿈도 꾸어보지 못한 삶을 은혜로 살게 된 이유가 뭘까를 가끔 생각합니다. 목사로서 사용하는 상투적인 표현처럼 보일는지 모르겠으나, 그것은 '예수를 믿었기 때문'입니다.

교회가 좋아서 어려서부터 교회를 열심히 다녔습니다. 설교 듣는 것이 좋았습니다. 하나님은 아마 저에게 설교 잘 듣는 은사를 주신 것 같습니다. 설교도 잘 들었지만 성경을 읽다가도 곧잘 은혜를 받았습니다. 성경과 설교를 통하여 받은 은혜와 감동들이 제 삶의 축복이 되었습니다.

특히 로마서를 읽으며 받은 은혜가 컸습니다. 'Cool Head, Warm Heart'라는 말이 있습니다. '머리는 차갑게, 가슴은 뜨겁게'라는 말입니다. 말은 쉽지만 실제로는 참 어렵습니다. 머리가 차가우면 가슴도 차갑고, 가슴이 뜨거우면 머리까지 뜨거워지는 경우가 많습니다. 그런데 로마서를 읽으면 정말 'Cool Head, Warm Heart'가 자동적으로 됩니다. 그래서 저는 로마서를 좋아합니다.

〈CBS 성서학당〉에서 로마서를 강의한 적이 있습니다. 강의하면서 제가 좋았습니다. 로마서를 강의하면 언제나 제가 좋습니다. 제가 좋으면 대개 남도 좋아합니다. 이번에 규장에서 그 〈CBS 성서학당〉 로마서 강의를 책으로 만들어주었습니다. 약 2년 전부터 소셜네트워크(SNS) 페이스북(facebook)에 글을 올리고 있는데, 그곳에 글을 올리는 형식을 취해서 만들어주었습니다. 독자들에게 어떻게 읽혀질는지 궁금하고 조심스럽습니다. 형식은 어떻게 되었든지 간에 이 책을 통해 다만 몇 사람이라도 제가 받았던 그 은혜를 받을 수 있다면 좋겠다는 마음으로 용기를 내었습니다.

오랜 만에 규장에서 다시 책을 내게 되었습니다. 지면을 빌려 수고한 규장의 직원들에게 감사의 뜻을 전합니다.

김동호

CONTENTS

4
PART

구원받은 자의 삶, 구원의 목적을 이루는 삶

5
PART

하나님의 뜻, 사랑으로 세상을 섬겨라

페이스북
faith:book
믿음의 책

Part 1

정체성,
나는 하나님께
부름 받은 자

믿음의 책 : 로마서 이야기

CHAPTER 01

나는 예수 그리스도의
종이다

예수 그리스도의 종 바울은 사도로 부르심을 받아 하나님의 복음을 위하여 택정함을 입었으니 **롬 1:1**

쿨한 바울의 뜨거운 사랑 고백

1 신앙은 뜨거운 게 좋을까요, 차가운 게 좋을까요? 확실한 것은 미지근하면 안 됩니다. 성경은 "차든지 뜨겁든지" 하라고 했습니다. 어느 것 하나를 부정한 것이 아니라 차가운 것과 뜨거운 것 모두를 긍정한 것입니다. 차가운 것도 좋고, 뜨거운 것도 좋다는 것입니다.

2 머리는 뜨거워야 할까요, 차가워야 할까요? 차가워야 합니다. 가슴은 어떻습니까? 뜨거워야 합니다. 거꾸로 가슴이 차갑고 머리가 뜨거우면 골치 아픕니다. 머리는 차갑고 가슴은 뜨거운 것이 가장 이상적인 신앙의 모습이지요. 그런데 이것이 말처럼 쉽지는 않습니다. 머리가 차가운 사람은 가슴도 차갑기 쉽고, 반대로 가슴이 뜨거운 사람은 머리까지 뜨겁기 쉽기 때문입니다.

3 가슴이 뜨겁고 머리가 차가운 사람. 성경에 그 모델이 있습니다. 바로 바울입니다. 바울이 기록한 로마서는 굉장히 논리적입니다. 성경 중에서 가장 논리적이고 신학적인 책이 로마서이지요. 그러면서 또 굉장히 뜨겁습니다. 복음에 대한 타오르는 열정이 있습니다. 차가운 머리와 뜨거운 가슴의 이상적인 조화를 보여주는 책이 바로 바울이 기록한 로마서입니다.

4 바울은 성경을 기록할 때마다 첫 부분에 이런 고백을 자주 합니다. "나는 예수 그리스도의 종이다." 로마서 1장 1절에도 이 같은 고백이 나옵니다. "예수 그리스도의 종 바울은 사도로 부르심을 받아 하나님의 복음을 위하여 택정함을 입었으니"(롬 1:1).

바울은 자신을 왜 '종'이라고 표현했을까요? 바로 이 고백에서 바울이 예수님을 얼마나 뜨거운 가슴으로 사랑했는지 알 수 있습니다. 사랑할 때만 누군가의 종이 되고 싶기 때문입니다.

5 한용운 시인이 〈복종〉이라는 시를 썼습니다. 그 시에 이런 구절이 있습니다. "사람들은 자유를 좋아한다지만 나는 복종을 좋아하여요." 이 시에서 시인이 말하고자 한 것은 '사랑'입니다. 사랑하기 때문에 그 사람의 종이 되고 싶고, 그 사람으로부터 자유하기 싫다는 것입니다.

6 차가운 머리를 가졌던 학자, 바울의 뜨거운 가슴에서 나온 고백이 이것입니다. "나는 그리스도의 종입니다." 그는 이 사랑의 고백으로 로마서를 시작합니다.

7 우리도 주님을 사랑한다면 이렇게 고백해야 합니다. "나는 그리스도의 종입니다. 나는 예수 그리스도께 복종하고 싶습니다." 문제는 많은 신앙인들이 하나님의 종이 되려 하기보다는 하나님을 종으로 삼고 싶어 한다는 데 있습니다. 하나님을 내 소원을 들어주는 알라딘 램프의 요정쯤으로 생각합니다.

8 놀라운 것은 하나님이 그런 우리를 괘씸하게 여기시거나 싫어하지 않으신다는 것입니다. 하나님은 우리에게 "구하라, 찾아라, 두드려라. 구하기만 하면 내가 어디서든 찾아서 가져다줄게. 찾기만 하면 내가

어디서든 찾아서 가져다줄게"(마 7:7,8 참조)라고 말씀하십니다. 하나님이 우리를 사랑하셔서 스스로 우리의 종이 되고자 하시는 것입니다. 그만큼 우리를 사랑하신다는 것입니다.

9 우리가 하나님을 사랑한다면 하나님의 종이 되어야 합니다. 그러나 대개 우리의 신앙은 하나님을 종으로 삼는 것에서 끝나고 맙니다. 하나님의 종이 되려고 하지 않습니다. 이런 신앙에서 더 나아가 주님의 종이 되겠노라고 고백하는 신앙으로 나아가야 합니다.

10 믿음은 사랑하는 것입니다. 사랑하는 것이 곧 믿음입니다. 그렇다면 사랑은 무엇일까요? 사랑은 복종하고 싶은 것입니다. 다른 말로 하면 '순종'입니다. 그렇기 때문에 "하나님, 말씀하세요. 주의 종이 되겠습니다"라고 고백하는 신앙이 진짜 믿음이라고 할 수 있습니다. 하나님께 구하기만 하고 하나님을 종으로만 만들려는 신앙은 '반쪽 신앙'도 아니고 '3분의 1 신앙'쯤 될 것입니다. 우리는 하나님을 램프의 요정으로 삼는 것이 아니라 하나님의 종이 되겠다는 사랑의 고백을 올려드리는 진짜 믿음을 가져야 합니다.

잡히면 죽는다? 잡히면 산다!

11 사람들은 종이 되는 것을 정말 싫어합니다. 그 이유가 뭘까요? 종에게는 자유가 없기 때문입니다. 자유가 얼마나 소중한 것인데 쉽게 포기할 수 있겠습니까? 하지만 하나님의 종이 되는 것은 예외입니다. 하나님의 종이 되면 자유함을 얻습니다. 기독교가 가진 역설(逆設)이지요. 하나님의 종이 되면 자유함을 얻고, 하나님으로부터 자유하면 종이 됩니다.

12 아이들이 어렸을 때 휴가를 맞아 홍천에 간 적이 있습니다. 아침 일찍

일어나 잠자리채 하나 들고 아이들을 데리고 새벽예배에 다녀오는데, 가는 길에 보니 물이 조금 고인 웅덩이가 있고, 그곳에 개구리 몇 마리가 모여 있었습니다. 가만 보니 곧 해가 뜨고 웅덩이의 물이 마르면 개구리들이 죽게 생겼습니다.

13 그래서 아이들에게 "개구리가 저렇게 있으면 죽어"라고 하니 이해를 잘 못합니다. "왜 죽어요? 물속에서 잘 놀고 있는데요?" 그래서 "여기는 웅덩이니 물이 곧 마를 테고, 물이 마르면 개구리는 웅덩이 위로 못 올라오고 죽고 말아"라고 했더니 "그럼 살려줘야지!" 하며 잠자리채로 개구리를 잡기 시작합니다. 웅덩이 밖으로 꺼내어 살려주기 위해서였지요. 그러자 개구리들이 죽겠다고 도망칩니다. 잡히면 죽는 줄 알고. 그래도 열심히 잡았습니다. 몇 마리는 잡아서 건져주고, 몇 마리는 끝까지 도망가기에 할 수 없이 포기하고 가던 길을 재촉했습니다. 계속 개구리만 잡고 있을 수는 없었기 때문입니다.

14 개구리 입장에서 한번 생각해봅시다. 왜 그렇게 죽겠다고 도망쳤을까요? "잡히면 죽는다"고 생각했기 때문입니다. 하지만 실상은 그 반대였습니다. 잡히면 살고, 안 잡히면 죽는 것이었지요. 잡힌 개구리는 아마도 "아이고, 이젠 죽었구나"라고 생각했을 것입니다. 하지만 사실은 살았습니다. 반대로 끝까지 도망친 개구리는 "휴, 하마터면 죽을 뻔했네" 하며 안도했겠지요. 하지만 곧 죽게 되었습니다.

15 하나님도 우리를 잡으려고 하십니다. 우리는 그 하나님의 손길을 피해 도망가기 바쁩니다. 잡히면 죽는 줄 알고. 하나님의 종이 되면 자유를 빼앗기고 내가 가진 것도 다 잃게 되는 줄 알고 열심히 줄행랑치지만 실상은 그 반대입니다. 하나님은 우리를 종으로 만드시는 분이

아니라 자유케 하시는 분입니다. 하나님만이 우리에게 자유를 주실 수 있습니다.

16 자유케 하는 분의 종이 되면 자유를 얻습니다. 거꾸로 자유케 하는 분에게서 자유하면 종이 됩니다. 이 사실을 알았던 바울은 참으로 지혜로웠습니다. 그는 뜨거운 가슴을 가지고 있으면서도 냉철한 머리로 자신이 왜 종이 되어야 하는지를 알았습니다. 예수 그리스도의 종이 되어야만 참으로 자유한 사람이 될 수 있다는 사실을 안 것입니다.

17 예전에 영락교회 담임목사님이었던 임영수 목사님이 어느 잡지사와 인터뷰를 하는데, 인터뷰가 끝날 무렵 기자가 마지막으로 이런 질문을 했습니다. "목사님은 왜 예수 믿으세요?" 정말 기가 막힌 질문입니다. 보통 목사님들에게 "왜 예수님을 믿느냐?"는 질문은 잘 하지 않습니다. "왜 목사가 되었느냐?"는 질문이라면 몰라도 말입니다. 그런데 그 질문에 대한 목사님의 대답이 더 놀라웠습니다. 목사님은 이렇게 대답했습니다.
"저는 자유하는 사람이 되려고 예수를 믿습니다."

18 그렇습니다. 예수 믿으면 자유합니다. 비교할 대상은 아니지만 미신은 어떻습니까? 인간의 자유를 억제합니다. 이사도 마음대로 못가고 점쟁이에게 날을 받아야 합니다. 손 없는 날을 골라서 이사해야 하기 때문입니다. 또 아무 데로나 갈 수도 없습니다. 동쪽, 서쪽 방향을 받아서 가야 합니다. 그렇게 벌벌 떱니다.

19 예수님을 믿는 우리는 언제 이사할 수 있습니까? 주일 말고 아무 때나 가능합니다. 어디로 갈 수 있습니까? 아무 데로나 갈 수 있습니다. 하

나님께서는 우리가 어디로 가든지 무엇을 하든지 함께해주시겠다고 말씀하십니다. "네가 어디로 가든지 네 하나님 여호와가 너와 함께 하느니라 하시니라"(수 1:9).

20 기독교는 자유합니다. 기독교에서 가장 중요한 것이 자유입니다. 하나님은 우리를 자유케 하십니다. "그리스도께서 우리를 자유롭게 하려고 자유를 주셨으니 그러므로 굳건하게 서서 다시는 종의 멍에를 메지 말라"(갈 5:1).

21 하나님은 왜 우리에게 자유를 주실까요? 이유는 간단합니다. 하나님이 우리를 사랑하시기 때문입니다. 사랑하시기 때문에 우리가 자유롭기를 바라십니다. 그 사랑 때문에 하나님 자신은 우리의 종이 되고자 하시면서 우리는 자유케 되기를 바라시는 것입니다. 다 사랑 때문입니다.

22 저는 개를 참 좋아합니다. 그래서 가능한 개를 목줄을 매서 끌고 다니지 않는 편입니다. 그래도 가끔은 목줄을 맵니다. 개가 천방지축 뛰어다니면 제가 개를 못 따라갈 때가 있기 때문입니다. 아무리 개를 좋아해도 개가 저를 따라와야지 제가 개를 따라다닐 수는 없는 노릇입니다.

23 그런데 손녀는 어떨까요? 제가 손녀를 묶고 다닐까요? 아닙니다. 손녀가 어디로 가든지, 무엇을 하든지 손녀가 가는 대로 '어, 어' 하며 우스꽝스러운 모양새로 따라다닙니다. 이유는 간단하지요. 사랑 때문입니다. 자유는 사랑을 말합니다. 하나님은 우리를 사랑하시기 때문에 자유를 주십니다. 자유를 주시는 한편 우리를 보호하십니다. 이 모든 것이 다 우리를 향한 사랑 때문입니다.

24 "나는 그리스도의 종입니다"라는 고백 말고 사도 바울이 또 잘 쓰는 표현이 있습니다. '사도로 부름 받은 자'라는 표현입니다. "예수 그리스도의 종 바울은 사도로 부르심을 받아 하나님의 복음을 위하여 택정함을 입었으니"(롬 1:1).

25 '부르심'이란 다른 말로 하면 '소명'이고, 영어로는 '콜링'(Calling)입니다. 사도 바울은 소명의식이 강한 사람이었습니다. 그가 쓴 서신서에 '나는 사도로 부름 받은 자'라는 고백이 빠진 적이 없을 정도입니다. 그의 삶은 하나님의 부르심에 온전히 집중되어 있었습니다.

26 제가 성지순례를 갔다가 바울의 전도여행 여정을 따라가 본 적이 있습니다. 길이 얼마나 멀고 험한지, 차도 없던 그 옛날에 이런 길을 어떻게 다녔을까 하는 생각이 절로 들었습니다. 그때는 산속에 도둑도 있었을 테고 산짐승도 있었을 텐데 말입니다. 그야말로 생명 내놓고 살기로 작정한 사람이었습니다.

27 하나님이 부르시기만 하면 강도, 바다도, 매 맞는 것도, 도둑맞는 것도, 추위도, 더위도 그의 발걸음을 막을 수 없었습니다. 그냥 가는 것입니다. 그에게는 하나님의 부르심이 최우선순위였습니다. 물불을 가리지 않았습니다. 그런데 이 소명의식이 인간을 얼마나 행복하고 가치 있게 하는지 모릅니다.

28 우리 큰아이가 초등학교 1학년 때 친구 집에 놀러갔다 와서는 호들갑을 떨며 이렇게 말하는 겁니다. "아빠, 제가 친구 집에 갔다 왔는데요, 걔네 집이 굉장히 잘 살아요!" 왜냐고 물었더니 이렇게 말합니다. "자

가용이 두 대나 있고, 집에 수영장도 있어요."

29 저는 말을 무척 중요하게 생각합니다. 말이 정확해야 생각이 정확하고, 생각이 정확해야 삶이 정확해지기 때문입니다. 말을 아무렇게나 하면 삶 역시 흐트러집니다. 가능한 한 발음도 정확히 하려고 애를 쓰지요. 저는 큰아이가 '잘 산다'는 말을 잘못 사용하고 있다는 것을 알았습니다. '잘 산다'는 말은 중요합니다. '잘 산다'는 말을 잘못 쓰면 잘못 살게 되기 때문입니다. 큰아이가 어떻게 말해야 했을까요? "집이 굉장히 부자예요"가 맞는 표현입니다. 자가용이 두 대이고 집에 수영장이 있는 것은 '굉장히 부자인 것'이지 '굉장히 잘 사는 것'이 아닙니다. 부자로 사는 것이 꼭 잘 사는 것은 아닐 수도 있지요. 우리는 보통 돈 없는 사람을 '못 산다'라고 표현하는데, 이것 역시 잘못된 표현입니다. 돈이 없는 것은 '가난한 것'이지 '못 사는 것'이 아닙니다.

30 돈을 싫어하는 사람은 없을 것입니다. 목사라고 예외는 아닙니다. 하지만 돈이 아무리 좋아도 돈에는 한계가 있습니다. 돈은 절대로 우리를 잘 살게 하지 못합니다. 돈은 그저 우리를 부자가 되게 할 뿐입니다. 잘 사는 것은 돈이 많은 것이 아닙니다. 그러면 '잘 사는 것'은 어떤 것일까? 이렇게 말할 수 있습니다. "잘 사는 것은 소유가치가 높은 것이 아니라 존재가치가 높은 것이다."

31 1992년, 미국에서 나온 선배 목사 한 명이 텔레비전을 보다가 한국 아이들이 십만 원이 넘는 운동화를 신고 다닌다는 말을 듣고 깜짝 놀라서 제게 물었습니다. 그때 당시 십만 원이면 정말 큰돈이었습니다. "한국 아이들이 십만 원이 넘는 운동화를 신고 다닌다는 게 정말이야?" 저도 전혀 모르는 이야기이기 때문에 대답을 해줄 수 없었습니

다. 저는 그때 한국 아이들이 그런 운동화를 신고 다니는 것을 알기는
커녕 그런 운동화가 있다는 것도 몰랐습니다.

32 "정말 십만 원 넘는 운동화가 있냐?" 집에 와서 아이들에게 물었더니,
무슨 메이커 농구화가 십만 원이 넘는다고 합니다. "너희 학교에도 그
런 운동화를 신고 다니는 애들이 있니?" 다시 묻자 아이들이 이렇게
대답합니다. "우리 빼고 다 신어요." "너희는 왜 사달라고 조르지 않
니?" 그러자 아이들이 이렇게 대답합니다. "사달라고 해도 어차피 사
주지 않으실 텐데요, 뭐."

33 그날 사무실에 돌아가 아이들에게 편지를 썼습니다. '그런 비싼 운동
화 사달라고 조르지 않아서 고맙다'는 말과 함께 왜 그런 운동화를 신
으면 안 되는지에 대해 설명해주었습니다. 왜 그런 비싼 운동화를 신
으면 안 됩니까? 간단합니다. 쓸데없기 때문입니다.

34 그때 황영조 선수가 올림픽 마라톤에서 금메달을 땄는데, 당시 그를
후원하던 모 회사에서 1억 원을 들여 황영조 선수의 운동화를 만들어
주었습니다. 엄청난 금액이긴 하지만 황영조 선수가 1억 원짜리 운동
화를 신는 것은 괜찮습니다. 쓸데가 있기 때문입니다. 세계적인 마라
톤 선수가 좋은 운동화를 신고 다만 몇 초라도 기록을 단축할 수 있다
면 1억 원짜리 운동화도 신을 수 있습니다. 하지만 필요 없다면 십만
원짜리도 과합니다. 이것이 논리적이고 합리적입니다.

35 저는 아이들에게 이렇게 당부했습니다.
"너희들이 십만 원짜리 운동화를 신는 까닭이 무엇이냐? 기록을 단축
하기 위함이냐, 국위를 선양하기 위함이냐? 그것이 아니라 자랑하기

위함이 아니니? 하지만 조금만 생각해봐라. 그것이 얼마나 창피한 일이냐? 오죽 자랑할 게 없으면 신발을 자랑하느냐? 너희는 신발을 자랑하지 말고 너의 사람됨을 자랑하며 사는 사람이 되어라."

36 사람들은 소유가치가 높아지면 잘 사는 것으로 생각합니다. 하지만 그렇지 않습니다. 소유가치가 아니라 존재가치가 높아야 잘 사는 것입니다. 예수를 믿건, 안 믿건 소유가치는 높아질 수 있습니다. 하지만 예수를 안 믿고서 존재가치가 높아질 수는 없습니다. 예수 안 믿고 부자가 될 수는 있지만, 예수 안 믿고 잘 살 수는 없습니다. 우리의 존재가치는 하나님으로부터 주어지기 때문입니다.

37 존재가치는 존재목적에서 나옵니다. 모든 존재에는 목적이 있습니다. 목적 없이 존재하는 것은 아무것도 없지요. 볼펜은 글씨를 쓰기 위한 목적을 가지고 만들어졌습니다. 볼펜의 가치는 그 목적에서 나옵니다. 그런데 어느 날 볼펜이 다 닳아서 더 이상 나오지 않게 되면 어떻게 됩니까? 쓰레기통으로 직행입니다. 이제는 더 이상 목적을 행할 수 없으니 그 존재가치가 없어졌기 때문입니다.

38 이처럼 모든 존재의 가치는 목적에서 옵니다. 목적을 떠나서는 가치를 논할 수 없습니다. 따라서 사람의 존재가치는 강남에 사느냐, 강북에 사느냐, 버스를 타고 다니느냐, 자가용을 타고 다니느냐, 십만 원짜리 신발을 신느냐, 만 원짜리 신발을 신느냐에 따라 정해지지 않습니다. "목적대로 살고 있는가?"에 따라 정해집니다.

39 그러나 사람들은 존재가치를 묻지 않습니다. "나는 왜 존재하는가? 나는 무엇을 위해서 태어났는가? 내 생애의 목적이 무엇일까?" 이런

근원에 대한 질문 대신 '뭐 먹을까, 뭐 마실까, 뭐 입을까'에 대해서만 집중합니다. 아이들은 십만 원짜리 운동화를 자랑하고 싶어 하지만 어른들은 더 좋은 차, 더 좋은 집, 명품가방 같은 것들로 자신을 자랑하고 싶어 합니다. 그런 것들을 내보이며 자신이 '잘 산다'고 여깁니다. 그러나 그것은 진짜 잘 사는 것이 아닙니다. 잘 살기 위해서는 존재목적이 무엇인지를 생각해야 합니다.

존재목적은 내가 결정하지 않는다

40 그렇다면 우리의 존재목적은 어디서 비롯되는 것입니까? 여기에는 원칙이 있습니다. 존재목적은 존재로부터 말미암지 않고 존재케 한 이로부터 말미암는다는 것입니다.

41 볼펜의 경우를 다시 생각해봅시다. 볼펜은 스스로 목적을 가지고 태어날 수 없습니다. 볼펜의 목적은 그 볼펜을 만든 사람으로부터 비롯됩니다. 시계의 존재목적은 시계가 부여하는 것이 아니라 시계를 만든 사람이 부여하는 것입니다.

42 사람도 마찬가지입니다. 나의 존재목적은 내가 결정하는 것이 아니라 나를 만드신 하나님이 결정하시는 것입니다. 따라서 잘 산다는 것은 나를 창조하신 하나님의 뜻대로 사는 것입니다. 그런데 우리는 밤낮 내 뜻대로, 내 욕심대로 살려고 합니다. 바로 이것이 우리의 문제입니다. 하나님의 뜻대로 살아야 잘 살 수 있습니다. "주여, 말씀하옵소서. 주의 종이 듣겠나이다." 바로 이것이 잘 사는 길입니다. 그러니 사도 바울이 얼마나 잘 살았던 사람입니까? 그는 하나님이 자신을 부르셨다는 '소명의식'으로 늘 무장되어 있었습니다. 목적에 이끌리는 삶이 될 때 우리의 삶은 완벽해지고 훌륭해집니다.

43 '목적이 이끄는 삶'의 반대되는 삶은 '욕심이 이끄는 삶'입니다. 내가 내 삶의 주인이 되어 나를 이끌고 하나님까지 내 욕심으로 끌어당깁니다. 이런 삶은 시작은 좋은 것처럼 보일지 몰라도 그 결말은 허망한 법입니다. 부자가 되고, 출세를 할 수 있을지는 몰라도 자기가 왜 태어났는지, 하나님이 자신을 어디에 쓰고자 만드셨는지 전혀 모른 채 그저 살아가게 됩니다. 이런 삶은 결코 잘 사는 삶이 아닙니다.

44 세상에서 가장 어려운 것 중 하나가 바로 욕심을 버리는 것입니다. 욕심을 버린다는 것은 자기를 부인하는 것, 즉 자신을 버리는 것으로, 이것을 이루면 도통(道通)한 것입니다. 그런데 욕심을 버릴 수 있는 비결이 하나 있습니다. 가치관이 바뀌면 됩니다. 욕심은 가치관과 연결되어 있습니다. 그래서 가치관이 바뀌면 욕심을 버릴 수 있습니다.

45 막내아들이 말을 배우기 시작할 때의 일입니다. 가장 먼저 배운 말이 '엄마', 두 번째로 배운 말이 '아빠', 그리고 세 번째로 배운 말이 '백 원'이었습니다. 형들 따라서 슈퍼마켓에 다니다가 돈의 가치를 배운 것입니다. '백 원 주면 사탕도 주고, 장난감 시계도 주는구나.' 백 원의 가치를 알게 되니 욕심이 생겼고, 욕심을 이루려고 말을 배웠습니다. 그러더니 맨날 "엄마, 백 원", "아빠, 백 원" 했습니다.

46 어느 날은 심방 가려는데 막내아들이 길을 막고는 "아빠, 백 원" 합니다. 그래서 백 원짜리 하나를 꺼내서 주려는데 오백 원짜리가 나왔습니다. 어쩔까 하다가 "너 오늘 수지맞았네" 하면서 그냥 오백 원짜리를 주려는데 문제가 생겼습니다. 백 원이 아닌 것입니다. 막내아들이 보기에는 백 원 같기도 하고 아닌 것 같기도 합니다. 그 모습을 보고 제가 웃었더니 장난 치는 줄 알고 오백 원을 내버렸습니다. 그러면서

어서 백 원 내놓으라고 떼를 씁니다. 그때 큰아들이 와서는 "그거 오백 원이야. 백 원짜리 다섯 개야" 하면서 펄펄 뛰어도 못 알아듣습니다.

47 두 살짜리가 그러니 귀엽고 예쁘지만, 다 커서도 그랬다면 아마 근심이 컸을 것입니다. 간단합니다. 오백 원의 가치를 아는 사람이 백 원에 대한 욕심을 버리는 것은 일도 아닙니다. 그래서 우리가 욕심을 버리기 위해서는 거듭나야 합니다. 가치관이 변해야 하기 때문입니다.

48 예수님은 니고데모에게 이렇게 말씀하셨습니다. "사람이 물과 성령으로 나지 아니하면 하나님의 나라에 들어갈 수 없느니라"(요 3:5). 성령 받고 하나님나라를 보게 되면 무엇이 좋습니까? 그때부터는 세상이 별것 아닌 것으로 보입니다. 세상은 백 원짜리이기 때문입니다.

49 바울이 다메섹 도상에서 예수님을 만났습니다. 후에 그는 어떻게 되었습니까? "또한 모든 것을 해로 여김은 내 주 그리스도 예수를 아는 지식이 가장 고상하기 때문이라 내가 그를 위하여 모든 것을 잃어버리고 배설물로 여김은 그리스도를 얻고"(빌 3:8). 예수 그리스도를 아는 지식이 가장 고상하기 때문에 세상 모든 자랑을 배설물로 여기게 되었습니다.

50 거듭나면 쓸데없는 욕심은 다 버리고 오직 하나님의 뜻을 이루기 위해 달려가게 됩니다. 사도 바울이 그랬습니다. 그래서 그는 "나는 예수 그리스도의 종입니다. 나는 사도로 부르심을 받았습니다"라고 고백할 수 있었던 것입니다. 바울의 이 고백에는 지혜도 있고 열정도 담겨 있습니다. 저도 정말 바울처럼 살고 싶습니다. 우리 모두 그렇게 살았으면 좋겠습니다.

CHAPTER 02

복음에
목숨 걸다

예수 그리스도의 종 바울은 사도로 부르심을 받아 하나님의 복음을 위하여 택정함을 입었으니 이 복음은 하나님이 선지자들을 통하여 그의 아들에 관하여 성경에 미리 약속하신 것이라 그의 아들에 관하여 말하면 육신으로는 다윗의 혈통에서 나셨고 성결의 영으로는 죽은 자들 가운데서 부활하사 능력으로 하나님의 아들로 선포되셨으니 곧 우리 주 예수 그리스도시니라 그로 말미암아 우리가 은혜와 사도의 직분을 받아 그의 이름을 위하여 모든 이방인 중에서 믿어 순종하게 하나니 너희도 그들 중에서 예수 그리스도의 것으로 부르심을 받은 자니라 **롬 1:1-6**

복음을 위한 종

1 사도 바울은 로마서를 시작하면서 자신을 "나는 예수님의 종"이라고 고백합니다. '종'이라면 주인이 시키는 대로 행하는 사람인데, 종마다 부름 받은 일이 다 다를 것입니다.

2 사도 바울은 자신이 무엇을 위한 '종'인지 알았습니다. 그는 자신을 '복음을 위한 종'이라고 고백합니다. "예수 그리스도의 종 바울은 사도로 부르심을 받아 하나님의 복음을 위하여 택정함을 입었으니"(롬 1:1).

3 '복음'은 무엇일까요? 복음(福音)이란 말 그대로 '복된 소리, 기쁜 소리'입니다. 아마 "돈이 생겼습니다"는 소식이 많은 사람들에게 가장 기쁜 소식일 것입니다. 어떤 사람에게는 "건강이 좋아졌습니다"라는 말이 가장 복된 소식일 수도 있습니다.

4 그러나 사도 바울이 말하는 '복음'은 이런 것과 다릅니다. 그는 이 복음에 대해 매우 간단하게 설명합니다. "이 복음은 하나님이 선지자들을 통하여 그의 아들에 관하여 성경에 미리 약속하신 것이라"(롬 1:2). 이 말은 예수 그리스도가 곧 복음이라는 것입니다. 즉 "나는 예수 그리스도의 종이다. 나는 복음을 위해 택정함을 받은 종이다. 그런데 그 복음은 예수 그리스도시다"라는 말입니다. 그래서 로마서 1장은 예수

그리스도에 대한 이야기로 전개됩니다.

5 어릴 때 저희 집은 밥을 굶을 정도는 아니었지만 가난한 축에 속했습니다. 그러다 중학교 3학년 때 처음으로 '우리 집'이 생겼습니다. 열다섯 살의 어린 나이였지만 얼마나 기쁘고 감격스러웠는지 모릅니다. 새 집에서의 첫 날, 잠을 이룰 수가 없었습니다. 방바닥도 쓸어보고 벽도 쓸어보며 감탄을 거듭했습니다. "우리 집이 생겼다"는 소식이 그때 저에겐 그야말로 '복음'이었습니다. 그러나 그 만족과 기쁨과 설렘은 딱 하루짜리였습니다. 다음 날부터는 잘 잤습니다.

6 돈이 주는 만족감이 분명히 있습니다. 평생 셋방살이 하다가 갖은 고생을 다해 처음으로 자기 집을 샀는데, 첫날부터 쿨쿨 잠이 잘 온다면 아마 감정이 메마른 사람일 것입니다. 하지만 돈이 주는 만족감은 그리 오래 가지 않습니다. 제가 딱 하루 새 집에서 설레는 마음에 잠 못 이루었던 것처럼 말입니다.

7 세상 어떤 것으로도 일주일 이상 행복을 누리기가 어렵습니다. 처음에는 세상을 다 가진 것처럼 행복하다가도 조금만 지나면 처음의 감격은 금세 시들해지고 그저 그렇습니다. 돈 역시 마찬가지입니다. 이것을 알고 '돈 있으면 좋고 없으면 할 수 없지. 돈 없을 때도 잘 살았어'라고 생각해야지, 돈에 목숨을 걸거나 돈이 전부인 것처럼 생각하면 안 됩니다. 돈은 진짜 복음이 될 수 없습니다. 세상 어떤 것도 진정한 복음이 될 수는 없습니다.

하나님의 지극한 사랑

8 하나님은 우리를 지극히 사랑하십니다. 어느 정도로 사랑하는지 아십

니까? 우리를 향한 사랑 때문에 하나님은 기꺼이 우리의 종이 되고자 하십니다. 사랑하면 사랑하는 대상이 내 생명보다 더 귀하게 느껴집니다. 천하보다 그 대상이 더 귀하게 여겨집니다. 하나님이 바로 그렇게 우리를 사랑하십니다. 그 증거가 예수님의 십자가입니다.

9 몇 해 전 해외 코스타에 참석하기 위해 공항에 있는데 큰아들에게서 전화가 왔습니다. 아들이 대뜸 "아버지, 축하드립니다!"라고 합니다. "뭐가?"라고 물었더니 "아버지가 올해 할아버지가 되십니다"라며 곧 손주가 생길 것이라는 소식을 전해주었습니다. 그 소식을 듣는 순간 얼마나 기쁜지 몸이 두둥실 떠올라 발이 땅에 안 닿는 것 같았습니다.

10 며칠 후에 아들이 배 속의 아이를 찍은 초음파 사진을 가지고 왔습니다. 손녀에게는 미안하지만, 꼭 작은 벌레같이 생긴 것이 그 사진 안에 담겨 있었습니다. 그때 태아의 크기가 2.8센티미터였습니다. 손가락 두 마디도 안 되는, 아직 사람같이 생기지도 않은 손녀의 사진을 보고 또 봤습니다. 저는 그날 이런 글을 썼습니다. "우주보다 더 큰 2.8센티미터."

11 그 2.8센티미터 작은 태아를 위해 저는 모든 것을 다 버릴 수 있을 것 같았습니다. 생명까지도 말입니다. 손녀이기 때문에, 사랑하기 때문입니다.

12 하나님은 우리를 향한 사랑 때문에 벌레만도 못한 우리에게 "넌 정말 귀한 존재란다. 넌 천하보다 귀해"라고 말씀하십니다. 사랑이 아니면 불가능한 말입니다. 이 말씀까지는 그래도 이해할 수 있다고 합시다. 하나님은 그보다 더한 말씀을 하십니다. "넌 나보다 귀해."

13 바로 그것이 십자가 사건입니다.

14 본래 십자가에 누가 달려야 합니까? 죄인인 우리가 달려야 합니다. 그런데 그 자리에 예수님이 대신 달려 돌아가셨습니다. "예수님, 왜 예수님이 죽으셨어요? 제가 죽어야 하는데, 왜 예수님이 대신 죽으셨어요?" 만약 우리가 이렇게 물어본다면 예수님은 이렇게 대답하실 것 같습니다. "넌 나보다 귀하단다. 내가 죽는 게 더 대가가 싼 거야."

15 말이 안 됩니다. 도무지 이해할 수 없습니다. 그러나 사랑으로는 말이 됩니다. 부모는 자녀를 위해 자신의 목숨을 대신 내놓을 수 있습니다. 죽음 앞에 놓인 자녀를 향해 "너 대신 내가 살아야겠다"고 이야기하는 부모는 없습니다. 하나님은 당연하게 자신의 목숨을 내놓으셨습니다. 우리 대신 십자가에 달려 돌아가셨습니다. 사랑 때문입니다.

16 우리가 인정하든 안 하든, 우리 한 사람은 천하보다 귀합니다. 하나님은 자신의 생명보다 우리를 더 귀히 여기십니다. 그러니 세상 그 무엇이 우리에게 복음이 될 수 있겠습니까? 이 이상의 복음은 없습니다.

사람이 천하보다 귀하다

17 사람을 이토록 귀하게 여기시는 하나님이 가장 좋아하시는 것이 있습니다. 그것은 하나님이 사랑하시는 사람을 사랑하는 것입니다. 그것이 복 받는 비결입니다. 사람을 사랑하면 복 받습니다. 사람을 깔보면 벌 받습니다. 특별히 좀처럼 사랑할 수 없는 사람, 모두가 깔보는 사람을 사랑하면 복 받습니다.

18 예수님은 이렇게 말씀하셨습니다. "누구든지 제자의 이름으로 이 작

은 자 중 하나에게 냉수 한 그릇이라도 주는 자는 내가 진실로 너희에게 이르노니 그 사람이 결단코 상을 잃지 아니하리라 하시니라"(마 10:42). 그러나 부자요 권력자에게 냉수 대접하면 복 받는다는 내용은 성경에 없습니다. 그렇게 말씀하지 않아도 많은 사람들이 당연히 그렇게 할 것이기 때문입니다.

19 신학교 시절, 체육대회 때마다 부르던 응원가가 있습니다. "밟아라, 밟아라. 오뉴월의 개구리 밟듯이 꽉꽉 밟아라. 뽀개라, 뽀개라. 동지섣달 장작 뽀개듯 팍팍 뽀개라." 이렇게 살벌한 가사의 노래가 신학생들이 부르던 응원가입니다. 이처럼 타락한 인간의 본능은 '너를 밟고 내가 올라서는 것, 너를 뽀개서 내가 사는 것, 너의 불행이 내 행복'입니다. 이것이 완전히 뒤집히고 거듭나야 복 받습니다.

20 우리가 반드시 기억해야 하는 것은 한 인간이 천하보다 더 귀하다는 것입니다. 그래서 자살과 살인이 치명적인 죄입니다. 어떻게 하나님이 그토록 귀하게 여기시는 자기 자신을 죽이고 다른 사람을 죽일 수 있습니까? 있을 수 없는 일입니다.

21 때로는 우리가 하나님의 뜻을 이해할 수 없어서 견디기 힘든 순간을 맞기도 합니다. 하나님은 자신이 사랑하는 사람이라고 해서 늘 편하게 해주시는 것은 아닙니다. 편하면 인간이 약해지기 때문입니다. 때로는 물속에도 집어넣으시고 불 가운데로 지나가게도 하십니다.

22 하지만 어느 때에라도 우리가 잊어서는 안 되는 것이 있습니다. 사람이 천하보다 귀하다는 사실입니다. "상황은 내가 이해할 수 없지만 하나님은 나를 사랑하셔. 나는 이런 어려움 때문에 죽을 사람이 아니야.

나는 귀한 사람이야. 이것 때문에 내가 죽고 망할 사람이라면 우리 예수님이 나를 위해서 십자가를 지시지도 않았다!" 그러면서 "나의 영혼이 잠잠히 하나님만 바람이여 나의 구원이 그에게서 나오는도다"(시 62:1)라고 고백하며 버티는 것입니다. 바로 이것이 믿음입니다.

23 이처럼 하나님은 우리를 천하보다 크고 귀하게 만드셨습니다. 컵으로 비유하면 하나님은 '나'라는 컵을 '천하'보다 크게 만드셨습니다. 그래서 '천하'를 얻어 '나'라는 컵에 넣는다 해도 컵은 차지 않습니다. 그러니 천하의 어떤 것을 준다 해도, 아니 천하를 다 준다고 해도 우리는 그것으로 행복을 얻을 수 없습니다. 만족할 수 없으니 행복할 수 없습니다. 그래서 다윗은 "내 잔이 넘치나이다"(시 23:5)라고 했습니다. 그는 하나님으로만 만족할 수 있음을 알았던 사람입니다.

자식 부끄러운 애비가 어디 있나?

24 하나님의 사랑만이 우리를 참으로 행복하게 한다는 사실을 아는 사탄은 날마다 참소합니다. "너 같은 놈을 하나님이 좋아하시겠냐? 너도 양심 좀 있어봐라. 넌 이제 끝났어! 하나님은 너를 쳐다보시지도 않을 거야." 그러나 속으면 안 됩니다. 하나님은 우리가 의인이어서 사랑하시는 것이 아니라 그분의 자녀이기 때문에 사랑하십니다.

25 우리 막내아들이 학교 다닐 때 공부를 좀 안 했습니다. 개인적으로 공부를 잘하면 좋지만, 못해도 죽을 일은 아니라고 생각했기 때문에 아이들에게 공부 때문에 스트레스를 주지는 않았습니다. 그런데 막내의 수능 점수가 낮아서 마땅히 갈만한 대학이 없었습니다. 자기 생각에도 점수가 너무 엉망이었던지 의기소침해져서 저한테 이런 메일을 보냈습니다. "아빠, 제가 부끄러우시죠?"

26 아빠한테 자신이 부끄럽냐는 메일을 보낸 아들에게 짠한 마음이 들어 얼른 답장을 보냈습니다. "자식을 부끄러워하는 애비가 어디 있냐? 공부를 좀 잘하면 좋겠다는 거지, 공부 잘하면 내 새끼이고 공부 못하면 남의 새끼냐? 공부 좀 못했다고 부끄러워하는 애비가 부끄러운 놈이지. 아버지는 너 안 부끄럽다."

27 마찬가지로 하나님도 우리가 의롭게 살기를 바라시는 것이지, 의로우면 자녀이고 그렇지 않으면 자녀가 아닌 것이 아닙니다. 하나님은 우리에게 이렇게 말씀하십니다. "자식을 부끄러워하는 애비가 어디 있냐?" 물론 우리가 잘못하면 때리시거나 내버려두실 때도 있습니다. 그러나 죽으라고 때리는 것이 아닙니다. 살라고 때리시는 것입니다. 그때도 하나님은 우리를 사랑하십니다.

예수 그리스도만이 복음, 예수 그리스도만이 생명

28 세상의 어떤 것도 우리에게 생명을 주지 못합니다. 돈이나 좋은 차, 세상 말로 잘 사는 것 좋습니다. 하지만 그런 것들은 하나님이 주시면 감사한 것일 뿐 그 안에 생명은 없습니다. 그 안에 기쁨은 없습니다. 그것을 얻는다 해도 일주일이면 감사가 끝나는 유한한 것들입니다.

29 앞서 말했듯이 하나님이 지극히 큰 사랑으로 우리를 사랑하시기 때문에 우리가 천하를 다 얻어도 그것이 우리에게 복이 되지 않습니다. 돈이 많으면 부자로 사는 것이지 잘 사는 것이 아닙니다. 예수님을 믿는 것이 잘 사는 것입니다. 예수 그리스도가 복음입니다. 예수 그리스도가 생명입니다(요 14:6).

30 생명의 반대는 사망입니다. 많은 사람들이 돈이 없으면 못 산다고 말

합니다. 그런 사람들에게는 돈이 생명입니다. 그러나 성경은 죄가 우리를 못 살게 한다고 말합니다. 죄의 삯은 사망이기 때문입니다. 사망의 원인은 죄입니다. 우리를 못 살게 하는 것은 가난이나 실패나 역경이 아닙니다. 성경이 가르치는 진리를 한마디로 요약하면 이것입니다. "믿으면 살고 죄 지으면 죽는다."

31 죄가 곧 사망입니다. 왜 죄가 사망인지를 알기 위해서는 아담과 하와가 인류 최초의 죄를 지었을 때, 곧 선악과를 따 먹었을 때 어떤 일이 일어났는지 살펴봐야 합니다. 그때 사망의 일들이 일어났습니다. 그중 하나가 하나님과의 관계 단절이었습니다.

32 그 전까지 인간과 하나님은 친밀했습니다. 하나님이 부르시면 인간은 좋아서 뛰어나갔습니다. 그러나 죄를 짓고는 하나님의 얼굴을 피해 숨어버렸습니다. 하나님이 불편해졌습니다. 하나님과의 관계가 단절된 것입니다. 이것이 곧 사망입니다.

33 사망의 반대말은 구원입니다. 구원을 위해서는 하나님과의 관계 회복이 이루어져야 합니다. 하나님과의 관계 회복은 무엇으로 이루어질 수 있습니까? 그것은 '죄'가 아닌 '믿음'으로 이루어집니다.

34 한마디로 정리하면, 죄 때문에 하나님과의 관계가 단절되었고, 그로 인해 이 땅에 사망이 들어왔으니 구원을 받기 위해서는 하나님과의 관계를 회복해야 합니다. 이것이 바로 '복음'입니다.

35 '예수'라는 이름의 뜻은 '우리를 죄에서 구원하실 분'입니다. 예수님이 하늘 보좌를 버리시고 인간의 몸을 입고 이 땅에 오셨습니다. 예수님이 왜 오셔야 했습니까? 그 이유는 단 하나, 우리와 하나님과의 관

게 회복을 위해서입니다. 우리의 죄 때문에 하나님과의 관계가 단절되었습니다. 그래서 우리 스스로는 하나님께로 갈 수 없습니다. 그래서 하나님이신 예수님이 오신 것입니다.

36 예수님의 또 다른 이름은 '임마누엘'인데, 그것은 '하나님이 우리와 함께 계시다'라는 뜻입니다. 이는 하나님과 우리의 관계 회복을 말합니다. 회복은 곧 생명입니다. 그래서 예수 그리스도가 복음인 것입니다.

37 마태복음에 예수님의 탄생 이야기가 기록되어 있습니다. 어느 날, 마리아가 성령으로 잉태했습니다. 마리아의 약혼자인 요셉은 갑자기 약혼녀가 임신을 했다고 하니 깜짝 놀랐습니다. 선한 사람이었던 요셉은 사랑했던 마리아와의 관계를 조용히 끊고자 했습니다. 그때 천사가 나타나 요셉에게 이렇게 이야기합니다. "다윗의 자손 요셉아 네 아내 마리아 데려오기를 무서워하지 말라 그에게 잉태된 자는 성령으로 된 것이라 아들을 낳으리니 이름을 예수라 하라 이는 그가 자기 백성을 그들의 죄에서 구원할 자이심이라 하니라"(마 1:20,21).

38 그런데 이 말씀에 이어서 마태는 다음과 같이 기록했습니다. "이 모든 일이 된 것은 주께서 선지자로 하신 말씀을 이루려 하심이니 이르시되 보라 처녀가 잉태하여 아들을 낳을 것이요 그의 이름은 임마누엘이라 하리라 하셨으니 이를 번역한즉 하나님이 우리와 함께 계시다 함이라"(마 1:22,23).

39 즉, 예언에는 처녀가 낳을 아이의 이름이 '예수'가 아니라 '임마누엘'로 되어 있다는 것입니다. 그런데 마태는 이에 대한 설명 없이 이것이

예언이 이루어진 것이라고 기록합니다. '예수'와 '임마누엘'을 같은 뜻으로 보았기 때문입니다. 하나님과의 관계 단절이 '사망'인데, 하나님이 우리와 함께 계심으로 그 관계가 회복되었고, 그로 인해 우리가 구원을 얻었습니다. 그것이 임마누엘이고, 또한 예수인 것입니다.

40 그래서 예수가 생명입니다. 복음은 오직 예수 그리스도입니다. 그래서 성경은 예수 그리스도 외에 구원받을 다른 이름을 우리에게 주신 일이 없다고 말하는 것입니다(행 4:12).

관계 회복, 자녀 권세의 회복

41 예수님이 우리를 구원하시고 생명을 주신 두 가지 사건이 있습니다. 첫 번째는 십자가를 지신 사건입니다. 그래서 사망의 원인이 되는 우리의 죄를 사해주셨습니다. 두 번째는 끊어진 하나님과의 관계를 회복하기 위해 예수님이 직접 이 땅에 오신 사건입니다.

42 요한복음 1장 12절에 이런 말씀이 있습니다. "영접하는 자 곧 그 이름을 믿는 자들에게는 하나님의 자녀가 되는 권세를 주셨으니." 예수님의 이름을 영접하면 하나님과의 관계가 회복되기 때문에 본래대로 그 권세를 주신다는 것입니다. 즉, 예수님을 영접하면 하나님의 자녀가 되는 권세를 받게 되는데, 자녀의 권세는 곧 상속의 권세입니다. 아버지 것이 내 것이 되는 것입니다.

43 가난하게 사셨던 아버지는 술만 드시면 주정을 하셨습니다. "미안하다. 줄 게 없어서 미안하다." 그런 아버지가 돌아가시자 아버지의 집이, 아버지가 사시던 집이 당연하게 제 것이 되었습니다. 줄 것이 없어서 늘 미안하다고 하시던 아버지가 집을 물려주셨습니다. 자녀의

권세는 아버지 것이 내 것이 되는 것입니다.

44 아이들이 학교 갔다가 집에 친구를 데리고 갈 때 "야, 우리 집에 갈래?"라고 묻습니다. 우리나라에서 '우리 집'은 '내 집'입니다. 한국말에서 '우리'는 '나'를 가리킬 때가 많습니다. 어떻게 보면 도둑놈 심보입니다. 집 사는 데 10원 한 장 안 보태고 '내 집'이라니 말입니다. 그런데 친구들에게 "우리 아빠 집 갈래?"라고 하면 더 웃길 겁니다. 친구들이 아마 이렇게 물어보겠지요. "너희 아빠 이혼했어?"

45 우리가 하나님의 자녀가 되면 하나님의 나라, 곧 천국이 내 나라가 되고 내 집이 되는 것입니다. 그것이 구원입니다. 하나님과의 관계가 회복되면서 이런 권세가 주어지는 것입니다.

46 그렇기 때문에 가장 중요한 것이 예수 그리스도입니다. 예수 그리스도의 이름을 영접하는 자에게 이 같은 권세가 회복되기 때문입니다. 이 권세를 회복하시기 위해 예수 그리스도께서 이 땅에 오셨기 때문입니다. 예수 그리스도가 복음입니다.

47 사도 바울은 이것을 깨달았습니다. 그래서 그 복음을 전하는 일에 생명을 걸었습니다. 그 복음이 정말 귀했기 때문에 물불을 가리지 않았습니다. 그 복음을 위해 종이 되었습니다.

48 우리도 예수님을 믿을 때 대충 믿을 게 아니라, 예수 그리스도가 왜 복음인지, 왜 예수를 믿어야 하는지 알았으면 좋겠습니다. 그래서 사도 바울처럼 복음을 위해 택정함을 입은 종처럼 살았으면 좋겠습니다. 그런 저와 여러분이 되기를 바랍니다.

CHAPTER 03

오직 믿음으로
산다

내가 복음을 부끄러워하지 아니하노니 이 복음은 모든 믿는 자에게 구원을
주시는 하나님의 능력이 됨이라 먼저는 유대인에게요 그리고 헬라인에게
로다 복음에는 하나님의 의가 나타나서 믿음으로 믿음에 이르게 하나니 기
록된 바 오직 의인은 믿음으로 말미암아 살리라 함과 같으니라

롬 1:16-17

믿고 가는 길

1 때로 친구들이나 사람들에게 하나님을 전하기가 참 힘들 때가 있습니다. 보이지 않는 하나님을 설명하는 것이 어렵기 때문입니다.

2 하지만 생각해보면 하나님을 논리적으로 설명할 수 없는 것이 당연합니다. 왜냐하면 하나님은 무한하신 분이기 때문입니다. 우리는 유한한데, 유한이 무한을 포함할 수 없는 노릇 아닙니까? 그러니 이런 말이 가능합니다. "이해되어지는 신은 이미 신이 아니다!"

3 "하나님을 보여 달라. 그러면 믿겠다." 이렇게 말하는 사람들이 간혹 있습니다. 이럴 때 우리 속은 답답합니다. 보이지 않는 하나님을 어떻게 보여줄 수 있단 말입니까? 게다가 이것은 논리적으로도 문제가 됩니다. 앞에서 이야기한 것처럼 설명이 되고 납득이 되는 하나님은 이미 하나님이 아닐 수 있기 때문입니다. '이해가 되어야만 믿겠다'는 태도는 논리적으로 문제가 있다는 것을 전도 대상자가 먼저 이해해야 할 텐데, 이것이 참 어렵습니다.

4 많은 사람들이 진리에 이르는 길이 '이해'인 줄 압니다. '이해'를 통해서 '믿음'에 이르는 것이라고 생각합니다. 그러나 성경은 "믿음으로 믿음에 이르게 하나니"(롬 1:17)라고 말합니다. 이해를 통해서 믿음에

이르는 것이 아니라 믿음을 통해서 이해에 이르는 것입니다. 이것이 보편적인 원리입니다.

5 처음 가는 장소에 가려면 어떻게 합니까? 지도를 찾아보거나 길을 아는 사람에게 물어봅니다. 길을 아는 사람이 자세히 설명하며 약도를 그려주면, 우리는 그 약도가 맞을 것이라고 믿고 갑니다. 그렇게 목적지에 도착하고 나면 '아, 이렇게 오는 거였구나' 하며 약도를 이해하게 됩니다. 그리고 그 다음부터는 길을 알고 갈 수 있게 됩니다. 이처럼 이해를 통해서 믿음에 이르는 것이 아니라 믿음을 통해서 이해에 이르는 것입니다.

6 그런데 약도를 아무리 봐도 이해할 수 없다는 이유로 "못 믿겠다"고 한다면 어떻게 됩니까? 그곳에 못 가는 것이지요. 일단 믿고 가봐야 그 약도가 정확한 것인지 아닌지 알 텐데, 안 믿으니 못 가는 것입니다. 믿어서 이해해야 할 일을 이해가 안 돼서 못 믿겠다고 하는 것입니다.

7 '믿음'은 씨앗과 같아서 처음에는 보이지 않지만 그 속에는 열매가 있습니다. 성경은 "믿음은 바라는 것들의 실상이요 보이지 않는 것들의 증거"(히 11:1)라고 말합니다. 약도를 믿고 온 사람의 증거가 뭡니까? "내가 가봤더니 그대로 도착했다!"는 것입니다. 그 증거, 곧 열매를 통해서 우리가 믿었던 믿음이 진리인지 아닌지 아는 것입니다. 믿음으로 믿음에 이르는 것이지, 이해를 통해서 믿음에 이르는 것이 아닙니다.

열매로 하나님을 보여주는 삶

8 우리는 진리를 보여줄 수는 없어도 증거는 보여줄 수 있어야 합니다. 우리가 먼저 가봤고, 우리가 먼저 해봤고, 우리가 먼저 먹어봤기에 증

거는 제시할 수 있습니다. "나를 봐라. 내가 이렇게 변하지 않았는 가?" 이처럼 하나님은 보여줄 수 없어도 '하나님을 믿는 나'는 보여줄 수 있는 것입니다.

9 예수님은 이렇게 말씀하셨습니다. "나를 보는 자는 나를 보내신 이를 보는 것이니라"(요 12:45). 물론 이 말씀은 예수님이 하나님이시기 때문에 예수님을 본 사람은 하나님을 본 것과 같다는 뜻이지만, 이런 해석도 가능합니다. "나를 보고 내가 사는 삶을 보면 하나님을 볼 수 있다." 입으로만 전도하려고 하기 때문에 문제가 생깁니다. 우리는 자신의 삶을 통해 하나님을 보여줄 수 있어야 합니다.

10 초대교회 때 성도들이 그런 삶을 살았습니다. 그때 성도들은 어떤 상황이었습니까? 자신들이 믿고 따르던 예수님이 십자가에 못 박혀 돌아가셨습니다. 예수 믿는 사람들을 향한 핍박은 날로 거세졌습니다. 그 당시 예수님을 믿는다는 것은 세상으로부터 격리되는 것이요, 버림받는 것을 의미했습니다. 오늘날에 비춰 말하면 주민등록을 빼앗기는 것입니다. 그들은 더 이상 공적인 사회에서 살 수 없어서 지하 묘지인 카타콤(catacom)에 들어가 살았습니다. 학교, 직장, 사업, 집을 다 버려두고 지하 동굴로 들어갔습니다.

11 사람들은 이리저리 따져보고 그 길이 더 유리하고 옳다고 생각되지 않으면 그리로 들어서지 않습니다. 모든 것을 다 버려도 그것이 더 옳다고 판단했기 때문에 그들은 기꺼이 카타콤으로 들어간 것입니다. 어떻게 그럴 수 있었습니까? 초대교회 교인들이 그 삶으로 하나님을 보여주었기 때문입니다.

12 초대교회 교인들은 서로 사랑했습니다. 그들에게는 내 것, 네 것이 없었습니다. 그 모습을 보여주니 사람들이 하나님의 나라를 이해하게 되었습니다. "저것이 맞아. 저것이 옳은 거야. 저곳이 하나님나라야! 나도 저렇게 살래!" 누가 따라다니면서 예수 믿으라고 조른 것이 아닌데도 사람들이 교회로 모여왔습니다. 그들의 삶을 보고 온 것입니다.

13 어떤 사람이 예수 믿는 사람에게 실망하여 하나님을 안 믿겠다고 하면 우리는 이렇게 대꾸하곤 합니다. "사람 보고 믿냐? 하나님 보고 믿지!" 참 애매한 말입니다. 맞는 것 같다가도 틀린 말입니다. 솔직히 말해서, 보이지 않는 하나님을 어떻게 봅니까? 그것도 믿지 않는 사람들이 말입니다. 그들은 사람을 봐야 믿을 수 있습니다. 그럴 때는 "내가 잘못했다. 내가 실수했다"라고 인정하는 편이 낫습니다. "사람 보고 하나님 믿냐?"고 윽박지르는 대신, "내가 하나님 믿고 살았더니 이렇게 됐더라"는 우리 삶의 증거를 보여줘야 합니다.

14 몇 년 전에 일명 '몸짱 아줌마'가 큰 인기를 얻었습니다. 최근에는 유명 연예인을 몸짱으로 만든 트레이너들이 큰 인기를 끌고 있습니다. 그들이 "이렇게 운동했더니 몸짱 됐다"고 하며 운동 효과의 증거를 보여주니, 많은 사람들이 따라다니며 그 사람처럼 운동하겠다고 합니다. 몸짱이 된 그 사람이 증거입니다. 그러면 그 사람이 했던 과정에 대한 믿음이 생깁니다. 그리고 "나도 그렇게 해야지"라고 생각하게 됩니다. 예수 믿는 우리는 믿음의 몸짱이 되어야 합니다. 그래서 우리를 보고 주변 사람들이 예수 믿겠다고 줄을 서는 일이 일어나야 합니다.

오직 믿음으로 산다

15 사도 바울은 로마서에서 "오직 의인은 믿음으로 말미암아 살리라"라

고 말했습니다. 저는 개인적으로 '오직'이란 표현을 참 좋아합니다. '오직'이라고 하면 그것 하나에만 신경 쓰면 됩니다. 얼마나 편한지 모릅니다. 의인은 이것으로도 살고 저것으로도 산다고 했으면 이것도 신경 쓰고 저것도 신경 써야 했을 것입니다. '정녕 죽으리라'는 말씀도 마찬가지입니다. 이는 '반드시' 죽을 것이라는 단정적인 표현으로, 고민의 여지를 주지 않습니다. '죽을까 하노라'는 사탄의 생각입니다. 하나님이 가르쳐주신 것은 '오직 믿음', '정녕 죽으리라'와 같이 단정적이며 확신에 차 있습니다. 그것을 붙들어야 합니다.

16 성경은 "믿으면 좋아"라고 말하지 않습니다. "믿어야만 살아. 사람은 믿음으로만 살아"라고 말합니다. 그런데 정말 믿음만 있으면 살까요? 믿음이 정말 우리에게 생명의 구원의 능력이 될까요? 그렇습니다. 정말 그렇습니다!

17 저는 1983년에 큰 사고를 당해 죽을 뻔한 적이 있습니다. 한겨울에 높은 다리를 건너다 빙판에 미끄러져 다리 아래로 추락할 뻔한 사고였습니다. 다행히 떨어지지 않아 목숨을 건졌지만, 그런 위기에서 살아나고 보니 마음에 걸리는 것들이 있었습니다. '나 없으면 평생 외아들인 나 하나만 바라보고 살아오신 우리 어머니는 어떻게 하나? 아내는 젊은 나이에 과부가 되어 어떻게 살아갈까? 아직 어린 세 아이들이 아빠 없이 이 험한 세상을 어떻게 살아가나?'

18 그때 하나님이 제 마음속에서 이렇게 말씀하시는 것 같았습니다. "애, 내가 죽어야 문제지 네가 죽는데 무엇이 문제냐? 네 어머니도 나를 믿기 때문에 너 없어서 힘들긴 하겠지만 못 살지는 않아. 남편 없는 여자는 다 못 산다고 하든? 힘들고 외로울 수는 있지만 남편인 너 없어

도 나 믿으니까 잘 살 수 있어. 부모 없는 자식은 다 못 산다든? 나를 믿고 정신 차리면 다 잘 살 수 있다.”

19 그러면서 마음속에 로마서 말씀이 확 와 닿았습니다. “오직 의인은 믿음으로 말미암아 살리라”(롬 1:17). 정말 그렇습니다. 의인은 남편으로 사는 것이 아니고, 자식으로 사는 것이 아니고, 부모로 사는 것이 아니라 오직 믿음으로만 사는 것입니다. 그날 저는 ‘하나님만 있으면 산다’는 것을 뼛속 깊이 배웠습니다. 이것이 ‘오직 믿음’입니다.

20 저는 아내를 사랑합니다. 그래도 아내 없이 살 수 있습니다. 사실, 이런 사람과 함께 사는 것이 더 행복하지 않을까요? 아무리 사랑해도 “난 너 없으면 못 살아” 하면 감당하기 힘든 부담이기 때문입니다. 부모 자식 간에도 마찬가지입니다. 자녀들을 정말 사랑하지만 없어도 믿음 때문에 살 수 있습니다. 믿음은 그만큼 놀랍고 위대한 것입니다.

21 그때의 사고 경험은 제게 정말 소중한 간증입니다. 부모는 세상을 떠날 수 있고, 돈은 있다가도 없을 수 있으며, 건강도 있다가 사라질 수 있지만 하나님은 늘 동일하십니다. 그러니 하나님만 믿으면 세상이 아무리 요동치고 힘들고 어려워도 우리는 잘 살 수 있습니다!

하나님만 끈

22 후배 목사 중에 한 명이 외국에서 오랫동안 힘들게 공부하여 박사학위를 땄습니다. 공부를 마치고 한국에 들어와 사역을 준비하는데, 국내 사역에 대한 큰 기대와 자신감이 있었습니다. 인간적으로 말하면, 약간 교만했던 것 같습니다. 내심 큰 교회나 신학교에서 청빙이 올 것이라는 기대가 있었습니다.

23 하나님은 교만한 사람을 쓰실 수 없습니다. 써야 할 사람인데 못 쓰게 되었으니 고쳐서 쓰시는 수밖에요. 하나님은 그 목사님께 1년 동안 아무런 사역지도 주지 않으셨습니다. 한국에 들어오면 당연히 좋은 사역지로 부임하게 될 줄 알았는데 1년이나 짐도 못 풀었으니, 얼마나 힘들었는지 제게 찾아와 하소연을 했습니다. "제 심정이 마치 끈 떨어진 연 같아요." 저는 그때 이렇게 대답해주었습니다.

24 "자네가 잘못 생각했어. 끊어졌다는 그 끈은 끈이 아니야. 끊어진 것이 아니라 본래 끈이 아니었던 거야. 끈은 하나밖에 없어. 하나님만 우리의 끈이시지. 보이지 않아서 그렇지, 그 끈은 안 끊어져. 끈이 아닌 걸 잡았으니 끊어졌다고 하는 거야. 박사는 좋은 것이지만 끈은 아니야. 사람은 귀하지만 끈이 아니야. 하나님만 끈이야."

25 제게 아버지와 같은 목사님이 계십니다. 이미 소천하신 임택진 목사님이십니다. 저는 초등학교 2학년 때부터 그 목사님 아래서 신앙생활하다가 신학대학교에 진학했고, 그 분 아래서 교육전도사와 전임전도사를 거쳐 부목사까지 했습니다. 그리고 임 목사님이 은퇴하시는 날, 저도 그 교회를 사임하고 영락교회로 임지를 옮겼습니다.

26 그때 제 나이가 비교적 어려서 목회 경력이 길지 않았습니다. 그런데도 영락교회에 갈 수 있었던 것은 임 목사님의 추천 덕이었습니다. "김동호 목사는 내 아들 같은 목사야"라는 임 목사님의 한마디에 나이, 경력 안 보고 저를 데려간 것입니다. 그것 때문에 주변에서 "김동호 빽 좋다" 하는 비아냥거림을 조금 들었습니다. 그래도 별로 기분 나쁘지 않았습니다. 그런 분이 "내 아들 같은 목사야"라고 하시니 마음이 든든할 뿐이었습니다

27 몇 년 뒤, 제가 영락교회를 사임하고 다른 교회 담임목사로 있을 때 임택진 목사님이 설교를 하시다 혈압이 올라 단에서 쓰러지신 일이 있었습니다. 그 이야기를 듣고 저는 가슴이 철렁 내려앉았습니다. 그러면서 가장 먼저 든 생각이 정말 가관이었습니다. '하나님, 우리 목사님 돌아가시면 안돼요. 저 10년은 더 봐주셔야 해요!'

28 그때 제 안에 믿음이 없다는 것을 사무치게 깨달았습니다. 저는 하나님 앞에 엎드려 눈물로 회개했습니다. "하나님, 다시는 사람 의지하지 않겠습니다. 목사님 끈 끊겠습니다. 하나님만 끈 삼겠습니다."

29 이것이 1984년 6월에 드린 기도입니다. 그 약속을 조금은 지킨 것 같습니다. 정말 최선을 다했습니다. 사람도 좋고, 돈도 좋지만 절대 기대지 않고자 노력했습니다. "저 사람 없으면 안 돼. 이것 없으면 안 돼" 하는 것 없이 "하나님이 없으면 안 돼. 하지만 하나님만 있으면 다 돼" 하면서 살아왔습니다. 사람 따라다니지 않고 하나님만 끈 삼기 위해 애썼습니다. 그것이 지금껏 제가 할 수 있는 것보다 더 성공적으로 사역을 해올 수 있도록 한 것 같습니다.

내가 잡은 물주

30 동안교회에서 열심히 목회하다가 갑자기 사임하게 되었습니다. 2001년 경희대학교에서 열린 청년 집회에 가득 모인 청년들을 보면서 가슴이 뜨거워지면서 청년 사역에 대한 새로운 비전이 생겼기 때문입니다. '청년들이 예수의 이름으로 이렇게 많이 모이는 나라가 어디 있는가? 동안교회는 어느 정도 자리가 잡혔으니 이제 교회 사임하고 청년들과 전도 집회 하러 다니면 좋겠다. 새로 교회 개척하고, 밴드 만들어 청년들이랑 전도 집회 다니면 얼마나 기쁠까!'

31 집에 와서 아내에게 그 생각을 이야기하니, 아내가 펄쩍 뛰었습니다. 그러면서 "당신 정말 훌륭해요!"라고 말해주는 게 아닙니까? 나쁜 의미에서가 아니라 정말 좋다는 의미에서 펄쩍 뛴 것입니다. 아내의 그 반응에 힘을 얻어서 저는 8일 만에 교회를 사임했습니다.

32 저는 나름대로 비전이 생겨 교회를 사임한 것이지만, 교인들에게는 너무 갑작스런 일이었습니다. 그러자 이상한 소문이 돌기 시작했습니다. "김동호 목사가 큰 물주를 잡았다더라. 백억을 받고 간다더라." 소문은 3백억까지 뛰었습니다. 속으로는 별것 아니라고 생각했지만, 교회 홈페이지에 해명 아닌 해명을 담아 글을 올렸습니다. "제가 큰 물주를 잡았다는 소리가 있습니다. 맞습니다. 큰 물주를 잡았지요. 백억? 그보다 훨씬 더 크게 보장받았습니다. 그런데 여러분, 그 물주는 제가 이번에 처음 잡은 물주가 아니라 처음부터 꽉 붙잡고 있던 물주입니다. 그리고 그 물주 이름은 '큰 물주'가 아니라 '조물주'입니다."

33 아니, 제가 큰 물주 쫓아다니게 생겼습니까? 큰 물주 쫓아다녔으면 그 물주의 종이 되었을 것입니다. 소신껏 목회할 수 없었을 것입니다. 이왕 물주를 잡으려면 조물주를 잡아야지 큰 물주를 잡아서야 되겠습니까? 저의 물주는 조물주입니다. 그것이 저의 작은 믿음입니다.

34 이것이 그저 말에 그치는 것이라면 힘이 없겠지만, 진짜 믿음이라면 아무리 작다 해도 우습게 볼 수 없습니다. 진정한 믿음은 힘이 있기 때문입니다.

나는 무엇을 믿는가?

35 우리는 무엇을 믿습니까? 제가 믿는 것은 간단합니다. 저는 하나님이

계시다는 것을 믿습니다. 그리고 그 하나님이 천지를 창조하신 전능하신 하나님이시라는 것을 믿습니다. 또 하나 그 하나님이 우리를 사랑하신다는 것을 믿습니다.

36 예수님을 믿는 우리는 천지가 우연히 생겨나서 진화했다고 믿지 않습니다. 사실 말이 안 되지 않습니까? 시계 하나만 봐도 누군가 아주 정교한 솜씨로 만들었다는 것을 아는데, 생명과 천하 만물이 우연히 생겼다고 생각한다니 말입니다.

37 제가 아이를 낳고 이 사실을 더욱 절감했습니다. 첫 아이를 낳아보니 돌아가신 아버지를 쏙 빼닮았습니다. 아이는 보지도 못한 제 할아버지를 닮은 것입니다. 그것을 보고도 생명이 우연히 생겼고, 하나님이 없다고 생각한다는 것은 정말 말도 안 되는 일이란 생각이 들었습니다.

38 우리는 하나님이 천지를 창조하셨다는 것을 믿고, 하나님이 능치 못하실 일이 없는 전능하신 하나님이라는 것을 믿습니다. 그런데 이 믿음은 우리를 구원하지는 못합니다. 하나님이 전능하시면 뭘 합니까? 그 하나님이 나를 사랑하지 않으신다면 그분의 전능은 나와 아무 상관이 없게 됩니다.

39 복음은 그 하나님이 나를 사랑하신다는 것입니다. 나를 구원하기 위해 십자가에 못 박히실 만큼, 나를 대신하여 죽으실 만큼, 전능하신 하나님이 스스로 우리의 종이 되고 싶어 하실 만큼 우리를 사랑하십니다. 전능에 사랑이 더해지는 것, 이것이 대단한 것입니다. 전능하신 분이 나에게 얼마나 관심이 많으신지 졸지도 주무시지도 않으십니다. 그러면 무슨 일이 일어납니까? 내게 능치 못할 일이 없습니다. 이것이

구원입니다. 저는 이것을 믿습니다.

모든 일에 하나님의 뜻이 있다

40 전능하신 하나님이 나를 사랑하십니다. 그렇다고 나에게 언제나 좋은 일만 생깁니까? 그것은 아닙니다. 정확히 말하면 내 기준에서 좋은 일만 생기는 것은 아닙니다. 안 좋은 일도 생기고, 이해 못 할 일도 생깁니다. 믿음은 그 가운데서도 하나님의 섭리와 뜻이 있다는 것을 아는 것입니다. 당장 눈앞에 벌어지는 안 좋은 일까지도 나에게는 결국 좋은 일이라는 것을 믿는 것입니다.

41 에베소서에 이런 말씀이 있습니다. "그런즉 너희가 어떻게 행할지를 자세히 주의하여 지혜 없는 자같이 하지 말고 오직 지혜 있는 자같이 하여 세월을 아끼라 때가 악하니라"(엡 5:15,16). 여기서 '세월을 아낀다'는 것은 '주어진 기회를 잘 활용하라'는 뜻입니다. 이것은 다른 말 같지만 같은 말입니다. 기회를 잘 활용하는 것이 세월을 낭비하지 않는 것입니다.

42 주목할 것은 '주어지는 기회'가 아니라 '주어진 기회'라는 것입니다. 우리는 '기회'는 늘 미래에서 오는 것이라고 생각합니다. 그런데 아닙니다. 하나님은 '기회는 이미 주어졌다'고 말씀하십니다. 이미 기회를 주셨는데 그것은 내버려두고 앞으로 다가올 기회만 기다리기 때문에 기회를 놓치고 마는 것입니다. 따라서 이미 주어진 기회를 잘 활용하는 것이 세월을 아끼는 것입니다.

43 여기서 가장 중요한 것은 '주의 뜻이 무엇인지 이해하는 것'입니다. 모든 일에 우연은 없습니다. 하나님이 무능하시다면 '우연'이 생기겠

지요. 또 하나님이 전능하시다 해도 나를 사랑하지 않으신다면 '우연한 일'이 생길 것입니다. 그러나 전능하신 하나님이 나를 사랑하시기에 '우연'은 논리적으로 성립이 안 됩니다. 모든 것에는 뜻이 있습니다. 당장 보기에는 그 일이 나쁜 일처럼 보인다 할지라도 그렇지 않습니다. 그것을 이해하면 '아하' 하고 무릎을 치게 됩니다.

44 시편 기자는 이렇게 고백했습니다. "고난당한 것이 내게 유익이라"(시 119:71). 시편 기자는 자신에게 주어진 고난에 담긴 하나님의 뜻을 깨달았습니다. 그래서 "아하! 고난이 나에게 유익했구나!" 하게 된 것입니다. 사도 바울은 "우리가 알거니와 하나님을 사랑하는 자 곧 그의 뜻대로 부르심을 입은 자들에게는 모든 것이 합력하여 선을 이루느니라"(롬 8:28)라고 말합니다.

끝을 아니 절망하지 않는다

45 제가 아는 한 장로님은 청년 때 시작한 사업이 성공해 돈을 잘 벌었습니다. 돈을 잘 벌면 대개는 하나님과 가까워지기 힘듭니다. 그 분도 돈 쓰느라 바빠서 하나님과는 점점 멀어졌습니다. 그러다 사업이 부도를 맞았습니다. 정작 자기에게 부도낸 사람은 도망갔는데 그 분은 감옥에 들어가게 됐습니다. 그런데 그곳에서 오히려 하나님과 가까워졌습니다. 할 일이 없으니 하루 종일 성경 읽고 하나님을 생각하다가 이분이 주님의 뜻을 깨달았습니다. '내가 그대로 계속 살았으면 세상과 짝하여 하나님을 버릴 것 같으니 하나님이 기회를 주신 거로구나!'

46 출소 후에 다시 시작한 사업이 성공해서 빚을 다 갚게 되자 그 분이 이런 말을 했습니다. "아휴, 그때 감옥에 안 갔으면 큰일 날 뻔했어요. 그때 안 망했으면 나는 망했어요."

47 하나님은 망하지 말라고 망하게 하십니다. 이것을 믿으면 아무리 어려운 상황 가운데 빠지더라도 포기하지 않을 수 있습니다. 자살하지 않습니다. 이것을 못 믿으니 그 자리가 끝인 줄 알고 포기해버리는 것입니다. 믿음이 얼마나 대단한 힘을 가지고 있는지를 알 수 없게 됩니다.

48 야구를 좋아하는 저는 박찬호 선수가 메이저리그 투수가 되었을 때 얼마나 기쁘고 흥분이 되었는지 모릅니다. 그래도 미국과 한국의 시차 때문에 좀처럼 경기를 보기 힘들었는데, 그런 저를 위해 아들이 박찬호 선수의 경기를 하나 녹화해주었습니다.

49 어느 날, 녹화된 그 경기를 보기 위해 TV 앞에 앉았습니다. 그런데 1회 때 박찬호 선수는 컨디션이 좋지 않은지 볼을 19개나 던졌습니다. 볼 컨트롤이 잘 안 된다는 뜻입니다. 그러자 해설자가 "아, 오늘은 컨디션이 나쁘네요. 저렇게 던지면 안 되는데요" 했습니다. 저는 '픽' 하고 웃었습니다. 그 경기에서 이겼다는 사실을 이미 알고 있었기 때문입니다. '안 되긴 뭘 안 돼? 이미 잘 됐는데!' 하는 조소였습니다. 그러다 5회에서는 홈런까지 맞았습니다. 해설자는 경기가 이미 다 끝난 것처럼 호들갑을 떠는데 저는 더 기대가 되었습니다. 저렇게 5회말까지 경기가 잘 안 풀렸는데도 이겼다는 것은 이제부터 정말 흥미진진한 경기가 펼쳐질 것이라는 뜻이었기 때문입니다.

50 만약 제 나이에 이렇게 홈런을 맞는다면 회생하기 어려울 것입니다. 그래서 다들 홈런 맞기를 싫어합니다. 그러나 저는 설령 홈런을 맞더라도 포기하지 않을 겁니다. 9회 말에 이긴 경기인데 7회 말에 홈런을 맞았다고 포기할 수는 없습니다. 왜 포기합니까? 더 덤벼들어야지요! 이것이 믿는 사람의 힘입니다.

든든한 하나님이 계시니 죽지 않는다

51 하나님을 사랑하는 사람에게도 환난은 있습니다. 불 같은 시험도 있습니다. 그럼에도 구원 받았다는 사실을 믿습니다. 9회 말은 자신의 것이라는 사실을 믿는 것입니다. 그러면 환난을 당해도 인내가 생깁니다. 버틸 힘이 생깁니다. 버티는 동안 연단이 됩니다. 단단해지는 것입니다. 하나님은 소망을 이룰 능력을 주시는 분입니다. 그래서 환난은 인내를, 인내는 연단을, 연단은 소망을 이루게 됩니다(롬 5:3,4).

52 주식이 반 토막 나면 죽을 것 같지만 안 죽습니다. 그보다 더 가난할 때도 지나왔습니다. 그때도 우리는 안 죽고 살았습니다. 물론 힘들지만 잠잠히 때가 지나가기를 기다릴 수 있습니다. 우리의 소망은 믿음에 있습니다. 그렇기 때문에 진짜 믿음은 무섭습니다. 다른 것은 필요 없습니다. 오직 믿음이면 됩니다. 바울이 이것을 알았습니다. 그래서 의인은 오직 믿음으로 산다고 말합니다.

53 다윗은 우리보다 훨씬 더 어려운 삶을 살았습니다. 다윗이 쓴 시편은 대개 죽음의 위기 앞에서 쓰여졌습니다. 그런데도 다윗은 한 번도 "아이고, 이젠 죽었다"라고 말하지 않았습니다. "내가 산 자들의 땅에서 여호와의 선하심을 보게 될 줄 확실히 믿었도다"(시 27:13). 남들이 보기엔 곧 죽을 자리 같았지만 다윗은 자신이 산 자의 땅에서 여호와의 선하심을 보게 될 것을 확신했습니다.

54 우리 집 막내가 여섯 살 때였습니다. 저와 함께 골목길을 걸어가고 있는데, 5학년짜리 동네 아이를 만났습니다. 그러자 막내가 저를 보고 "아빠, 저 형아가 나 때렸어" 합니다. 복수해달라는 것입니다. 그러나 저는 대신 때려주지 않았습니다. 그랬더니 자기가 가서 발로 차고 왔

습니다. 여섯 살짜리가 5학년 형을 발로 찬 것입니다. 평소 같으면 상상도 못할 일입니다. 어떻게 가능합니까? 아빠인 제가 뒤에 있었기 때문입니다. 그때 저는 다윗이 어떻게 골리앗을 이겼는지 이해하게 되었습니다. 다윗은 여섯 살, 골리앗은 5학년, 하나님은 80킬로그램 나가는 든든한 아빠였습니다(제가 그때 80킬로그램이었습니다). 다윗은 뒤에 서 있는 든든한 아빠 덕분에 달려 나가 5학년짜리 골리앗을 때리고 올 수 있었던 것입니다.

55 사실, 뒤에 아빠인 제가 있는데도 저희 막내가 5학년 형을 보고 두려워 떨며 줄행랑을 쳤다면 그것이 더 말이 안 되는 행동일 것입니다. 그러고 보면 우리는 다 말이 안 되는 행동을 하고 있을 때가 많습니다. 입으로는 "믿습니다"라고 고백하면서 골리앗만 보면 당장이라도 죽을 것처럼 두려워 떨고 있으니 말입니다. 주식 떨어졌다고, 경기 안 좋다고, 사랑에 실패했다고, 사람에게 배반당했다고 벌벌 떨면서 당장 죽을 것처럼 행동합니다. 그러나 우리가 언제는 경기가 좋아서 살았고, 언제는 사람 믿어서 살았습니까? 하나님 믿으며 살아왔습니다.

56 오직 의인은 믿음으로 사는 것입니다. 그 믿음 가지고 승리하시길 바랍니다.

CHAPTER 04

하나님을 알고
나를 알자

하나님의 진노가 불의로 진리를 막는 사람들의 모든 경건하지 않음과 불의
에 대하여 하늘로부터 나타나나니 이는 하나님을 알 만한 것이 그들 속에
보임이라 하나님께서 이를 그들에게 보이셨느니라 창세로부터 그의 보이
지 아니하는 것들 곧 그의 영원하신 능력과 신성이 그가 만드신 만물에 분
명히 보여 알려졌나니 그러므로 그들이 핑계하지 못할지니라 롬 1:18-20

'나'를 알아야 '나'를 쓸 수 있다

1 저는 전자제품이나 가전제품을 사면 가장 먼저 설명서를 봅니다. 설명서를 보고 그 제품을 잘 이해할 수 있어야 제대로 쓸 수 있기 때문입니다. 제가 사용하는 휴대전화에는 굉장히 많은 기능들이 들어 있지만, 저는 주로 통화하는 데만 사용합니다. 전화기 입장에서는 억울할 것입니다. 자기를 더 알면 더 많이 활용할 수 있을 텐데 말입니다.

2 우리는 아는 만큼 쓸 수 있습니다. '나'라는 존재도 마찬가지입니다. 나도 아는 만큼 쓸 수 있습니다. 그런데 의외로 많은 사람들이 자신에 대해 잘 모릅니다. 우리는 어디에서 왔습니까, 어디로 갑니까, 어떻게 태어났습니까? 이 질문들에 자신 있게 대답할 수 있는 사람은 많지 않을 겁니다. 자신에 대해 잘 아는 것 같아도 정작 가장 중요한 것은 모르기 때문입니다. 그럼에도 가장 중요한 '나'에 대해서는 알려고 하지 않습니다. 밖의 것에만 자꾸 관심을 기울이고 집중합니다.

3 존 칼빈이 쓴 《기독교 강요》의 첫 장 제목이 기가 막힙니다. "하나님을 아는 지식과 나 자신을 아는 지식은 서로 연결되어 있다." 어떻게 젊은 청년의 때에 이 같은 놀라운 진리를 깨달을 수 있었는지, 부럽기도 하고 질투가 나기도 합니다. 칼빈의 말처럼, 하나님을 알면 나를 알

수 있습니다. 거꾸로 하나님을 모르면 절대로 나를 알 수 없습니다. 아무리 공부를 많이 한 박사라 해도, 아무리 돈이 많은 재벌이라 해도 하나님을 모르면 '나'에 대해서는 절대로 알 수가 없습니다.

방황하는 인생이 아니라 경주하는 인생이 아름답다

4 원로가수 최희준의 〈하숙생〉이란 노래가 있습니다. 가사가 이렇습니다. "인생은 나그네 길 어디서 왔다가 어디로 가는가." 얼마나 근사합니까? 철학적이기까지 합니다. 김상진이란 가수가 부른 노래 중에 이런 가사도 있습니다. "이리 갈까 저리 갈까 차라리 돌아갈까." 하나님을 모르니 어디로 가야 할지 모르는 것입니다.

5 제가 오래 전에 참 감동적으로 본 영화 중에 〈마이 웨이〉라는 남아프리카 영화가 있습니다. 주인공은 젊은 시절 올림픽에서 마라톤 금메달을 딴 마라톤 선수로, 지금은 잘나가는 건설회사의 사장입니다. 주인공은 아들들을 자신의 후계자로 키우기 위해 엄격하게 교육합니다. 그러나 그런 아버지의 교육에 염증을 느낀 아들들은 점차 아버지와 멀어지고, 가장 기대를 걸었던 셋째 아들은 사고로 죽고 맙니다.

6 산산이 부서진 인생 앞에서 골똘히 생각에 잠긴 그는 마라톤 대회에 출전하기로 합니다. 아마 나이가 50대쯤 되었을 것입니다. 그 나이에 다시 연습하여 출전을 하려니 마음은 저만큼 뛰어가고 있지만 몸이 따라주지 않았습니다. 경기 당일, 뛰다가 페이스 조절이 안 되어 쓰러집니다. 그러면 또 일어나고, 넘어지면 또 일어나서 흙 범벅, 땀범벅이 된 채 끝까지 뜁니다.

7 그렇게 달리는 주인공의 얼굴을 클로즈업으로 화면 가득 잡았는데,

그 얼굴에는 아무리 고통스러워도 끝까지 달리겠다는 의지가 가득 담겨 있습니다. 그때 유명한 '마이 웨이'라는 노래가 나오는데, 그 장면이 정말 감동적입니다. 그때 저는 손을 딱 마주 잡고 이렇게 외쳤습니다. "저게 인생이다! 인생은 경주할 때 아름다운 것이다!"

8 방황하는 인생이 아무리 멋있어 보여도, 진짜 아름다운 것은 목표를 붙잡고 끝까지 경주하는 인생입니다. 인생은 방황할 때 아름다운 것이 아니라 푯대를 향하여 달려 나갈 때 아름답습니다.

9 사람들도 그것을 모르지 않습니다. 문제는 경주를 하려면 목표가 있어야 하는데, 자기가 어디서 와서 어디로 가야 하는지 모르니 목표를 세울 수 없다는 것입니다. 이것이 하나님을 모르는 사람들의 가장 치명적인 약점입니다.

10 하나님을 안다고 다 성공합니까? 다 박사 됩니까? 다 부자 됩니까? 그런 것들은 사실 하나님을 믿는 것과 별로 상관없습니다. 세상적으로는 하나님을 믿지 않고도 얼마든지 성공할 수 있습니다. 하지만 하나님을 모르고서는 절대로 할 수 없는 것이 있습니다. 그것은 '나'를 아는 것입니다. 세상적으로 아무리 많은 부와 권력을 쥔다 해도 하나님 없이는 결코 나를 알 수 없습니다.

11 많은 사람들이 자신에 대해 알아야겠다고 하면서 여행을 떠납니다. 그러나 돌아오면 여전히 제자리입니다. 그러면 '뭐하고 온 건가' 싶어집니다. 당연합니다. 여행 간다고 알 수 있는 게 아닙니다. "나는 누구인가?"라는 심각한 질문에 뛰어들 때는 가장 먼저 "나를 창조하신 분이 누구인가?"를 기억하고 그분의 뜻이 무엇인지에 집중해야 합니

다. 그러니 나를 찾기 위해서라면 여행을 떠날 것이 아니라 성경을 붙잡아야 합니다. 기도를 해야 합니다. 그러면서 하나님께 집중해야 하는 것입니다. 그렇게 하나님에 대해 알고 느끼는 만큼 나에 대해 알게 됩니다. 칼빈이 이야기한 것이 바로 이것입니다.

하나님을 어떻게 아는가?

12 그렇다면 문제는 '하나님은 어떻게 알 수 있는가'입니다. 원칙적으로 본다면 우리는 하나님을 알 수 없습니다. 논리적으로 한계가 분명하지요. 우리는 유한하고, 하나님은 무한하십니다. 유한은 무한을 포함할 수 없습니다. 따라서 유한한 존재인 우리는 무한하신 하나님을 알 수 없습니다.

13 그러면 어떻게 해야 합니까? 나를 알기 위해서는 하나님을 알아야 한다고 강조하다가 갑자기 하나님을 알 수 없다고 하니 말입니다. 그런데 하나님을 알 수 있는 길이 하나 있습니다. 우리가 하나님을 알려고 하면 알 수 없지만, 하나님이 자신을 우리에게 알려주시면 알 수 있습니다. 무한은 유한을 포함할 수 있기 때문입니다. 이렇게 하나님이 우리에게 자신을 알려주시는 것을 '계시'라고 합니다.

14 '계시하다'는 영어로 'reveal'입니다. 're'는 '다시, 벗기다'는 뜻의 접두사입니다. 즉 지금까지는 하나님이 베일에 가려져 있었는데, 그 베일을 벗겨주시는 것이 '계시'라는 의미입니다. 그제서야 우리는 '아, 하나님이 이런 분이시구나' 하고 알 수 있게 됩니다. 하나님은 자신을 우리에게 알리시려고 끊임없이 계시하는 분이십니다.

특별계시와 일반계시

15 '계시'에는 두 종류가 있는데, 특별계시와 일반계시입니다. 일반계시는 자연계시라고도 하는데, 이에 대해서는 여러 신학자들이 의견을 달리하기도 합니다. 어쨌든 일반계시에 대해서는 로마서 1장에 기록되어 있습니다. "이는 하나님을 알 만한 것이 그들 속에 보임이라 하나님께서 이를 그들에게 보이셨느니라"(롬 1:19). 일반적으로 사람들은 해, 달, 별, 동물과 같은 자연을 보면서 '아, 자연을 창조한 신이 계시는구나' 하고 느낍니다. 자연을 통해 하나님에 대해 조금은 알게 되는 것입니다. 이것이 자연계시입니다.

16 제 휴대전화에 손녀 사진이 담겨 있습니다. 그런데 어떤 사람이 그걸 보고는 사진이 우연히 그 안에 담기게 된 것이라고 말하면 어떻겠습니까? 아마 정신에 이상이 있는 사람인가 보다 하고 상대도 안 할 것입니다. 요즘은 운전할 때 대부분 내비게이션을 사용합니다. 저도 쓰는데, 정말 신기합니다. 어떻게 길을 다 알고 가르쳐주는지!

17 그런데 그 내비게이션이 우연히 생겨난 것이라고 말한다면, 주변 사람들의 반응이 어떨까요? 아마 농담이라고 생각하거나 제정신이 아니라고 생각하겠지요. 이런 기계들과 제 손녀는 비교할 만한 대상이 아닙니다. 차원이 다릅니다. 그럼에도 사람의 생명이 우연히 생겨났다고 하는 것은 정말 제정신이 아닌 말 같습니다.

18 이처럼 마음이 깨끗하고 열려 있으면 창조주가 계심을 저절로 알게 됩니다. 그래서 하나님이 이렇게 말씀하시는 것입니다. "내가 만물을 통해 나를 알 수 있도록 해두었으니, 핑계치 못할 것이다." 자연 만물을 통해 하나님을 알 수 있는 것이 일반계시(자연계시)입니다.

19 그런데 이것만으로는 부족합니다. 이미 예수님을 믿는 우리는 이런 이야기를 하면 "맞아, 맞아" 하는데, 그것은 우리가 이미 특별계시를 받았기 때문입니다. 특별계시는, 쉽게 말하면 성경을 말하는 것입니다. 성경은 하나님이 우리에게 하나님 자신에 대해, 인간에 대해 말씀하신 것입니다. 그래서 우리는 성경을 통해 하나님을 알고 또 우리를 알게 됩니다. 그렇게 말씀을 통해 하나님을 알고 믿게 되면 자연의 모든 것, 새가 지저귀는 것이나 봄에 피는 꽃만 봐도 하나님을 느낄 수 있습니다.

20 구상(1919~2004) 시인이 〈말씀의 실상〉이라는 시를 썼는데, 그 표현이 정말 탁월합니다.

영혼의 눈에 끼었던
무명(無明)의 백태가 벗겨지며
나를 에워싼 만유일체(萬有一體)가
말씀임을 깨닫습니다.
노상 무심히 보았던
손가락이 열 개인 것도
이적(異蹟)에나 접한 듯
새삼 놀라웁고
창 밖 울타리 한 구석
새로 피는 개나리꽃도
부활(復活)의 시범(示範)을 보듯
사뭇 황홀합니다.

21 이 시 안에 모든 신학(神學)이 다 들어 있습니다. 시인이 손가락이 열

개인 것도 이적인 듯 놀랍고, 창 밖에 새로 피는 개나리꽃에서 부활의 시범을 보는 것처럼 황홀할 수 있었던 것은 말씀을 깨달았기 때문입니다. 자연만 보고서는 '어떤 신이 있는가 보다' 정도까지만 알 수 있습니다. 그 신이 여호와 하나님이시란 사실까지는 갈 수 없습니다. 이것은 특별계시에 속한 부분입니다. 따라서 우리는 일반계시와 특별계시, 둘 모두 받아야 합니다.

22 마음이 청결해지면 하나님을 느끼게 됩니다. 모든 것을 통해 하나님을 알게 됩니다. 그래서 우리는 하나님을 모르는 것에 대해 핑계할 수 없습니다(롬 1:19,20). 의식적이든 무의식적이든 하나님을 알게 되면 자신을 잃어버릴까봐 거부하는 것이지 하나님이 알려주지 않으신 것이 아닙니다.

하나님을 모르는 죄가 죄를 만든다

23 성경 전체가 하고자 하는 말은 한마디로 이렇게 정리할 수 있습니다. "믿으면 살고, 죄 지으면 죽는다." 이것을 나타내는 대표적인 말씀이 "오직 의인은 믿음으로 말미암아 살리라"(롬 1:17)와 "죄의 삯은 사망이요"(롬 6:23)라는 말씀입니다.

24 하나님은 죄를 지으면 분명히 죽을 것이라고 말씀하시는데, 사탄은 뭐라고 유혹합니까? "죄 안 짓고 어떻게 살아? 죄 안 짓는 사람이 어디 있어? 저 목사는 세상을 몰라서 저렇게 말하는 거야." 그러나 하나님은 분명히 죄 지으면 죽는다고 말씀하십니다.

25 하나님 말씀이 맞습니까? 사탄 말이 맞습니까? 당연히 하나님 말씀이 진리입니다. 그런데 우리는 누구의 말을 들으며 살아갑니까? 많은 사

람들이 겉으로는 "하나님 말씀 들으며 살아요"라고 대답하지만, 속으로는 '죄 안 짓고 어떻게 살아?'라며 사탄의 속임수에 빠져 살아가고 있습니다. 사탄은 또 이렇게 속삭입니다. "네가 이 죄를 지어도 아무도 몰라. 쥐도 새도 몰라." 맞습니다. 쥐와 새는 원래 모릅니다. 그러나 쥐와 새만 모르지 다 알고 있습니다. 죄는 반드시 드러나게 되어 있습니다.

26 죄는 왜 짓게 되는 걸까요? 죄는 죄 때문에 짓게 됩니다. 다시 말하면, 죄(SIN) 때문에 죄들(sins)을 짓게 됩니다. 모든 죄의 뿌리는 하나님을 믿지 않는 '불신앙'에서 비롯되는데, 이것을 영어 대문자를 써서 'SIN'이라고 표현합니다. 그리고 그로 말미암아 나타나는 오만 가지 죄악들을 'sins'라고 표현하는 것입니다. 하나님을 모르고 하나님을 믿지 않는 불신앙은 그 자체로도 문제이지만, 그것이 수많은 죄를 짓게 하는 원흉이라는 게 더 큰 문제입니다.

27 로마서 1장을 살펴보면, 불의로 진리를 막는 사람들에게 하나님의 진노가 나타난다는 말씀이 선포되고, 그 다음에 죄에 대한 이야기가 나옵니다. 하나님이 하나님을 알 만한 것들을 자연 만물에 두셨음에도 불구하고 사람들이 하나님을 거부하여 하나님을 알지 못하고 믿지 않는데, 하나님을 거부하는 그 죄(SIN)가 죄의 근본이고, 그 때문에 모든 부끄러운 죄악들(sins)이 생겨납니다. 그 죄들은 동성연애, 불의, 추악, 탐욕, 시기, 살인, 분쟁, 무자비함 등입니다.

28 하나님은 빛이시기 때문에 하나님께 가까이 나아가면 우리의 삶이 밝아지고, 반대로 하나님으로부터 멀어질수록 우리는 어두워집니다. 그래서 가장 중요한 것이 하나님을 아는 것입니다. 우리는 힘써 하나님

을 알아야 합니다. 하나님을 알아야 나를 알고, 하나님을 알아야 내 삶의 방향을 알고, 하나님을 알아야 의롭게 살 수 있습니다. 그렇지 않으면 방황하고 죄 짓다가 사망에 이르게 됩니다.

29 많은 사람들이 하나님을 못 믿습니다. 믿으려고 해도 도무지 믿기지가 않는다는 사람도 많습니다. "하나님이 계시기는 하냐? 하나님을 믿느니 나를 믿겠다"라고 교만하게 외치는 사람들도 많습니다. 그런데 우리는 하나님을 믿습니다. 우리가 믿으려고 애썼기 때문에 믿게 된 것도 아니고, 우리가 특별해서 믿게 된 것도 아닙니다. 그래서 믿음은 선물이요, 하나님의 은혜입니다. '믿음'이라는 선물을 받아서 하나님을 알고자 한다는 것은 정말 큰 은혜요, 선물입니다.

30 문제는 우리가 하나님을 너무 대충 안다는 것입니다. 하나님을 아는 것에 대한 욕심이 정말 적습니다. '믿음'이라는 선물을 받았는데, 그 선물이 귀한 줄 모르고 내팽개친 것과 같습니다. 그러니 하나님을 더욱 힘써서 알아야 합니다. 하나님께 집중해야 합니다.

나의 첫 생각과 첫 말이 "주님"이 되도록!

31 미국 애틀랜타에서 한 달 동안 기숙사에서 함께 지냈던 친구 목사가 있습니다. 하루는 같이 테니스를 치고 샤워를 하고 나오는데, 그 친구 등에 수술 자국이 있는 것이 보였습니다. 무슨 자국이냐고 묻자, 청년 때 폐가 나빠서 폐를 잘라내는 수술을 했다고 합니다.

32 놀란 저는 어쩌다 그랬냐고 물었습니다. 그랬더니 그 친구 말이, 폐병에 걸린 노인이 불쌍해서 집에 데려와 함께 지내다가 자기도 폐병에 걸리게 되었다고 합니다. 몸이 약했으면 병에 걸린 것을 금방 눈치 챘

을 텐데, 오히려 너무 건강했기 때문에 몰랐다는 것입니다. 병이 진행되어 폐를 잘라내야 할 정도가 되었을 때야 알게 되었습니다.

33 당시는 신학을 하려고 막 마음을 먹었던 때였는데, 수술을 앞두니 이런 생각이 들었다고 합니다. '마취에서 깰 때 정신없어서 헛소리를 많이 한다고 하던데, 앞으로 목사 될 내가 헛소리를 하면 안 되지.' 그래서 이렇게 기도하면서 수술실에 들어갔다고 합니다. "주님, 제가 수술 끝나고 마취 깰 때 '주여!' 하고 깨어날 수 있게 해주옵소서." 그래서 정말 "주여!" 하면서 마취에서 깨어났다고 합니다.

34 그 이야기를 듣고 정말 도전받았습니다. 그렇다고 수술을 할 수는 없고, 그때 이렇게 기도했습니다. "주님, 제가 날마다 아침에 잠이 깰 때에 첫 생각과 첫 말이 '주님'일 수 있게 해주십시오." 이렇게 기도한 것이 1988년입니다. 그때부터 저의 첫 생각과 첫 마음은 감사하게도 '주님'입니다. 정말 놀라운 일입니다. 기도하면 됩니다.

35 김남조 시인이 쓴 시 중에 〈밤 기도〉라는 시가 있습니다.

하루의 분주한 일들
차례로 악수해 보내고
밤 이슥히 먼 곳에서 오는 듯만 싶은
주님과 나만의 기도 시간
주님!
단지 이 한 마디에
천지도 아득한 눈물
날마다 끝 순서에

이 눈물 예비하옵느니
오늘도 내일도 나는
이렇게만 살아지이다
깊은 밤에 눈물 한 주름을
주께 바치며 살아지이다

36 아침에 잠에서 깼을 때 '주님', 잠들 때에도 '주님'을 부를 수 있어야 합니다. 기도를 통해, 말씀을 통해, 의식 속에서든 무의식 속에서든 늘 하나님께 집중해야 합니다. 그렇게 하나님께 집중하면 세상이 보입니다. 내가 보입니다.

37 그렇게 하나님께 집중해서 살면 하늘 가는 길이 밝아집니다. 어디로 가야 할지, 무엇을 해야 할지 길이 보입니다. 세상이 조금 힘들고 어려워도 "하늘 영광 밝음이 어둔 그늘 헤치니 예수 공로 의지하여 항상 빛을 보도다"라고 찬양하며 갈 수 있습니다. 하나님이 빛이시기 때문입니다. 우리 모두 하나님께 집중해서 믿음 가운데 승리하는 삶을 살기 바랍니다.

페이스북
faith ; book
믿음의 책

Part 2

주제파악,
나는
죄인이다

민음의 책 : 로마서 이야기

CHAPTER 05

그러므로
판단하는 자들아

그러므로 남을 판단하는 사람아, 누구를 막론하고 네가 핑계하지 못할 것은 남을 판단하는 것으로 네가 너를 정죄함이니 판단하는 네가 같은 일을 행함이니라 이런 일을 행하는 자에게 하나님의 심판이 진리대로 되는 줄 우리가 아노라 이런 일을 행하는 자를 판단하고도 같은 일을 행하는 사람아, 네가 하나님의 심판을 피할 줄로 생각하느냐 혹 네가 하나님의 인자하심이 너를 인도하여 회개하게 하심을 알지 못하여 그의 인자하심과 용납하심과 길이 참으심이 풍성함을 멸시하느냐 다만 네 고집과 회개하지 아니한 마음을 따라 진노의 날 곧 하나님의 의로우신 심판이 나타나는 그 날에 임할 진노를 네게 쌓는도다 롬 2:1-5

그러므로 남을 판단하는 사람아

1 "그러므로 남을 판단하는 사람아." 로마서 2장은 대뜸 이렇게 시작합니다. '그러므로'라는 단어가 참 이해가 안 됩니다. '그러므로'라고 말을 했으면 그 앞에 뭐가 있어야 하는데, 그게 없기 때문입니다. 그냥 느닷없이 "그러므로 남을 판단하는 사람아"라고 합니다. 그러나 쉽게 생각하면 또 간단합니다. 누군가 남을 판단하는 사람이 있다는 것이고, 사도 바울은 그 사람들을 향해 말을 하고 있는 것입니다.

2 누가 '판단하는 사람'입니까? 앞에서 사도 바울은 "우리는 하나님을 알아야 한다. 하나님을 알지 못하는 불신앙이라는 큰 죄(SIN)에서 다른 모든 죄악들(sins)이 나오며, 하나님은 그 죄악에 대해 진노하신다"라고 말했습니다. 이것이 로마서 1장의 내용입니다. 이 말을 듣고 유대인들은 쾌재를 불렀습니다. "거봐라! 너희 이방인들은 하나님을 모르잖아. 이것은 너희 이방인들이 들으라고 한 말씀이야!"

3 유대인들은 하나님을 알고, 믿고 있는 자기들은 하나님의 '선민'이기 때문에 그에 해당되지 않는다고 여기며, 이방인들을 제멋대로 판단했습니다. 그들을 향해 사도 바울은 이렇게 이야기합니다. "그러므로 남을 판단하는 사람아."

4 이 짧은 한 마디 안에는 이런 뜻이 담겨 있었습니다. "너희는 유대인이지만 내적으로는 저 이방인들과 전혀 다르지 않다. 네가 남을 판단하는 것으로 너도 판단을 받고 있다. 그분의 진노는 이방인들에게만 주어지는 것이 아니다. 너희에게도 똑같이 쌓이고 있다!"

5 예수님은 마태복음 7장에서 이렇게 말씀하셨습니다. "비판을 받지 아니하려거든 비판하지 말라 너희가 비판하는 그 비판으로 너희가 비판을 받을 것이요 너희가 헤아리는 그 헤아림으로 너희가 헤아림을 받을 것이니라 어찌하여 형제의 눈 속에 있는 티는 보고 네 눈 속에 있는 들보는 깨닫지 못하느냐"(마 7:1-3).

내 죄는 치밀하게, 남의 죄는 관대하게

6 그런데 자기 죄를 먼저 보는 것이 참 쉽지 않습니다. 성경 속의 인물이든 교회 역사 속의 인물이든, 위대한 믿음의 사람들에게는 한 가지 공통점이 있습니다. 그들은 대개 자기 죄에 대해서는 철저했고 다른 사람의 죄에 대해서는 관대했다는 것입니다.

7 그러나 우리처럼 평범한 사람들은 정반대입니다. 남의 죄에 대해서는 정말 민감합니다. 안테나가 고도로 발달된 수신기처럼 아주 작은 죄까지도 철저히 수신합니다. 반대로 자기 죄에 대해서는 덜 민감하고 굉장히 너그럽습니다. 훌륭한 믿음의 사람과 보통 사람의 이 작은 차이가 나중에는 큰 차이를 만들어냅니다.

8 사도 바울은 이렇게 고백했습니다. "오호라 나는 곤고한 사람이로다 이 사망의 몸에서 누가 나를 건져내랴 우리 주 예수 그리스도로 말미암아 하나님께 감사하리로다 그런즉 내 자신이 마음으로는 하나님의

법을 육신으로는 죄의 법을 섬기노라"(롬 7:24,25).

9 사도 바울이 어떤 삶을 살았습니까? 그가 누구를 판단한다고 해도 아무런 불만을 제기할 수 없을 정도로 그는 철저히 하나님을 위해서, 복음을 위해서 살았습니다. 그런 그가 "오호라 나는 곤고한 사람이로다"라고 탄식했습니다. 한술 더 떠 우리가 보기에는 정말 말도 안 되는 이런 고백까지 합니다. "죄인 중에 내가 괴수니라"(딤전 1:15).

10 우리 중에 죄 없는 사람은 없습니다. 그러나 뼈에 사무치도록 죄에 대해 애통해하는 사람은 많지 않습니다. 죄가 있긴 하지만 그 정도면 꽤 잘 살고 있다고 생각합니다. 죄 없는 사람은 아무도 없기 때문입니다. 그래서 회개가 어렵습니다. 자신이 죄인이라는 것을 깨닫는 게 그렇게 어렵기 때문입니다. 자기 자신을 비판하고 판단하는 것이 가장 어렵습니다.

11 성경에 이런 말씀이 있습니다. "죄가 더한 곳에 은혜가 더욱 넘쳤나니"(롬 5:20). 이 말씀은 은혜를 받기 위해 죄를 더 지어야 한다는 뜻일까요? 그것이 아닙니다. 자기가 죄인이라는 것을 많이 깨닫는 자에게 은혜가 주어진다는 것입니다. 간혹 예배나 특별 집회에서 은혜가 충만히 임할 때 회개가 함께 터져 나오는 것을 봅니다. 은혜와 회개는 이처럼 밀접한 관계가 있습니다. 은혜 받았는데 회개가 안 된다거나 회개를 했는데 은혜를 못 받았다는 것은 사실 말이 안 되는 것입니다. 이 둘은 함께 다니기 때문입니다.

12 그래서 예수님이 가르치신 팔복 가운데 하나가 "애통하는 자는 복이 있나니"(마 5:4)라는 말씀입니다. 자신의 죄에 자꾸 민감해지면 견디기

힘든 애통함이 생겨납니다. 그 죄 때문에 너무 아파서 "오호라 나는 곤고한 사람이로다!"라고 탄식할 때, 하나님이 그 모습을 얼마나 어여 삐 보시겠습니까? 그래서 애통하는 그 마음에 위로를 주시고 은혜를 부어주십니다. 죄가 더한 곳에 은혜가 넘치고, 애통하는 자에게 복이 있습니다.

13 "그러므로 남을 판단하는 사람아!" 우리는 이 말을 심각하게 들어야 합니다. 다른 사람이 아닌 바로 나에게 주시는 말씀으로 들어야 합니 다. 다른 사람의 죄는 잘 보이고 그에 대해 이야기할 때는 신이 나는 데, 내 죄는 잘 안 보이고 보이더라도 대수롭지 않게 느껴지다면 이를 놓고 기도해야 합니다. 다른 사람에 대해서는 관대하고 나에 대해서 는 철저한 사람이 되기를 구해야 합니다.

잎새에 이는 바람에도 나는 괴로워했다

14 윤동주 시인의 시 중에 〈서시〉라는 시가 있습니다. 정말 근사한 시입 니다.

죽는 날까지 하늘을 우러러 한 점 부끄럼이 없기를,
잎새에 이는 바람에도 나는 괴로워했다.

윤동주 시인의 소원은 잘 먹고 잘 사는 것이 아니었습니다. 하늘을 우 러러 한 점 부끄럼이 없는 삶을 사는 것이었습니다.

15 그의 소원은 실현 가능한 것일까요? 의인은 하나도 없는데 말입니다 (롬 3:10). 윤동주 시인도 마찬가지로 죄인입니다. 죄인인 사람이 하나 님 앞에서 한 점 부끄럼이 없는 사람이 되기를 소원하니 그토록 괴로 운 것입니다. 그 소원이 없었다면 "이만하면 괜찮지. 나도 할 만큼 했

어!" 하며 한결 편히 살았을 것입니다. 그런데 의(義)에 주리고 목마르게 되자 애통하게 된 것입니다. 그러니 자기의 작은 죄에도 괴로워 견딜 수 없었습니다.

16 잎새를 흔드는 바람은 세 가지로 표현할 수 있을 겁니다. 첫째는 '잎새에 부는 바람'입니다. 그가 흔들린다는 것을 누구나 다 알 수 있는 표현입니다. 또 하나는 '잎새에 떠는 바람'입니다. 이는 좀더 섬세한 바람을 표현한 것으로, 떠는 바람은 멀리서는 안 보입니다. 좀 떨어져서 볼 때는 멀쩡해 보이는데 가까이 와서 보니 "얘도 흔들리네, 떨고 있네" 하고 알 수 있는 정도의 바람입니다.

17 그런데 윤동주 시인은 '잎새에 이는 바람'에 괴로워한다고 했습니다. 이 바람은 가까이 가도 보이지 않습니다. 고도로 민감한 자기 자신만이 볼 수 있습니다. 쉽게 말하면, 남이 볼 때는 "어떻게 윤동주는 떨지도 않냐? 나는 이렇게 흔들리는데, 저분은 떨지도 않아" 하는 상태입니다. 그런데 윤동주는 "아니야. 나도 떨어. 나도 지금 흔들렸어" 하면서 "잎새에 이는 바람에도 나는 괴로워했다"라고 고백하는 것입니다. 우리도 이처럼 자신에 대한 엄격함을 갖도록 기도해야 합니다. 그래야 로마서 2장 1절의 책망을 피할 수 있습니다.

18 지금 인터넷 댓글 문화가 어떻습니까? 자기가 잘못했다고 쓴 글이 어디 있습니까? 대부분 다른 사람을 비판하고 판단하며, 없는 얘기까지 보태고 있습니다. 이럴 때 하나님으로부터 "그러므로 남을 판단하는 사람아"라는 책망을 듣게 된다면 어떻게 되겠습니까? 우리 모두가 이런 책망 대신 자신의 죄에 대해 애통하는 심령으로 회개하여 애통하는 자의 복을 받길 바랍니다.

고양이도 변화시키는 용서의 힘

19 자기 죄에 민감한 것을 배우는 것이 중요한 만큼 남의 죄에 대해 관대
   한 것도 배우면 좋겠습니다.

20 저는 형제자매 없이 혼자 자랐습니다. 그래서 어릴 때부터 개나 고양
   이를 무척 좋아했습니다. 그래서 집에서 고양이를 계속 기르다 보니
   고양이 박사가 되었습니다. 동물들에게도 사람처럼 발달 단계가 있습
   니다. 사람의 미운 일곱 살에 해당하는 때도 있고, 사춘기에 해당하는
   때도 있습니다. 고양이가 한창 말썽을 부릴 때는 젖 떼고 조금 지난
   시기입니다. 그땐 정말 사고뭉치입니다. 발톱이 막 나오려고 하니 간
   지러워서 이것저것 다 긁어놓기 일쑤이고 커튼을 뜯어놓거나 뭉쳐놓
   은 실을 헤집어놓기도 합니다.

21 저희 어머니가 하숙을 치셨는데, 그때 집에서 기르던 사고뭉치 사춘
   기 고양이가 어머니가 차려놓으신 상 위에 놓인 생선을 하나 물고 마
   루 밑으로 도망갔습니다. 대형 사고를 친 것입니다. 그걸 보고 제가
   마루 앞에 딱 버티고 앉아서 나오라고 소리를 질렀더니 안 나옵니다.
   제 주인이 화가 난 것을 알고는 안 나온 것입니다. 저도 지지 않고 한
   시간을 그 앞에 앉아 고양이를 불렀습니다. 그러자 견디다 못해 한 시
   간 만에 기어 나왔습니다. 고개를 떨어뜨리고 떨면서 기어 나오는데,
   그것을 붙잡고 야단을 쳤습니다. "네가 도둑고양이야? 왜 생선을 물
   고 튀어? 또 주인이 나오라고 하면 빨리 나와야지, 왜 한 시간이나 버
   텨?"

22 비록 말은 못 알아들어도 분위기를 알아듣기 때문에 제 손에 잡힌 고
   양이는 기가 팍 죽어 눈을 꼭 감고 있었습니다. 그래도 한 대 때려주

려는데 발발 떨고 있는 고양이 모습이 너무 예쁜 것입니다. 그래서 머리를 쓰다듬고는 한 번 꼭 껴안아주면서 이렇게 말했습니다. "너 다시는 그러면 안 돼."

23 그 다음날로 우리 고양이가 거듭났습니다. 완전히 변하여 새 고양이가 되었습니다. 원래 고양이는 개와 다르게 불러도 안 옵니다. 자기가 오고 싶어야 옵니다. 그렇게 도도한 매력을 가진 고양이가 그날 이후로 완전히 거듭나서 '개표 고양이'가 되었습니다. 부르면 오고 제가 어디로 가든지 쫓아다녔습니다.

24 이것이 용서의 힘입니다. 한 대 때리는 대신 머리 쓰다듬어주고 꼭 껴안아주고 "다시는 그러지 마라" 했더니 이렇게 변한 것입니다. 한낱 동물에 불과하지만 용서의 힘은 이토록 큽니다.

사랑 곱빼기

25 저희 막내는 남산 쪽방 마을에서 오랫동안 봉사를 했습니다. 도배도 해주고, 아이들 공부도 봐주고, 함께 놀기도 했습니다. 그곳 아이들은 부모 없이 조부모랑 살거나, 부모가 있어도 보살핌을 잘 받지 못해 좀 거친 구석이 있습니다. 한번은 막내의 홈페이지를 봤는데, 거기에 그곳 아이들 사진이 쭉 올라와 있었습니다. 그중 한 네다섯 살쯤 되어 보이는 아이가 있었는데 눈빛이 예사롭지 않았습니다. 사납고 날카로워 보였습니다. 그 사진 밑에 아들이 이렇게 써놓았습니다. "얘 눈에는 가시가 있다. 그러므로 너는 사랑 곱빼기."

26 제 아들이 쓴 글이지만 이 글에 감동을 받았습니다. 눈에 가시가 있는 아이, 공격적이고 거친 그 아이를 보면서 저 같았으면 "에라, 이놈아.

네가 그러면 너만 손해지” 하면서 다른 아이들을 더 예뻐했을 것 같습
니다. 그런데 아들은 그렇기 때문에 사랑 곱빼기라는 것입니다.

27 저는 제게도 이 마음을 주시도록 기도했습니다. 나에 대해서는 철저
하고 다른 사람에 대해서는 너그럽고 관대하도록, 불쌍히 여기는 마
음을 주셔서 사랑할 줄 알도록 해주시도록 말입니다. “그러므로 남을
판단하는 사람아” 하는 이 말 속에는 이토록 중요한 교훈이 담겨 있습
니다.

28 “그러므로 남을 판단하는 사람아”라는 이 말은 당시 유대인을 향한
것이었습니다. 유대인은 어떤 민족입니까? 하나님이 선택하신 백성
입니다. 이것은 그들도 알고, 우리도 아는 사실입니다. 그런데 유대인
들의 문제가 무엇입니까? 그들이 가진 그릇된 ‘선민의식’이었습니다.

29 하나님이 유대인을 선민으로 택하신 것은 사실입니다. 그런데 택하신
이유가 무엇입니까? 모든 민족이 구원 얻는 일에 일꾼으로 쓰시기 위
함입니다. 그래서 이스라엘을 제사장 나라로 택하셨습니다. 하나님은
이스라엘만의 구원이 아니라 모든 민족의 구원을 원하셨던 것입니다.
그런데 이것이 도치되었습니다. 이스라엘은 ‘모든 민족의 구원’이라
는 목적은 잊어버리고 자기만 구원받았다는 그릇된 선민의식에 사로
잡혔습니다. 당연히 유대인 외에는 구원받을 수 없다고 생각해서 이
방인을 무시하고 차별하는 태도를 갖게 되었습니다.

30 하나님은 이런 그들의 태도를 싫어하셨습니다. 하나님이 가장 싫어하
시는 것 중 하나가 바로 사람을 업신여기고 차별하는 것입니다. 하나
님은 사람을 사랑하시기 때문입니다. 십자가에 달려 돌아가셨을 만큼

우리 인간을 사랑하시기 때문입니다.

31 누가 제 손녀에게 "예쁘다"고 해주면 저도 그 사람이 좋습니다. 제가 사랑하는 손녀를 칭찬해준 사람이기 때문입니다. 그런데 누가 흉이라도 보면 속이 부글부글 끓기 시작합니다. 하나님도 마찬가지이십니다. 하나님이 정말 사랑하시는, 생명을 바치기까지 사랑하시는 사람을 사랑하는 사람을 하나님도 사랑하십니다. 그래서 이렇게 말씀하셨습니다. "누구든지 너희가 그리스도에게 속한 자라 하여 물 한 그릇이라도 주면 내가 진실로 너희에게 이르노니 그가 결코 상을 잃지 않으리라"(막 9:41). "여기 내 형제 중에 지극히 작은 자 하나에게 한 것이 곧 내게 한 것이니라"(마 25:40).

32 '지극히 작은 자'가 어떤 사람들입니까? 다른 사람이 우습게 여기는 사람, 마음에 별로 들지 않는 사람, 가난한 사람, 눈에 가시가 있는 사람들입니다. 그런 사람들을 대접할 때 하나님은 "나를 대접한 것이다"라고 말씀하십니다. 그리고 그런 사람을 '결단코' 잊지 않겠다고 말씀하십니다. 이는 예외가 없이 반드시 상을 주시겠다는 말씀입니다.

우리에게 있는 선민의식

33 유대인들이 가졌던 그릇된 선민의식은 오늘날 우리에게도 있습니다. 엉뚱한 질문 하나만 하겠습니다. "장로와 목사 중에 누가 높습니까? 장로와 안수집사 중에서는 누가 높습니까?" 많은 분들이 "교회에서는 목사가 높지요"라거나 "당연히 장로가 높지요"라고 대답할 것입니다. 그러나 교회 안에서 누가 누구보다 높을 수 있습니까?

34 오늘날 한국 교회의 문제는 직분이 계급화 되고 있다는 데 있습니다.

직분을 계급화 하면 목사가 교회를 운영하기가 쉬워집니다. 직분이 계급화 된다는 것은 성도들을 한 줄로 세울 수 있다는 것이고, 서로 경쟁시킬 수 있다는 말입니다.

35 직분은 역할에 대한 것이지 지위에 대한 것이 아닙니다. 그런데도 우리는 그것을 '지위화' 시켜서 경쟁을 시킵니다. 그 경쟁은 순수한 것이 아닙니다. 인간적인 경쟁을 교회 성장의 동력으로 삼고자 생겨난 것입니다. 그렇게 되면 교회가 변질됩니다. "장로가 높아요, 교인이 높아요?" 이 질문 자체가 잘못된 것입니다. 장로든 교인이든 교회 안에서는 평등합니다.

36 어느 교회에 집회를 갔을 때의 일입니다. 교회 의자에 아크릴로 '당회원석'이라는 팻말이 붙어 있었습니다. 쉽게 말해서 장로님들만 앉는 자리라는 것입니다. 그걸 보고 설교하다가 제가 한 마디 했습니다. "여기는 예배 시간에도 당회하시나봐요?" 물론 당회할 때는 당회원들만 모여야겠지만, 예배 시간에 앉는 자리에 장로님들을 위한 특별석을 만들어놓는다는 것 자체가 벌써 장로를 귀족화하고 우대하는 것 아닙니까? 그래서 설교하다 말고 그 팻말을 떼야 한다고 쓴소리를 했습니다.
아무리 옳은 이야기라도 기분이 나쁠 수 있을 텐데 장로님들이 진심을 다해 "목사님 말씀이 맞습니다. 저희가 잘못 생각했습니다. 곧 떼겠습니다" 하셨습니다. 그 모습을 보니 그것을 지적한 목사보다 더 훌륭한 장로님이라는 생각이 들었습니다.

37 물과 은혜는 낮은 곳으로 흐릅니다. 그래서 교만해지면 설교가 귀에 들어오지 않습니다. 높은 데 앉아서 거만하게 몸을 뒤로 젖히고 설교

를 들으면 은혜가 안 됩니다. 그런데 높은 자리를 부수고 "주여 말씀하옵소서. 주의 종이 듣겠습니다" 하며 자신을 낮추어 말씀을 들으면 은혜가 쏟아질 것입니다.

차별은 없지만 구별은 있다

38 사탄은 알게 모르게 우리를 속입니다. 우리를 부추깁니다. 하지만 하나님은 사람을 차별하지 않으십니다. 구별만 하십니다. 우리는 차별과 구별의 차이를 알아야 합니다. 차별은 수직적인 언어입니다. 구별은 수평적입니다. 그렇다면 장로와 교인이 똑같은 일을 해야 합니까? 아닙니다. 장로가 해야 할 일은 구별되어 있습니다. 그것을 함부로 건드리면 안 됩니다. 장로를 귀히 여기고 그 권한을 인정하고 존경해야합니다. 그에 대한 구별이 있기 때문입니다.

39 하나님은 왜 그렇게 구별하셨을까요? 하나님이 하고 싶으신 일이 많아 모두에게 다른 은사를 주셨기 때문입니다. 어떤 사람은 그림을 잘그리고, 어떤 사람은 장사를 잘합니다. 어떤 사람은 말을 잘하고, 어떤사람은 봉사를 잘합니다. 이것이 다 은사입니다. 은사에 따른 구별은 있어야 합니다.

40 고린도교회가 예수님을 열심히 믿다가 성령을 받았습니다. 고린도교회는 성령께서 활발히 역사하시는 좋은 교회였습니다. 사람들이 다성령 받고 은사를 받았습니다. 그런데 거기에 사탄이 비집고 들어갔습니다. 그는 사람들에게 교만을 불어넣어서 은사에 따른 구별이 아니라 차별을 하게 했습니다. "방언이 더 높으냐, 예언이 더 높으냐, 병고치는 게 더 높으냐?" 이런 것 때문에 싸움이 벌어진 것입니다. 그래서 사도 바울은 교회의 모든 성도가 몸의 지체와 같으므로 누가 더 높

고 낮은 게 아니라는 내용을 담은 편지를 보냈습니다.

41 어떤 분이 제게 이런 이야기를 했습니다. "하나님은 만인을 제사장으로 부르셨는데, 하나님 앞에서는 차별이 없어야 하는데 왜 목사만 설교하고 목회합니까?" 제가 그 분에게 이렇게 답했습니다. "왜 의사만 수술합니까? 저도 한번 환자의 배 가르고 수술해보고 싶습니다." 모든 일에는 전문성이 필요합니다. 그래서 구별이 필요한 것입니다. 의사만 수술해야 하는 까닭이 무엇입니까? 전문성에 있습니다. 설교하고 목회하는 일 역시 전문성에 관련된 것이므로 목사에게 일임된 것입니다. 목사만 주의 종이기 때문에 그렇게 하는 것이 아닙니다.

42 저는 목사이기 때문에 강의를 진행하고 설교를 하지만 저 역시 똑같이 말씀을 들어야 할 죄인입니다. 성도들만 말씀을 들어야 할 죄인이고 저는 가르치기만 하는 선생이 아닙니다. 역할이 다를 뿐입니다. 누가 더 높고 낮은 것이 아닙니다. "우리는 평등하지만 하는 일이 구별되어 있다. 그것은 존중해야 한다." 이것을 기억한다면 성숙한 신앙으로 성장하게 될 것입니다.

겸손할 때 영향력이 생긴다

43 시애틀의 한 교회에 장로님 부부가 있었습니다. 그 분들은 미국의 다른 주에서 신앙생활하다가 은퇴 후에 그곳으로 이사를 왔다고 합니다. 이사 오기 전 교회에서 10년 동안 장로로 섬기다 왔는데도, 그것을 밝히지 않고 새로운 교회에서 열심히 신앙생활을 했습니다. 교회에서는 이분이 장로라는 것을 모르고 집사로 임명했습니다. 그럼에도 별말 없이 집사 직분을 받아 성심껏 감당했습니다. 그러다 다시 장로가 됐을 때는 또 장로로서 충성스럽게 교회를 섬겼다고 합니다. 정말

근사하지 않습니까?

44 사고뭉치들만 모아놓은 대안학교가 있었습니다. 선생님 앞에서도 담배를 피우고, 담배를 끄라는 선생님 앞에서 살벌한 표정으로 담배를 씹어 삼키는가 하면 야구 방망이로 선생님을 때리기까지 한 말썽꾼들이었습니다. 그런 아이들이 그 학교에서 점점 변하기 시작했습니다. 대학과 전혀 상관없어 보였던 이 아이들의 90퍼센트가 대학에 진학할 만큼 놀라운 변화가 일어난 것입니다.

45 그 학교 선생님들 모두가 훌륭한 분들이었지만 학생들의 변화에 가장 지대한 영향을 끼친 분은 놀랍게도 수위 아저씨였습니다. 학생들은 수위 아저씨를 만만하게 여겨 업신여기기까지 했습니다. 그런데 그 수위 아저씨가 은퇴한 전직 교장 선생님이라는 것이 드러났습니다. 학생들이 그 사실을 알고 깜짝 놀랐습니다. 학생들은 자연스럽게 그 수위 아저씨를 존경하게 되었고, 존경하는 어른이 생기자 변하기 시작한 것입니다. 교장이 수위가 되자 능력이 생겼습니다. 자기를 낮추고 다른 사람에게 관대할 때 이런 힘이 생기는 것입니다.

46 다른 사람을 판단하지 않고 나 자신을 판단하는 겸손한 사람이 되기 위해 기도해야 합니다. 다른 사람에게는 관대하고 나 자신에게는 엄격한 사람이 되기 위해 기도해야 합니다. 그럴 때 은혜가 더욱 부어집니다. 그렇게 기도하며 사는 저와 여러분 되기를 바랍니다.

CHAPTER 06

형식 버리려다
내용까지 버릴라

무릇 표면적 유대인이 유대인이 아니요 표면적 육신의 할례가 할례가 아니
니라 오직 이면적 유대인이 유대인이며 할례는 마음에 할지니 영에 있고
율법 조문에 있지 아니한 것이라 그 칭찬이 사람에게서가 아니요 다만 하
나님에게서니라 롬 2:28-29

이면적 그리스도인이 그리스도인이다!

1 형식이 중요할까요? 내용이 중요할까요? 물론 둘 다 중요합니다. 때에 따라 형식이 더 중요할 때도 있고, 내용이 더 중요할 때도 있습니다. 가장 중요한 것은 이 둘의 균형입니다. 어떤 사람들은 형식을 따지다 가 형식주의에 빠지는 오류를 범합니다. 또 다른 사람들은 형식보다 내용이 중요하다고 생각해서 형식은 아무래도 상관없다는 식의 태도 를 취하기도 합니다.

2 그릇된 선민의식에 사로잡혀 있던 유대인들을 향해 바울은 재미있는 표현을 사용합니다. '표면적 유대인'이라는 표현입니다. 요즘 말로 하 면 '무늬만 유대인'이란 말입니다. 그러면서 바울은 "표면적 유대인 이 유대인이 아니요 표면적 육신의 할례가 할례가 아니니라"(롬 2:28) 라고 말했습니다. 즉, 눈에 보이는 형식보다 그 안의 내용이 더 중요하 다는 뜻입니다.

3 〈로마서〉라고 할 때 많은 사람들이 한 가지 주제를 떠올립니다. "오 직 믿음으로 구원을 받는다"는 것입니다. '믿음으로 의롭다 함을 받 는다'는 뜻의 '이신득의(以信得儀)'라고도 합니다. 이것이 복음입니다.

4 그런데 어떤 것이든, 그것이 복음일지라도, 한 가지만 지나치게 강조하

면 문제가 생깁니다. 믿음으로 구원 얻는 것, 맞습니다. 행함으로 구원 얻는 것이 아닙니다. 율법으로는 구원을 못 얻습니다. 그런데 그것만 강조하다 보니 마치 행함은 필요 없는 것처럼 여기는 현상이 벌어집니다. 율법과 구원은 전혀 상관이 없으며, 그저 말로만 "믿습니다"라고 외치면 천당 가는 것으로 여기는 잘못된 믿음을 갖게 된 것입니다.

5 우리가 깨닫지 못하는 사이에 한국 교회 교인들은 '표면적 그리스도 인'의 오류에 빠지고 말았습니다. "행함으로 구원 얻나? 믿음으로 구 원 얻지! 율법 지켜서 구원 얻나? 은혜로 구원 얻는 것이지!" 물론 틀 린 말은 아닙니다. 그러나 한쪽으로 치우치다 보니 교회를 열심히 다 니는데도 삶의 열매는 전혀 맺지 못하는 '무늬만 그리스도인'이란 평 가를 받게 된 것입니다. 진정한 그리스도인이라 할 수 있는 '이면적 그리스도인'의 요소들이 쌓이지 않게 된 것입니다.

6 예수님이 심판의 때에 대해 하신 말씀 중에 이런 내용이 있습니다. 자 칭, 타칭 '선지자'라고 하는 사람들이 하나님의 심판대 앞에 섰습니 다. 그런데 천국에 들어갈 수 없었습니다. 그들은 너무 놀랐습니다. 그래서 이렇게 항의했습니다. "예수님, 저를 잊으셨습니까? 저는 세 상에서 예수님의 이름으로 귀신을 쫓아내고 많은 권능을 행했습니 다!" 그런데 예수님은 모르신다고 하십니다. 알 것도 같고 모를 것도 같은 아리송한 상태가 아니라 '도무지' 알지 못한다고 말씀하십니다. 그러면서 이렇게 말씀하셨습니다. "불법을 행하는 자들아 내게서 떠 나가라"(마 7:23).

7 오늘날로 말하면 그 사람이 목사, 장로였대도, 아무리 많은 봉사와 헌 금을 했다고 해도, 귀신을 쫓아내고 권능을 행했다 해도, 예수님은

"나는 도무지 너를 알지 못한다"라고 하십니다. 나름대로 교회 열심히 다니고 신앙생활 한다고 했는데 예수님은 모르실 수 있다는 말씀입니다.

8 제가 시무했던 높은뜻숭의교회에서 몇 년 전 중대한 결정을 내렸습니다. 7년 정도를 사역하면서 꽤 큰 교회로 성장했을 때였는데, 교회를 넷으로 나누기로 한 것입니다. 목사님 네 분을 세워 각 교회를 맡도록 하고, 저는 1년 동안 한 달에 한 번씩 각 교회를 돌면서 설교하기로 했습니다. 그러자 일부 교인들 사이에서 이런 말이 나왔습니다. "난 교회 안 정할 거야. 목사님이 설교하시는 교회에 가서 예배드릴 거야." 제 기분이 어땠을까요? 솔직히 저도 사람인지라 저 따라 가서 예배드린다는데, 기분 좋았습니다.

9 하지만 저는 그들에게 이런 이야기를 해주었습니다. "제 설교가 좋다면 생각도 저와 같아야지요. 설교는 좋아하면서 왜 생각은 다릅니까? 저는 저를 따라다니며 예배드리는 분들에게 이런 보증서를 써드릴 수 있습니다. '절대 천당은 못 간다.' 하나님이 '너는 김동호 따라다닌 사람이지 나 따라다닌 사람은 아니지 않느냐?'라고 하실 것이 분명하기 때문입니다."

10 이 말이 그들에게는 큰 충격이었던 것 같습니다. 좋아해서 따르는 목사에게 천당 못 간다는 말까지 들었으니 말입니다. 그러나 맞는 말 아닙니까? 누구 목사 설교 들었다고 천당 가는 것 아닙니다. 어느 교회 다녔다고 천당 가는 것 아닙니다. 교회 장로 됐다고, 권사 됐다고, 집사 됐다고 천당이 보장된 것이 아닙니다. 이 모든 것이 "표면적 유대인이 유대인이 아니요 표면적 육신의 할례가 할례가 아니니라"(롬

2:28)라는 말씀에 걸리는 것들입니다. 표면적 그리스도인이라고 해서 다 그리스도인이 아니라는 것입니다.

11 예수님은 "열매로 나무를 안다"고 말씀하셨습니다. 좋은 열매를 맺으면 좋은 나무이고, 나쁜 열매를 맺으면 나쁜 나무라는 말씀입니다(마 7:16-20 참조). 믿음도 열매를 보아야 알 수 있습니다. 따라서 "무릇 표면적 유대인이 유대인이 아니요 표면적 육신의 할례가 할례가 아니니라"라는 말씀을 들을 때 우리는 '믿음의 열매'에 대해 생각해보아야 합니다. 나무의 겉모습, 즉 형식만 보고 그 나무를 말할 것이 아니라 그 나무가 맺는 열매, 곧 삶에서 맺는 믿음의 열매를 보고 말해야 한다는 것입니다.

열매 맺는 교회가 부흥한다

12 오늘날 '값싼 은혜'라는 말을 많이 들을 수 있습니다. 은혜로 구원을 얻었으니 내 실제의 삶이 어떻든 나는 괜찮다는 잘못된 믿음입니다. '이신득의'만을 주장하며 '믿음의 열매'를 생각하지 않다 보니 벌어진 현상입니다. 한국 교회가 값싼 은혜에 빠져 열매를 맺지 못하니 세상 사람들로부터 온갖 질타와 비난을 받고 외면당하는 상황에 처하게 된 것입니다.

13 한국만큼 배타적인 민족도 드뭅니다. 세계 상권을 잡고 있는 화교(華僑)들이 유일하게 정착하지 못하고 쫓겨난 나라가 우리나라라고 합니다. 지금 한국에 들어와 있는 외국인 노동자들을 대하는 태도를 보십시오. 물론 모두가 그런 것은 아니지만 얼마나 배타적입니까?

14 그런데 신기하게도 외래 종교라 할 수 있는 기독교는 이 땅에 들어와

서 뿌리를 내리고 왕성하게 성장해 가고 있습니다. 세계에서 유례를 찾아보기 힘든 부흥을 이루었습니다. 정말 기적 같은 일입니다. 특히 우리나라처럼 배타적인 문화 속에서는 말입니다. 어떻게 이런 일이 가능했습니까?

15 첫째, 말할 수 없는 하나님의 은혜 때문입니다. 이 마지막 시대에 우리나라를 들어 사용하시려는 하나님의 놀라운 은혜입니다.

16 둘째, 초창기에 예수님을 영접했던 믿음의 선배들이 정말 예수님을 '잘 믿었기' 때문입니다. 그들은 입으로만 "주여" 하고 외친 것이 아니었습니다. 교회에만 열심히 다닌 것이 아니었습니다. '이면적 그리스도인'이라고 할 수 있는 삶의 열매가 그들에게 풍성히 있었습니다.

17 제가 중고등학교 다닐 때만 하더라도 기본적으로 이런 신뢰가 있었습니다. "교회 다닌다고? 그러면 사람은 착하겠군. 남을 속이지는 않겠어. 성실하겠군." 쉽게 말하자면, '기독교'에 대한 이미지가 정말 좋았습니다. 자기가 교회에 다니지는 않아도 교회 다니는 직원을 채용하고 싶어 할 만큼, 당시 기독교인에 대한 이미지는 긍정적이었습니다.

18 그런데 요즘은 완전히 역전되었습니다. "저 교회 장로입니다"라고 말해도 그 사람을 쉽사리 신뢰하지 않습니다. 심지어 "예수 믿는 사람들이 더 하더라"라는 말도 합니다. 요즘 누가 예수 믿고 교회 다닌다고 착하고 정직하다고 봐줍니까? 하나님 믿기 때문에 세상과 타협하지 않고 정직하게 행하는 것, 진실하고 선한 것, 이것이 기독교와 크리스천의 가장 큰 경쟁력이었는데, 이것을 잃어버렸습니다.

19 왜 이렇게 되었습니까? "행함으로 구원 얻나? 믿음으로 얻지" 하고는

삶의 행실은 외면한 채 "믿씁니다"를 외치기만 했기 때문입니다. 삶은 세상 사람과 똑같거나 심지어 더 엉망으로 살면서 교회 가서 회개만 하면 된다고 하는 왜곡된 신앙이 자리 잡게 되었기 때문입니다. 기독교의 위상은 땅 끝까지 추락했습니다.

20 셋째, 우리나라 초기 기독교인들에게는 뛰어난 역사의식이 있었습니다. 그들이 보여준 삶은 단순히 정직하고 성실한 수준을 뛰어넘었습니다. 믿음의 수준이 높았습니다. 우리나라가 일본에게 강제 합방되기 전에 우리는 이미 경제적으로 일본의 속국이었습니다. 일본에 너무 많은 빚을 졌기 때문입니다. 그때 기독교인들이 '국채보상운동'을 펼쳤습니다.

21 우리가 나서서 나라의 빚을 갚자고 일어난 것입니다. 남자들은 담배를 끊고, 여자들은 가락지와 비녀를 모았습니다. 또한 당시의 교회들은 성급하게 예배당을 짓지 않았습니다. 낫 놓고 기역 자도 모르는 성도들이 교회로 모이면 학교부터 지었습니다. 병원부터 지었습니다. 그들이 보여준 믿음의 열매는 정말로 뛰어났습니다. 그러니 이 땅에 그토록 놀라운 부흥이 일어날 수 있었던 것입니다.

행함으로 하나님을 증거해야 한다

22 그런데 오늘날 예수 믿는 우리는 어떻습니까? 나라를 사랑하는 마음이 있습니까? 예수 믿으면서도 세금 떼먹을 궁리를 합니다. 세상 사람과 똑같습니다. 저는 예수 믿는 사람들이 세상 사람들보다 더 나쁘다는 생각은 안 합니다. 하지만 사실, 예수 믿는 사람이 세상 사람과 똑같다는 것은 죄입니다. 왜 이렇게 되었습니까? "행함으로 구원 얻나? 믿음으로 구원 얻지"라는 교훈을 잘못 받았기 때문입니다.

23 마태복음에서 예수님은 "사람이 등불을 켜서 말 아래에 두지 아니하고 등경 위에 두나니 이러므로 집 안 모든 사람에게 비치느니라 이같이 너희 빛이 사람 앞에 비치게 하여 그들로 너희 착한 행실을 보고 하늘에 계신 너희 아버지께 영광을 돌리게 하라"(마 5:15,16)라고 말씀하셨습니다. 착한 행실로 구원 얻는 것은 아니지만 착한 행실로 예수님을 전할 수는 있어야 합니다.

24 여러분은 표면적 그리스도인입니까, 이면적 그리스도인입니까? 아마 많은 분들이 이 둘 사이에서 왔다 갔다 할 것입니다. 우리는 정말 이면적 그리스도인이 되기 위해 몸부림 쳐야 합니다. 삶의 열매를 맺기 위해 애쓰고 수고해야 합니다. 그렇게 살 때 하나님이 주시는 복이 정말 많습니다.

25 전도를 받아 교회에 나온 지 얼마 안 된 초신자들은 하나님도 보지만 사람을 더 봅니다. 하나님은 눈에 보이는 존재가 아니시기 때문입니다. 아직 믿음이 없기에 더더욱 사람 보고 믿는 것입니다. 그러므로 전도할 때 우리에게 보여줄 것이 있어야 합니다. 물론 우리가 완전하지는 않습니다. 우리도 사람이기 때문에 죄가 있고 허물이 있습니다. 그래도 "나는 이렇게 발버둥치고 있어. 열매를 맺기 위해 애쓰고 있어"라며 믿음의 열매를 보여주어야 한다는 것입니다. 그래서 초신자의 입에서 "내가 하나님은 안 보이지만 너를 보니 하나님 계신 것을 믿겠어"라는 고백이 나와야 합니다.

26 우리나라 초대 교회가 부흥한 것은 수많은 믿음의 열매들을 보여주었던 하나님의 사람들을 보고 믿은 사람이 많아졌기 때문입니다. 믿음은 실상(實像)이고 증거가 있는 것입니다.

27 우리나라에는 천주교가 개신교보다 꼭 100년 앞서 들어왔습니다. 처음에는 나라를 사랑하는 마음이나 역사의식에서 천주교가 개신교를 따라가지 못했습니다. 3·1운동, 국채보상운동 등 개신교에서 나라를 위해 달려 나가고 있을 때 천주교는 그러지 못했습니다.

28 그러다 개신교가 선교 100주년, 천주교가 200주년을 맞을 때 상황이 역전되었습니다. 그때 다양한 기념사업들이 열렸습니다. 개신교 장로교에서는 100주년 기념사업의 일환으로, 30억 원이 넘는 큰돈을 들여 '100주년 기념관'을 지었습니다. 그 기념관은 잘 지어졌고, 여러 가지로 활용도가 높아서 그동안 잘 사용해왔습니다. 잘못한 것이 아닙니다. 그러나 당시 천주교는 200주년 기념사업으로 개신교 예산의 약 3분의 1인 11억 원을 들여 맹인들에게 개안 수술을 해주었습니다.

29 한 가지 특이한 것은, 통계를 통해 볼 때 이때를 기점으로 개신교와 천주교의 양상이 바뀌었다는 것입니다. 천주교가 놀랍게 성장하기 시작했습니다. 개인적으로 저는 이 사건과 무관하다고 생각하지 않습니다. 개신교가 나라와 이웃에 관심을 가졌을 때는 교회가 놀랍게 부흥했습니다. 그런데 그 열매에 있어서 천주교가 앞서 나가기 시작하자 그들의 부흥이 시작되었습니다. 이것은 개신교와 천주교 중 누가 더 훌륭한가의 문제가 아닙니다. 개신교든 천주교든 열매가 있을 때 선교가 일어나고 부흥이 일어납니다. 예배당만 멋지게 지어놓으면 무엇 합니까? 교인들이 안 오면 그저 텅텅 비고 말 것입니다. 유럽의 교회들이 그래서 망했습니다.

30 오래 전, 해외 토픽에 유럽의 오래된 교회들 중에 술집이 된 곳이 많다는 기사가 실렸습니다. 유럽의 교회들 중에는 교인들이 없어서 시(市)

에서 관리하는 곳이 많습니다. 시에서는 어떻게든 그 건물들을 사용해야겠는데, 기둥이 많아 탁구장 등의 시설로는 사용하지 못하니 술집으로 대관해준 것입니다.

31 이것은 비단 유럽만의 문제가 아닙니다. 우리나라도 언제 이렇게 될지 모릅니다. 그러니 예수 믿는 우리가 그리스도인답게 믿음의 열매를 맺는 일에 열심을 내어 실추된 기독교의 위상을 회복해야 합니다. 우리의 나쁜 행실로 하나님의 이름이 업신여김 당하는 이 시대에 우리의 착한 행실로 하나님께 영광 돌리는 일이 일어나야 합니다.

새로운 반전

32 형식이 중요합니까, 내용이 중요합니까? 지금까지 살펴본 것처럼 내용이 물론 중요합니다. "표면적 유대인이 유대인이 아니요 표면적 육신의 할례가 할례가 아니니라"라는 말씀까지만 보면 "형식이 중요한 것이 아니라 내용이 중요해!"라고 말한 것에서 딱 끝이 납니다. 그러나 말씀을 계속 읽어보면 새로운 반전이 눈에 띕니다.

33 로마서 3장 1,2절 말씀입니다. "그런즉 유대인의 나음이 무엇이며 할례의 유익이 무엇이냐 범사에 많으니 우선은 그들이 하나님의 말씀을 맡았음이니라." 이게 무슨 말입니까? 2장에서 "유대인이라고 다 유대인이냐? 유대인다워야 유대인이지!"라고 하다가 갑자기 "그렇다면 유대인은 아무것도 아니냐? 그렇지 않다. 그 형식에 유익함이 많다"라고 말하는 것입니다.

34 내용이 중요하다 해도 형식을 버리면 안 됩니다. 예수님은 바리새인들을 향해 "독사의 자식들"이라며 책망하셨습니다. 그들은 형식주의

자들이었기 때문입니다. 그렇다고 형식은 무조건 버려야 한다는 말씀도 아닙니다. "그러나 이것도 행하고 저것도 버리지 말아야 할지니라"(눅 11:42). 예수님이 경계하신 것은 그들의 외식이었습니다.

35 형식을 버리면 내용도 잃어버립니다. 형식은 그릇입니다. 그릇이 중요합니까, 음식이 중요합니까? 물론 음식이 중요합니다. 하지만 음식이 중요하기 때문에 그것을 담는 그릇, 곧 형식이 있어야 하는 것입니다. 형식을 잘 갖춰야 내용이 잘 보존됩니다. 그래서 우리는 형식주의자가 되어서는 안 되겠지만 그렇다고 형식 무용론자가 되어서도 안 됩니다.

36 '율법주의'는 깨야 합니다. 그러나 '율법'까지 깨버리면 큰일 납니다. 우리가 깨야 하는 것은 표면주의입니다. 그렇다고 표면이 없어서는 이면도 있을 수 없습니다. 모두 무너지고 맙니다.

37 예를 들어, 주일성수, 십일조만 지나치게 강조하는 것은 율법주의일 수 있습니다. 주일성수하고 십일조 낸다고 구원을 얻는 것은 아닙니다. 그렇다고 무조건 이런 것을 깨뜨리고 개혁하자고 하면 안 됩니다. 그렇게 되면 믿음도 잃어버립니다. 십일조 얘기하는 것이 잘못된 것입니까? 아닙니다. 그것만 강조하고, 그것만 이야기하는 것은 잘못이지만, 그것을 놓쳐서는 안 됩니다.

38 오늘날 한국 교회가 반성해야 할 것은 지나치게 형식주의에 빠졌다는 것입니다. 그래서 그것을 깨뜨리자는 노력이 각계에서 일어나고 있습니다.

39 그러나 '형식주의'를 깨려다 '형식'까지 깨버려서는 안 됩니다. 내용

없는 형식을 문제 삼아야지, 형식 자체를 문제 삼으면 안 됩니다.

40 우리는 예수님의 말씀 안에 담긴 뛰어난 균형감각을 배워야 합니다. "그러나 이것도 행하고 저것도 버리지 말아야 할지니라"(눅 11:42). 그 것이 "유대인의 유익이 무엇이냐 범사에 많으니라"라는 말씀에 담긴 근사한 반전입니다. 좌로도 우로도 치우치지 않는 균형 감각을 가져 야 합니다.

CHAPTER 07

우리는
다 죄인이다

그러면 어떠하냐 우리는 나으냐 결코 아니라 유대인이나 헬라인이나 다 죄 아래에 있다고 우리가 이미 선언하였느니라 기록된 바 의인은 없나니 하나도 없으며 깨닫는 자도 없고 하나님을 찾는 자도 없고 다 치우쳐 함께 무익하게 되고 선을 행하는 자는 없나니 하나도 없도다 그들의 목구멍은 열린 무덤이요 그 혀로는 속임을 일삼으며 그 입술에는 독사의 독이 있고 그 입에는 저주와 악독이 가득하고 그 발은 피 흘리는 데 빠른지라 파멸과 고생이 그 길에 있어 평강의 길을 알지 못하였고 그들의 눈 앞에 하나님을 두려워함이 없느니라 함과 같으니라 롬 3:9-18

성경을 보면 나의 실상이 보인다

1 우리는 다 죄인입니다. 우리가 죄를 지었기 때문입니다. 갓 태어난 아기도 죄인입니다. 원죄가 있기 때문입니다. 사람은 의인으로 태어나는 게 아니라 죄인으로 태어납니다. 어떤 사람은 "아담과 하와 때문에 우리가 왜 이 고생이야?" 하면서 억울해합니다. 그러나 억울할 것 없습니다. 하나님은 그 원죄에 대한 책임을 우리에게 묻지 않으셨기 때문입니다. 예수님을 보내셔서 해결해주셨습니다. 그러나 죄를 가지고 태어난 죄인이라는 것만큼은 분명한 사실입니다.

2 자기 자신을 아는 것이 중요합니다. 우리 중 많은 사람들이 자신은 좀 괜찮은 사람이라고 생각합니다. 특히 목사, 장로, 리더쯤 되면 이런 생각을 갖기가 쉽습니다. 자신에 대해 정확히 알기 위해서는 나를 비추는 거울을 봐야 합니다. 거울을 보고 머리는 정돈이 잘 됐는지, 얼굴에 뭐가 묻은 것은 없는지, 옷매무새는 잘 갖춰져 있는지를 살핍니다. 이처럼 우리 자신을 비추는 것에는 뭐가 있을까요? 바로 성경입니다.

3 성경을 보면 첫째, 하나님이 보입니다. 둘째, 세상이 보입니다. 셋째, 자신이 보입니다. 성경에 나오는 사건, 역사, 사람을 보면서 '아, 내가 이렇구나' 하게 됩니다. 자신에 대해서 자꾸 깨달아갑니다. 그래서 성

경을 읽다가 회개하게 되는 것입니다. 이처럼 성경은 나를 보는 거울입니다.

4 성경은 나에 대해 뭐라고 합니까? "넌 참 소중한 존재야"라고 말해주는 부분도 있지만 끊임없이 "너는 죄인이야"라는 것을 강조해서 가르칩니다. 가끔씩 저는 이것이 참 섭섭했습니다. 로마서 3장 10절에 "의인은 없나니 하나도 없으며"라는 말씀을 보면서는 '하나는 좀 빼주지. 내가 그 하나가 될지 모르는데' 싶은 것입니다.

5 그러나 성경은 단정적으로 하나도 없다고 합니다. 모든 사람이 죄인입니다. 나도 예외가 아닙니다. 이것이 저에게는 굉장한 충격이었습니다. 제가 도둑질을 했습니까, 사람을 죽였습니까? 무슨 죄를 지었기에 그렇게 큰 죄인이라고 하시나 싶었습니다. 아마도 많은 사람들이 이렇게 생각할 것입니다.

하나님이 얼마나 위대하신지, 내가 얼마나 죄인인지 깨닫게 하소서!

6 저는 당뇨병을 가지고 있습니다. 그 사실은 검사를 통해서만 알 수 있습니다. 당 수치를 보면 저는 당뇨병 환자입니다. 그런데 제 느낌으로는 도무지 알 수가 없습니다. 아무런 자각 증세가 없기 때문입니다. 물론 아주 심해지면 자각 증세가 있지만, 보통 때는 매우 건강한 것 같습니다. 그러나 그럴 때 내 감각과 내 생각을 믿으면 안 됩니다. 내 감각으로는 내가 건강한 것 같지만 수치는 그렇지 않다고 알려주기 때문입니다. 매일 검사를 하고 수치를 확인해서 조절하고 조심해야 제 생명을 유지할 수 있습니다.

7 마찬가지입니다. 성경이 죄인이라고 하면 저는 죄인인 것입니다. 성

경이 정확하기 때문입니다. "나는 죄인이다"라는 사실을 인식하는 것이 얼마나 중요한지 모릅니다. 그렇기 때문에 우리는 이렇게 기도해야 합니다. "하나님, 제발 제가 죄인인 것을 깨닫게 해주십시오!"

8 성 프란시스라고 하는 유명한 성자가 있었습니다. 어느 날 그의 제자들이 산속의 어느 동굴에서 열심히 기도하고 있는 선생님을 찾아냈습니다. 얼마나 열심히 기도했는지 제자들이 온 줄도 몰랐습니다. 제자들은 그렇게 훌륭한 스승이 도대체 어떻게 기도하는지 들어보고 싶어서 조용히 그의 기도를 엿들었습니다. 그는 몇 시간 동안 이 한 마디만을 되풀이했습니다. "하나님, 하나님이 얼마나 위대하신지와 제가 얼마나 큰 죄인인지를 깨닫게 해주옵소서!"

9 이해인 시인의 《민들레 영토》라는 시집에 보면, 맨 마지막에 〈큰 소리로 말씀치 않으셔도〉라는 제목의 시가 있습니다. 그 시에 이런 구절이 있습니다. "죄는 많으며도 뉘우침조차 사무쳐 오지 않는 불모의 사막." 시인은 죄는 많은데 미처 깨닫지도 못하는 자신의 마음을 사막에 비유한 것입니다. 그러면서 뒤에 자신을 깨우쳐주기 바라는 마음으로 이렇게 외칩니다. "종을 치세요, 종을 치세요."

10 우리가 은혜를 받으려면 자신이 죄인인 것을 깨달아야 합니다. 성경은 죄가 많은 곳에 은혜가 넘친다고 합니다. 이것은 죄를 많이 지을수록 은혜를 많이 받는다는 뜻이 아니라, 자신이 죄인이라는 깨달음이 사무치면 큰 은혜가 임한다는 말씀입니다. 은혜 받으면 내가 죄인인 것을 깨닫습니다.

11 자신이 죄인이라는 것을 깨달은 이들 앞에는 두 갈래 길이 펼쳐집니

다. 한 쪽은 자신이 죄인이라는 것을 깨닫고 의기소침해지면서 자책하는 길입니다. 사탄은 자꾸 이쪽으로 몰아가려 합니다. 그러나 우리가 가야 할 길은 이 길이 아닙니다. 다른 한 쪽은 예수님께로 가는 길입니다. '예수님 없이는 나는 죄인이야. 그러니 나는 예수님께로 가야 해!' 이 길로 가야 합니다.

죄인이 아닌 사람에게는 예수님이 필요없다

12 '내가 죄인이다'라는 것을 깨닫는 것이 신앙생활에 있어서 왜 그렇게 중요할까요? 신앙생활은 하나님을 믿는 것입니다. 예수님을 믿는 것입니다. 예수님이 나의 구세주임을 믿는 것입니다. 이 믿음이 성립하려면 반드시 있어야 하는 필요충분조건이 있습니다. 그것이 내가 죄인이라는 자각입니다.

13 사도 바울은 "오호라 나는 곤고한 사람이로다 이 사망의 몸에서 누가 나를 건져내랴"(롬 7:24)라고 가슴을 치며 안타까워했습니다. 그러면 자연히 구세주를 찾게 됩니다. 내가 죄인이어야 예수님이 구주가 되실 것 아닙니까? 내가 의로운데 예수님이 왜 필요합니까? 그래서 예수님을 믿고 의지하려면 반드시 자신이 죄인이라는 자각이 필요한 것입니다. 이것이 믿음의 조건입니다.

14 로마서 1장 1절에서 사도 바울은 자신이 복음을 위해 택정 받은 종이라고 말합니다. 그 복음은 한마디로 '예수 그리스도'입니다. 바울은 그 복음을 전하는 데 목숨을 걸었습니다.

15 예수 그리스도가 구세주라는 복음을 심어주기 위해서는 "너는 죄인이야"라는 것을 먼저 가르쳐줘야 합니다. 자신이 죄인인 것을 알아야

예수님을 전할 수 있기 때문입니다. 그래서 바울은 로마서 2장에서 우리가 다 죄인인 것을 부각시키며 강조합니다. "유대인이나 헬라인이나 다 하나님 앞에 죄인이다. 그래서 우리는 모두 주가 필요하다." 바울은 이렇게 논리적으로 복음에 접근해 가고 있습니다.

16 우리는 스스로를 구원할 수 없습니다. 우리에게는 구원의 능력이 없습니다. 우리는 원죄를 가지고 태어나기 때문에 하나님이 우리를 구해 주지 않으시면 가만히 있어도 죽는 것입니다.

17 어느 주일학교 교사가 5학년짜리 아이에게 이렇게 물어봤습니다. "어떻게 하면 천당에 갈까?" 그랬더니 그 아이는 "예수님을 믿어야 가요"라고 대답했습니다. 선생님은 다시 "그러면 지옥은 어떻게 하면 가니?" 하고 물어봤습니다. 그랬더니 그 아이는 이렇게 대답했습니다. "그냥 가만히 있으면 가요."

18 정말 기가 막힌 대답입니다. 조직신학자가 이야기할 만한 수준의 이야기를 초등학교 5학년짜리가 알고 있었습니다. 우리가 지옥에 가기 위해 해야 할 것은 아무것도 없습니다. 그냥 가만히 있으면 갑니다. 우리는 원죄를 가지고 태어났기 때문에 가만히 있으면 지옥에 갑니다. 이것이 기독교의 인간입니다. 그렇기 때문에 우리는 예수님을 붙잡아야 합니다. 우리는 구원에 대해서는 전적으로 무능력한 자입니다. 예수님만이 우리를 구원하십니다.

나는 무능력한 자다

19 "내가 죄인이다"라는 자각에 있어서 중요한 것은 "나는 무능력하다"라는 것입니다. 이것이 기독교에서 굉장히 중요한 자각입니다. "나는

무능력하기에 예수님을 붙잡아야 한다.” 이것이 복음입니다.

20 그런데 사탄은 자꾸 우리를 속입니다. “나는 죄인이야. 나는 무능력해. 그래서 나에게는 하나님이 필요해”라는 기독교의 진리를 거꾸로 뒤집으려 합니다. “아냐, 넌 강해. 넌 잘하고 있어. 넌 괜찮아. 하나님 없이도 충분히 살 수 있어. 그냥 네가 하나님 해!” 이것이 아담과 하와 때부터 내려오는 사탄의 전략입니다.

21 아담과 하와가 과일 하나를 따먹은 것이 그렇게 중대한 죄가 된 이유가 무엇입니까? 하나님이 “선악과는 따먹지 말아라”라고 하신 말씀 속에는 “너는 어떤 식으로 살래? 네 마음대로 살래, 내가 말하는 대로 살래?”라는 질문이 담겨 있습니다. 즉 욕심대로 살 것인가 아니면 말씀대로 살 것인가, 내가 주인인 삶을 살 것인가 아니면 하나님이 주인인 삶을 살 것인가에 대한 결정이 그 명령에 담겨 있었던 것입니다.

22 하나님이 말씀하시는 방법은 간단합니다. 하나님을 하나님으로 인정하는 것입니다. 하나님이 우리 삶의 주인이심을 인정하는 것입니다. 이해되든 안 되든 하나님이 말씀하시는 대로 사는 것입니다. 그렇게 살면 잘 살게 됩니다.

23 그런데 사탄은 이렇게 꼬드깁니다. “그걸 따먹으면 네가 하나님이 되는 거야. 네가 하나님이 되어도 얼마든지 잘 살 수 있어. 그게 더 좋잖아. 하나님 말씀대로, 시키는 대로 사는 것 거추장스럽잖아? 넌 자존심도 없니? 네 인생의 주인은 너야!”

24 사탄을 숭배하는 사탄교의 제1교리가 무엇인지 아십니까? “네 삶의 주인은 너 자신이다.” 하와에게 선악과를 따먹으라고 할 때 “네가 하

나님이야"라고 했던 사탄은 지금도 "네 삶의 주인은 너 자신이다"라고 꼬드기고 있는 것입니다. 사실, 얼마나 매력적인 사상입니까? "운명아 비켜라. 내가 간다! 내 삶의 주인은 나야!" 특히 젊은이들은 껌뻑 넘어갈 만한 매력적인 사상입니다.

25 자기를 신뢰하고 자신을 삶의 주인으로 삼으면 왜 망합니까? 내가 내 삶의 주인이 되어도 안 망하고 잘 살려면 내가 유능해야 합니다. 내가 전지전능하다면 내 인생의 주인이어도 상관없습니다. 그런데 우리는 무능합니다. 전지전능한 존재가 아니라 한 치 앞도 못 보는 존재입니다. 그러니 자기를 신뢰하면 망할 수밖에 없는 것입니다.

한치 앞을 모르는 인생

26 1994년에 성수대교가 무너졌습니다. 그 길은 제가 새벽기도를 가기 위해 늘 다니는 길이었습니다. 매일 4시 반이면 그곳을 지났는데 7시 반경에 그 다리가 무너졌습니다. 제가 그곳을 지날 때는 다리가 안전했을까요? 아니었을 겁니다. 벌써 카운트다운에 들어간 것을 아슬아슬하게 지나간 것이지요.

27 퇴근하는 길에는 성수대교가 무너져서 한남대교를 건너 왔습니다. 아침에 성수대교를 지나갈 때는 위험한지도 모르고 찬송가 부르며 신나게 지나갔는데, 돌아올 때 한남대교를 건너려니 겁이 덜컥 났습니다. '이 다리도 무너지면 어떡하나? 난 수영도 못하는데!' 곧 무너질 다리는 아무것도 모르고 찬송가 부르며 건넌 사람이 멀쩡한 다리는 부들부들 떨며 지나간 것입니다. 이것이 우리 인간입니다.

28 성수대교가 무너지기 전까지 제가 어머니에게 드리던 인사는 "어머

니, 다녀오겠습니다"였습니다. 그런데 성수대교가 무너진 다음날부터 제 인사는 이렇게 바뀌었습니다. "어머니, 저 가요." '다녀오겠다'는 말에 책임을 질 수 없을지도 모른다고 생각했기 때문입니다. "다녀오겠습니다"라는 말을 책임지고 할 수 있으면 예수 안 믿어도 됩니다. 자기 혼자 알아서 살면 됩니다. 하지만 우리는 그 단순한 인사말조차 책임질 수 없는 존재입니다.

29 저는 비행기를 꽤 자주 탑니다. 그런데 조종실 문을 두드려본 적은 한 번도 없습니다. 조종실 문을 두드리며 "제가 자동차 운전 경력이 30년 정도 되는데, 비행기 조종이나 자동차 운전이나 비슷하지 않겠습니까? 피곤하시면 제가 당신 대신 비행기 조종을 해보겠습니다"라고 말한다면 제정신이 아닌 사람으로 취급받을 것입니다. 그럴 일은 없겠지만, 만일 비행기 조종사가 조종석을 제게 넘긴다면 어떻게 될까요? 비행기는 추락하고 맙니다.

30 비행기 조종은 누가 해야 합니까? 비행기 조종사가 해야 합니다. 그렇다면 저와 세상은 누가 조종해야 합니까? 하나님이 하셔야 합니다. 그 사실을 알고 있는 저는 늘 자신을 부인하기 위해 애씁니다. '나 정도면 잘났지. 꽤 유능하잖아! 하나님, 저는 괜찮아요. 제가 알아서 할 수 있을 것 같아요. 신경 쓰지 마세요.' 이런 생각 드는 순간 저는 추락합니다. 그래서 자신을 부인하고, 또 부인하는 것입니다. '나는 죄인이야. 나는 무능해. 까불면 죽어. 하나님 붙잡아야 살아.'

자신의 무능을 모르는 미숙

31 아직 미숙한 아이들은 자신이 모른다는 것을 모르고, 못한다는 것을 모릅니다. 그래서 아톰이나 마징가 제트, 슈퍼맨 같은 만화 영화들이

나오면 그 다음날 반드시 목에 보자기를 두르고 뛰어다니는 아이들이 생깁니다. 문제는 이 아이들이 목에 보자기를 매면 자기도 진짜 날 수 있을 것이라고 착각한다는 것입니다. 그래서 위험합니다.

32 나폴레옹이 했던 말 중에 유명한 말이 있습니다. "내 사전에 불가능이란 없다." 나폴레옹은 유능한 사람이었습니다. 성실한 천재였습니다. 그런데 '유능'은 인간의 언어이지만 '전능'은 하나님의 언어입니다. 이것은 구별했어야 하는데, 하나님이 없어도 될 것 같은 자신감에 속아서 "내 사전에 불가능이란 없다"고 외치다 결국 추락하게 된 것입니다. "네가 하나님이야. 네 삶의 주인공은 너야. 너 괜찮은 사람이야. 너 그만하면 훌륭해." 이 말에 속으면 망합니다.

33 예수님이 복음입니다. 예수님을 더 분명히 알려면 나를 더 분명히 알아야 합니다. 내가 죄인인 것을 정확히 알면 하나님에 대해 환해집니다. '나는 주가 필요해. 나는 예수님이 필요해.' 이 사실을 인식하면서 예수님을 구하고 찾게 되기 때문입니다. 그래서 자신의 한계를 아는 것이 참 중요합니다.

자각이 있어야 조심할 수 있다

34 저는 제가 당뇨병 환자란 사실을 주위 사람들에게 자주 이야기합니다. 그것이 저에게 유익하기 때문입니다. 당뇨병 환자에게 가장 힘든 것 중 하나가 식사대접입니다. 식사 조절을 하기 어렵기 때문입니다. 그런데 제가 당뇨병 환자라는 사실을 이야기하면 주변에서도 같이 조심해줍니다.

35 당뇨병이 있는 분들은 알 것입니다. 자신이 당뇨병 환자라는 사실을

주변에 이야기하는 것이 싫습니다. 저도 이 사실을 말하는 것이 썩 기분 좋지는 않습니다. 그러나 안 하면 망합니다. 선배 목사 중에 당뇨병을 가졌지만 관리를 참 잘하셨던 분이 있습니다. 그분의 비결은 이 문구를 식탁에 써놓는 것이었습니다. "나는 당뇨병 환자다."

36 당뇨병을 잘 관리해서 어느 날은 당 수치가 정말 좋게 나올 수 있습니다. 그때가 위험합니다. '난 이제 좋아졌어. 다 나았어' 하며 방심하게 되기 때문입니다. 그럼 며칠 후에 다시 수치가 올라갑니다. 그래서 늘 조심해야 합니다. 수치가 높을 때도 물론이지만 어느 정도 낮아졌을 때도 조심하지 않으면 안 됩니다. "나는 당뇨병 환자다"라는 사실을 늘 기억해야 합니다.

37 우리가 영적으로 늘 써 붙이고 다녀야 할 말은 이것입니다. "나는 죄인이다." 조금만 방심하면 순식간에 무너집니다. 예수님은 이렇게 말씀하셨습니다. "세리들과 창녀들이 너희보다 먼저 하나님의 나라에 들어가리라"(마 21:31). 그들은 자기가 의롭다고 생각하지 않습니다. 늘 자신을 부끄러워하고 자신이 죄인인 것을 알았습니다. 우리 기준으로 보면 그들보다 우리가 조금 나을지 몰라도 하나님 앞에 세워놓으면 차이가 없습니다. 그런데 우리에게는 "내가 세리와 같지 않음을 감사합니다"라는 마음이 있습니다. 그래서는 안 됩니다.

마이너스에 부어주시는 은혜

38 초등학교에서 배우는 수학 공식 중에 '마이너스(-) 곱하기 마이너스(-)는 플러스(+)', '마이너스(-) 곱하기 플러스(+)는 마이너스(-)'라는 것이 있습니다. 우리는 죄인입니다. 그러니까 마이너스적인 존재입니다. 이것은 누구나 다 마찬가지입니다. 세리도 마이너스, 바리새인도 마

이너스, 창녀도 마이너스, 우리도 마이너스입니다.

39 그런데 자기 인식을 어떻게 하느냐에 따라 그 결과는 달라집니다. '나는 마이너스다'라고 인식하면 플러스적인 요인이 나옵니다. 그런데 '나는 플러스야. 나는 저 세리와 같지 않아. 나는 기도하고 금식하고 십일조도 내'라고 생각하면서 자신을 플러스로 인식하면 마이너스의 결과가 나오는 것입니다.

40 세리나 창녀는 죄인입니다. 그들도 자신이 죄인인 줄 알고 있습니다. 그래서 감히 얼굴도 들지 못하고 울면서 "하나님, 저는 죄인입니다"라고 고백한 것입니다. 죄인이 죄인인 줄 알 때 의롭게 됩니다. 이것이 공식입니다.

41 우리는 다 성 프란시스의 기도제목을 가슴에 품어야 합니다. "하나님, 제가 얼마나 죄인인지를 깨닫게 해주옵소서!" 어느 한의서적에 이런 내용이 있다고 합니다. 우리는 보통 '무병장수(無病長壽)'로 알고 있지만, 실제로는 '무병조사 일병장수(無病早死―病長壽)'입니다. 병이 없으면 일찍 죽고, 병이 하나 있으면 장수한다는 말입니다. 왜 그렇습니까? 건강하다고 자신하기 때문입니다. 병이 있는 사람들은 오히려 스스로 조심하고 관리하기 때문에 오래 산다는 것입니다.

42 죄인인 것을 깨닫는 것이 중요합니다. "의인은 없나니 하나도 없다." 이것이 진리입니다. 자신이 죄인인 것을 알아야 하나님을 가까이 하려 하고 영적으로도 건강해집니다. 우리 모두, 자신이 죄인인 것을 늘 인식하여 하나님 앞에 건강한 삶을 살게 되기를 바랍니다.

CHAPTER **08**

율법은 죄를 진단하는
엑스레이

우리가 알거니와 무릇 율법이 말하는 바는 율법 아래에 있는 자들에게 말하는 것이니 이는 모든 입을 막고 온 세상으로 하나님의 심판 아래에 있게 하려 함이라 그러므로 율법의 행위로 그의 앞에 의롭다 하심을 얻을 육체가 없나니 율법으로는 죄를 깨달음이니라 롬 3:19-20

아버지 노릇을 기뻐하시는 하나님

1 우리는 예수님을 믿습니다. 그런데 예수님을 믿는 목적이 뭘까요? 사람들이 예수님을 믿어서 얻고 싶은 것이 무엇일까요?

2 대부분의 사람들은 무언가를 기대하고 예수님을 믿습니다. 그래서 건강, 물질, 자녀들 학업, 사업 등을 위해 기도합니다. 물론 기도하면 하나님이 응답해주십니다. 하나님은 우리에게 이렇게 약속하셨습니다. "구하라 그리하면 너희에게 주실 것이요 찾으라 그리하면 찾아낼 것이요 문을 두드리라 그리하면 너희에게 열릴 것이니"(마 7:7). 우리는 우리의 필요를 펼쳐놓고 하나님께 구해야 합니다. 구하지 않는 것은 겸손한 것이 아니라 오히려 건방진 것입니다. 우리가 구할 때 하나님이 기뻐하십니다.

3 외사촌 형님 중에 재정적으로 꽤 넉넉한 삶을 사는 분이 있습니다. 그 집에 자녀들이 세 명 있었는데, 부잣집 애들이면 돈도 막 쓰고 다닐 법도 한데 그 아이들은 그렇지가 않았습니다. 첫째 딸이 대학교에 다닐 때 어느 날 형님 집에 갔더니 형님이 딸을 나무라고 있었습니다. "아버지 노릇할 게 하나도 없어! 얘가 나한테 용돈 한 번 달라고 한 적이 없어!" 그래서 저도 조카에게 "넌 무슨 딸이 그러냐? 아버지한테

애교도 부리고 옷 사달라고 용돈 달라고도 해야지!"라고 했습니다.

4 그런데 생각해보니 하나님도 저에게 그러시는 것 같았습니다. "너도 마찬가지야. 하나님 노릇할 것이 없어." 그때까지 저는 좀 건방진 구석이 있어서 "저는 이미 받은 복이 많아요. 하나님, 저 복 안 주셔도 돼요"라고 기도했습니다. 그게 성숙한 믿음이라고 생각했습니다. 그런데 하나님 입장에서는 자녀가 아버지에게 이것저것 구하고 물어보기를 원하셨던 것입니다.

5 우리가 하나님께 어떤 것을 구체적으로 구하고 기도하는 것은 나쁜 게 아닙니다. 좋은 것입니다. 때로 하나님이 그 기도에 응답하지 않으시는 것은 더 좋은 생각이 있으시기 때문입니다. 하나님은 우리가 구하는 것을 기뻐하십니다. 그러나 그것이 예수님을 믿는 제1 목적은 아닙니다.

예수 믿는 제일의 목적

6 우리가 예수를 믿어야만 건강할까요? 아닙니다. 예수 안 믿는 사람 중에도 건강한 사람 많고, 예수 믿는 사람 중에 약한 사람들도 많습니다. 기도하면 병이 나을까요? 물론 나을 수도 있지만, 기도한다고 다 건강해지는 것은 아닙니다. 그렇다면 예수 믿으면 다 건강해진다는 말은 성립이 안 되니까 예수 믿는 목적이 '건강'은 아닙니다.

7 그러면 예수 믿는 사람이 부자일까요? 사람 나름입니다. 그러니 예수 믿으면 부자 된다는 말도 성립이 안 됩니다. 전도할 때 "예수 믿으면 다 복 받습니다"라는 말은 맞지만, "예수 믿으면 다 부자 되고 건강해집니다"라고는 말할 수 없습니다. 따라서 기독교가 추구하는 복에는

건강, 물질, 형통이 포함되지만 그보다 차원이 훨씬 높습니다.

8 분명한 것은 예수 믿는 목적이 건강하거나 부자가 되기 위해서는 아니라는 겁니다. 예수 믿어도 가난할 수 있고, 약할 수 있고, 어려움을 당할 수도 있습니다. 반대로 예수 안 믿어도 부자가 될 수 있습니다. 예수 안 믿는 사람들 중에도 착한 사람이 많습니다. 다른 종교를 믿어도 훌륭한 사람이 될 수 있습니다.

9 그러면 예수 믿는 궁극적인 목적은 무엇일까요? 그것은 '구원'입니다. 구원은 예수를 믿어야만 받을 수 있습니다. "예수 그리스도 외에 구원받을 만한 다른 이름을 주신 일이 없다"(행 4:12 참조). 따라서 우리는 구원 받는 것을 예수 믿는 목적으로 삼을 수 있습니다.

10 구원은 어떻게 얻습니까? 믿음으로 얻습니다. "오직 의인은 믿음으로 말미암아 살리라"(롬 1:17). 한국 교회가 그동안 정말 잘 가르친 부분입니다. 그러면 행함은 무엇입니까? 행함 없는 믿음은 또 믿음이 아닙니다. 이것이 어려운 것입니다. 믿음으로 구원 얻는 것은 맞습니다. 그러면 행함은 아무렇게나 해도 되는가? 그것은 아닙니다. 그 두 가지를 다 잘해야 합니다. 믿음이 바탕이 되어야 하고, 그 위에 행함이 더해져야 합니다.

율법을 목적은 구원이 아니다

11 행함의 문제는 바로 율법의 문제입니다. 하나님은 우리가 그것을 지켜 행하도록 율법을 주셨습니다. 그런데 성경에서는 "율법으로 구원 얻는 것이 아니다"라고 말씀하시니 헷갈리는 것입니다. 이 문제를 풀기 위해서는 율법을 주신 목적에 대해 생각해봐야 합니다.

12 오래 전, 어느 장로님 별장에 놀러갔다가 둘째 아이가 살얼음이 얼은
연못 위에 올라갔다가 얼음이 깨져서 빠지고 말았습니다. 이는 그냥
물에 빠지는 것보다 훨씬 더 위험합니다. 물 위로 올라가려고 해도 얼
음 때문에 올라갈 수 없기 때문입니다. 그래서 목숨을 잃을 위험이 아
주 높습니다. 다행히 아이가 물에 빠지면서 물 대는 수도꼭지 같은 걸
잡았습니다. 그때 방 안에 있던 저는 밖에서 "아빠" 하고 외치는 소리
를 듣는 순간 본능적으로 뛰어나가서 아이를 건져 올렸습니다.

13 이 다급한 상황에 "어, 이 자식 물에 빠졌네. 잠깐 기다려. 너 십계명
을 지킬래, 안 지킬래?" 하는 부모가 어디 있겠습니까? 자식의 생명을
놓고 이렇게 하는 자는 정신이 나간 것을 넘어서 악한 아비입니다.
"아빠!" 하고 외치면 무조건 건져주는 것입니다. "누구든지 주의 이
름을 부르는 자는 구원을 받으리라"(롬 10:13). 이것이 믿음입니다. "하
나님, 살려주세요" 하고 외치면 건져주십니다.

14 따라서 율법을 주신 목적은 구원이 아닙니다. 율법을 가지고 구원을
논할 수는 없습니다. 세상 어느 부모도 그렇지 않을 것입니다. 그렇다
고 율법은 무시하고 아무렇게나 막 살아도 상관없다는 것도 아닙니
다. 우리가 알아야 할 것은 하나님이 율법을 주셨는데, 그 율법을 주
신 목적은 구원이 아니라는 것입니다.

율법은 죄를 깨닫게 한다

15 율법의 중요한 기능 중 하나는 죄를 깨닫게 하는 것입니다. 하나님은
율법을 지키면 복을 주겠다고 약속하셨습니다. 그런데 아무리 노력해
도 우리는 율법을 다 지킬 수 없습니다. 그래서 그 율법 때문에 '아,
나는 죄인이구나'라는 사실을 깨닫게 되는 것입니다. 법이 없을 때는

내가 죄인인지 모르지만 법이 있으니까 알게 되는 것입니다.

16 윤동주 시인의 "하늘을 우러러 한 점 부끄럼이 없기를 잎새에 이는 바람에도 나는 괴로워했다"는 시에서처럼 그는 죄에 민감했습니다. 사도 바울도 죄에 민감했습니다. "오호라 나는 곤고한 사람이로다 이 사망의 몸에서 누가 나를 건져내랴"(롬 7:24). 자신이 죄인이라는 것을 알아야 예수님이 우리의 구주이심을 깨닫게 됩니다.

17 바울은 그 복을 받았습니다. 자신의 죄 때문에 견디기 힘들어 펄펄 뛰고 있습니다. 바울이 무슨 죄를 그렇게 지었을까요? 우리가 보기엔 그저 훌륭한 사도인데 말입니다. 제가 성지순례에 가서 바울이 전도하러 다녔던 길을 다녀 보니 차를 타고 다녀도 힘든 그 길을 복음을 위해 다녔을 그의 모습이 떠올랐습니다. 이렇게 자신의 모든 것을 다해 예수님을 믿고 전한 그가 "나는 죄인 중의 괴수라"고 한다는 것은 사도 바울 입장에서는 자존심이 상하는 일일 것입니다. 그러나 동시에 그것이 바울의 위대함이고 믿음입니다.

18 바울은 어떻게 자신이 죄인이라는 것을 깨달았습니까? 여기에 단서가 있습니다. "내가 마음으로는 하나님의 법을….." 마음에 하나님의 법을 심어놓으니 그것을 지키지 못하는 것이 힘들었습니다. 쉽게 말해서 율법이 있었기에 죄인임을 깨달았다는 것입니다. 하나님의 법이 없으면, 그 법을 붙잡지 않으면 자신이 죄인인지도 모릅니다.

19 예를 들어 우리가 전도할 때 "우리는 모두 죄인입니다. 우리에겐 하나님이 필요합니다"라고 하면, 많은 사람들이 "내가 무슨 죄인이야?" 하면서 기분 나빠 합니다. 하나님의 법이 그 마음에 없기 때문입니다.

20 그러나 예수 믿는 우리는, 실제로는 예수를 믿지 않는 그들보다 더 정
직할 수도 있지만 하나님의 말씀대로 살고자 하는 소원이 있기 때문
에 마음이 더 괴로운 것입니다. 이것이 율법의 기능입니다.

진단은 율법으로, 치료는 예수님께서!

21 저는 율법이 마치 엑스레이 같다고 생각했습니다. 엑스레이를 찍으면
눈으로는 볼 수 없는 뼈의 상태를 볼 수 있습니다. 뼈가 부러졌는지,
금이 갔는지 볼 수 있습니다. 바로 율법이 그런 역할을 합니다. 율법
을 통해 들여다보면 내가 죄인인 것이 보입니다. 율법주의자들의 율
법을 지킴으로써 구원을 얻는다는 말은 마치 이런 말과 같습니다. "우
리 병원에 이번에 새로 들어온 엑스레이 기계가 정말 비싼 거야. 그걸
로 두 번만 찍으면 뼈가 붙어!"

22 엑스레이 찍는다고 뼈가 붙습니까? 아닙니다. 그러면 엑스레이 찍을
필요 없습니까? 아니지요. 엑스레이를 찍어봐야 정확한 뼈의 상태를
알 수 있습니다. 율법도 마찬가지입니다. 율법으로 구원 얻는 것은 아
니지만 율법이 없으면 자신이 뼈가 부러진 죄인인 것도 모릅니다. 뼈
가 부러졌다는 것을 알아야 치료를 시작할 것 아닙니까?

23 그러면 뼈는 누가 붙입니까? 붙이는 능력은 예수 그리스도에게 있습
니다. 예수 그리스도의 십자가를 믿는 믿음이 부러진 뼈를 붙게 합니
다. 십자가가 붙일 수 있습니다. 그런데 누가 십자가 앞에 나아갈 수
있습니까? 죄인이 나갑니다. 의인이 뭐 하러 십자가를 붙잡겠습니까?
뼈가 부러졌기 때문에, 자신이 죄인인 것을 알기 때문에 "예수님, 저
좀 살려주세요" 하며 십자가 앞으로 나아가는 것입니다.

24 바울은 로마서에서 구원은 행함으로 얻는 것이 아니라 믿음으로 얻는다는 교리를 설명하는 데 집중합니다. 그러나 "이것도 행하고 저것도 버리지 말아야 할 것이라"라는 균형 감각을 잃지 않습니다. 믿음을 강조하다 보면 행함을 잃고, 행함을 강조하다 보면 믿음을 잃기 쉬운데 사도 바울은 뛰어난 균형 감각을 유지하며 믿음을 정리하고 있습니다. 그래서 로마서를 보다 보면 믿음이 정리되기 시작합니다.

율법과 율법주의

25 율법은 구원을 얻게 하는 것은 아니지만 좋은 것입니다. 잘못된 것은 율법주의입니다. 바리새인들은 율법을 잘 지키려고 작심한 사람들입니다. "율법을 제대로 지킬 사람들은 모여! 세상 사람들과 구별되어 살 사람들은 모여!" 바리새인이라는 말 자체가 '구별하다'는 뜻입니다. 그들은 "우리는 너희하고 달라. 그렇게 안 살 거야. 우리는 하나님 말씀이면 무엇이든 지킬 거야" 하고 작심했습니다.

26 그들이 어느 정도 철저했는가 하면, "안식일을 기억하여 거룩히 지키라. 안식일에는 일하지 말아라"라는 율법을 지키기 위해 무엇이 일하는 것이고, 무엇이 일하지 않는 것인지를 하나하나 따질 정도였습니다. 예를 들어, 몇 걸음 이상 걸으면 일하는 것이고 그 이하는 괜찮다는 식입니다. 그들은 지금도 그렇습니다. 그래서 안식일에 걸어갈 수 있는 거리 안에 회당을 둡니다. 안식일을 거룩하게 지키기 위한 세칙을 600여 가지나 만들어놓았습니다. 이렇게 하니 율법은 다른 사람보다 잘 지킬 수 있었습니다. 그런데 사탄이 그 마음에 틈을 타고 교만한 마음을 집어넣었습니다.

27 "너희들이 그러고도 무슨 하나님을 믿는다는 거야? 나 정도는 해야

지” 하면서 자신이 율법을 잘 지킨다는 것을 자꾸 자랑하려 했습니다. 이마에 써서 붙이고 다니고, 옷에도 붙이고 다니고, 손목에도 차고 다니고, 길거리에서도 기도했습니다. 또 금식기도 할 때는 자신이 기도를 많이 하느라 피곤하다는 것을 과시하며 다닙니다.

28 하지만 교만은 패망의 선봉입니다. 율법의 기능은 자신이 죄인인 것을 깨닫게 하는 것인데, 율법을 열심히 지킨 바리새인은 그 교만 때문에 자신이 죄인인 것을 깨닫지 못했습니다. 오히려 자기 의만 깨달았습니다. “난 잘났어. 저 사람이 죄인이야.” 교만이 얼마나 무서운지, 율법의 기능을 확 바꾸어버렸습니다. 그래서 자신은 의롭다고 여깁니다. 자신이 의로우니까 그리스도에게로 갈 수가 없는 것입니다. 그러니 예수님을 십자가에 못 박게 된 것입니다.

29 새벽기도 열심히 하는 사람들이 이런 자기 의에 빠지지 않도록 조심해야 합니다. 헌금도 마찬가지입니다. 헌금하면서 “저 사람은 헌금도 안 한다”고 판단하는 순간 그 헌금은 우리에게 마이너스가 됩니다. 이런 식으로 바리새인들뿐만 아니라 우리 모두 다 율법주의자가 될 위험성이 있습니다.

30 우리는 율법을 잘 지키되 기도해야 합니다. 율법을 지키고자 노력할수록 우리 자신이 죄인인 것을 깨닫게 해달라고, 그래서 하나님과 예수님께로 더 가까이 나아가게 해달라고 기도해야 합니다. 우리는 섰다고 생각하는 순간 넘어지는 존재임을 기억해야 합니다.

복 주시기 위해 율법을 주셨다

31 율법으로는 죄를 깨달을 뿐 아니라 복을 받습니다. 시편 1편에 보면

이런 말씀이 있습니다. "복 있는 사람은 악인들의 꾀를 따르지 아니하며 … 오직 여호와의 율법을 즐거워하여 그의 율법을 주야로 묵상하는도다(시 1:1,2). 그런 사람은 시냇가에 심은 나무와 같이 시절을 좇아 열매를 맺는다고 했습니다(시 1:3). 시냇가에 심은 나무는 가뭄에도 마르지 않습니다.

32 "악인들은 그렇지 아니함이여 오직 바람에 나는 겨와 같도다." 여기서 말하는 '악인'은 하나님의 법을 무시하고 세상 법으로 제멋대로 사는 사람을 가리킵니다. 그런 사람은 바람에 나는 겨와 같다는 것입니다. 겨는 모양은 쌀이지만 알맹이가 없습니다. 또 악인이 의인의 모임에 들지 못하고 하나님의 심판을 받는다고 합니다. 따라서 율법, 즉 하나님의 법은 형통하게 하는 복을 받는 비결입니다.

33 우리가 사탄에게 속아 타락한 이후로는 이것이 뒤집혔습니다. 하나님 방식대로 살면 꼭 죽을 것 같고 망할 것 같습니다. 악인의 꾀를 좇으면 잘 살 수 있을 것 같습니다. 이것은 틀린 생각입니다. 반대로 많은 사람들이 "나한테 손해가 되더라도 하나님 말씀이니까 따라야지" 하고 생각합니다. 그러나 이런 생각도 잘못된 것입니다.

34 저는 "모로 가도 서울만 가면 된다"라는 말을 무척 싫어했습니다. 그래서 아이들에게 이렇게 가르쳤습니다. "서울 못 가도 좋으니까 똑바로 가!" 당시엔 스스로 참 멋있는 말이라고 생각했는데, 지나고 보니 "모로 가도 서울만 가도 된다"는 말이나 "서울 못 가도 좋으니까 똑바로 가"라는 말이 모두 불신앙적인 말이었음을 깨닫게 되었습니다. 똑바로 가면 서울에 간다는 사실을 믿지 못한 것이지요.

하나님의 법대로 살아야 복을 받는다

35 하나님의 법대로 살아야 서울에 갑니다. 그런데 그것이 완전히 뒤바뀌어서 하나님의 말씀대로 살면 세상에서 고난만 받게 된다고 생각합니다. 하지만 하나님의 법은 세상에서도 통합니다. 하나님의 법을 버리고 세상의 법만 따르다가는 되는 듯 싶다가도 결국에는 '바람에 나는 겨'와 같은 인생을 살게 됩니다.

36 죽는 것 같고 망하는 것 같아도 하나님 방법대로 살다 보면 복을 받습니다. 그래서 장사도 직장생활도 말씀대로 해야 합니다. 그러면 안 되는 것 같습니다. 하지만 결국은 시절을 좇아 열매를 맺는 사람이 됩니다. 그러기 위해 하나님이 율법을 주신 것입니다. 율법은 복 받으라고 주신 것이고, 죄를 깨달으라고 주신 것입니다. 이는 영적인 세계에서만 통하는 게 아니라 세상에서도 통하는 진리입니다. 그래서 율법은 영적으로도 유익할 뿐만 아니라 현실의 삶에서도 열매를 맺게 합니다.

37 예를 들어, 하나님의 방법은 '정직'입니다. 악인의 방법은 '꾀'입니다. 요령 피우고 속이는 것이지요. 정직하면 처음에는 사람들에게 이용만 당하고 실패하는 것처럼 보일 수 있습니다. 그러나 정직하면 부자 됩니다.
선진국에서는 신용이 재산입니다. 요즘에는 주머니에 지폐 대신 신용카드를 가지고 다닙니다. 신용이 없으면 돈을 쓸 수 없습니다. 기업의 경우에는 사람들이 신뢰하면 자기 재산을 그 기업에 맡깁니다. 그것이 주식입니다. 그러면 자꾸 성장합니다. 신용이 떨어지면 주가도 떨어지고 회사가 망합니다. 그만큼 신용이 중요한 시대입니다.

38 바보 같아 보여도 우직하게 하나님 방법대로 살면 세상 사람도 그 사람을 신뢰합니다. 그래서 우리는 악인의 꾀를 좇지 말고 하나님의 뜻을 따라 살아가야 합니다. 그것이 우리에게 율법을 주신 목적입니다. 그렇기 때문에 믿음으로 구원 얻는다고 해서 율법을 우습게 여기고 대충 살면 안 됩니다.

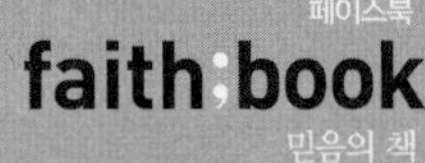

페이스북
faith:book
믿음의 책

Part 3

구원의 길, 오직 십자가

CHAPTER 09

십자가가 해결 못할
죄가 없다

이제는 율법 외에 하나님의 한 의가 나타났으니 율법과 선지자들에게 증거를 받은 것이라 곧 예수 그리스도를 믿음으로 말미암아 모든 믿는 자에게 미치는 하나님의 의니 차별이 없느니라 모든 사람이 죄를 범하였으매 하나님의 영광에 이르지 못하더니 그리스도 예수 안에 있는 속량으로 말미암아 하나님의 은혜로 값 없이 의롭다 하심을 얻은 자 되었느니라 … 그런즉 자랑할 데가 어디냐 있을 수가 없느니라 무슨 법으로냐 행위로냐 아니라 오직 믿음의 법으로니라 그러므로 사람이 의롭다 하심을 얻는 것은 율법의 행위에 있지 않고 믿음으로 되는 줄 우리가 인정하노라 롬 3:21-28

죄는 용서받아야만 해결된다

1 바리새인들은 율법 잘 지키는 것을 자랑하려다가 율법을 지켜야만 구원 얻는다는 율법주의로 가고 말았습니다. 하지만 바울은 율법 외에 하나님의 한 의가 나타났다고 말합니다.

2 이 말씀을 정리하면 이렇습니다. 율법으로는 구원을 못 얻습니다. 율법 외에 하나님의 크신 의가 나타났는데, 그 의가 예수 그리스도이십니다. 하나님의 의이신 예수 그리스도의 십자가 때문에 우리가 속량받아서 의로워졌습니다. 이것이 복음입니다.

3 구원을 이야기하려면 사망을 먼저 이야기해야 합니다. 사망 때문에 구원이 왔기 때문입니다. 성경이 이야기하는 사망의 원인은 무엇입니까? 죄입니다. 따라서 죄의 문제를 해결하면 구원을 얻을 수 있습니다. 우리에게는 다 죄가 있습니다. 하지만 나는 그 죄를 해결할 수 없습니다. 그렇다면 어떻게 해야 죄의 문제를 해결할 수 있습니까?

4 탕자의 비유에서 보면, 탕자가 자기 죄를 뉘우치고 집으로 돌아갑니다. 참 잘한 일입니다. 돌아가지 않았다면 구원 얻지 못했을 것입니다. 그런데 돌아갔다고 구원 얻은 것이 아닙니다. 아버지가 용서를 해 주었기 때문에 구원 얻은 것입니다.

5 구원의 키(key)는 아들에게 있는 것이 아니라 아버지에게 있습니다. 멸망의 키는 아들에게 있습니다. 돌아가지 않았다면 멸망했을 것이기 때문입니다. 아들이 돌아간 것은 마땅히 해야 할 일을 한 것입니다. 용서하고 안 하고는 아버지 마음입니다. 죄인에게는 기회가 없습니다. 모든 죄인에게는 회개의 의무가 있지만 그것이 곧 구원을 보장하지는 못합니다.

6 죄는 용서받아야만 없어집니다. 아이들이 잘못을 하고 나면 엄마 아빠에게 싹싹 빕니다. 그러면 엄마 아빠가 뭐라고 합니까? "다시는 그러지 말아라." 그러면 아이들은 금세 엄마 아빠 옆에 와서 놀고 장난을 칩니다. 죄가 없어졌기 때문입니다. 이것이 속량입니다.

용서와 사랑은 비례한다

7 죄는 어떻게 용서할 수 있습니까? 용서는 사랑과 관계가 있습니다. 얼마만큼 사랑하는가가 어디까지 용서할 수 있느냐를 결정합니다. 어느 날, 베드로가 예수님에게 엄청난 이야기를 했습니다. "지금 제 기분이라면 형제의 죄를 일곱 번이라도 용서해줄 수 있을 것 같아요." 한 번도 용서가 안 되었는데 은혜를 받다 보니 일곱 번이라도 용서해줄 수 있을 것 같은 기분이 든 것입니다.

8 그런데 예수님이 뭐라고 이야기하십니까? "야, 너 대단하다. 그런데 일흔 번씩 일곱 번이라도 용서해주어라." 이것이 가능할까요? 일흔 번씩 일곱 번을 산술적으로 따지면 490번입니다. 사람이 사람의 죄를 490번 용서해줄 수 있을까요? 쉽지 않은 일입니다.

9 하나님이 우리를 얼마큼 사랑하시는지를 보여주신 것이 바로 십자가

입니다. 제가 고등부 교육 전도사를 할 때 저를 잘 따르던 학생이 설날에 카드를 보내왔는데, 그 카드가 참 신기했습니다. 그림을 잘 그리던 친구라 카드에 직접 그림을 그렸는데, 한복을 입은 아이가 팔을 모아 세배하는 그림이 그려져 있고, "전도사님, 사랑해요. 그리고 새해 복 많이 받으세요"라고 쓰여 있었습니다. 그리고 옆에는 "얼마큼?"이란 물음이 있었습니다. 뭔가 궁금해서 카드를 열었더니 인사하던 손이 쫙 펴지면서 커졌습니다. 그 순간 '아, 십자가가 이것이구나. 십자가는 하나님이 나에게 보내신 카드구나' 하는 생각이 들었습니다.

10 하나님이 말씀하십니다. "나는 너희들을 사랑해." 우리가 묻습니다. "하나님, 얼마만큼요?" 그러면 "이~만큼" 하시는데, 그것이 요한복음 3장 16절입니다. "하나님이 세상을 이처럼 사랑하사…." 이 말씀에서 '이처럼'이 '이~만큼'이란 뜻입니다. 이 말씀에서 가장 중요한 단어가 '이처럼'인데, 이것이 설명하는 바가 바로 '십자가'입니다.

11 멜 깁슨의 영화 〈패션 오브 크라이스트〉가 큰 화제를 모은 적이 있습니다. 예수님의 고난을 다룬 영화인데, 그 영화를 보기 전에 감상평부터 보았습니다. 그랬더니 "너무 참혹해서 도리어 감동이 죽었다"는 평이 있었습니다. 저는 이렇게 댓글을 달았습니다. "지금 우리에게 필요한 것은 감동이 아니다." 예수님이 얼마나 참혹하게 고난을 당하셨는지 그 영화만큼 생생하게 표현한 영화가 없었습니다. 그래도 예수님의 진짜 십자가에는 못 미칩니다. 그것이 십자가입니다.

12 십자가가 무엇입니까? "네가 죽는 것보다 내가 죽는 게 더 낫다" 하시며 우리가 당해야 할 참혹한 고통을 예수님이 직접 당하신 것입니다. 그만큼 우리를 사랑하신다는 것입니다. 그렇게 사랑하시는데, 그 십

자가의 사랑 앞에서 용서받지 못할 죄가 있을까요? 490번 아니라 4만 9천 번도 용서하실 수 있습니다.

십자가 사랑을 넘어서는 죄가 없다

13 희대의 살인집단이었던 '지존파'가 전 국민의 간담을 서늘하게 했던 적이 있습니다. 정말 독한 사람들이었습니다. 보통 살인마들은 잡히면 그 순간에는 기가 죽습니다. 모자 눌러쓰고 마스크 하고 고개 숙여야 합니다. 그러나 지존파는 카메라를 똑바로 보고 욕하고 난리였습니다. 아무 상관없는 사람 잡아다가 가두고 죽이고 야성을 키운답시고 인육을 먹던 끔직한 사람들이었습니다. 당연히 사형선고를 받았습니다.

14 한 집사님이 편지로 그들을 전도했습니다. 정말 놀라운 일은 그들이 그 편지를 받고 예수님을 영접했다는 것입니다. 지존파 두목이 그 집사님에게 쓴 편지가 어느 잡지에 공개되었기에 읽어보았습니다. "우리를 사람대접 해주어서 고맙습니다. 동생들에게 다 예수를 믿으라고 했고 또 믿기로 했습니다."

15 결국 그들은 사형을 받았습니다. 그들은 구원을 받았을까요? 온 나라를 울분에 떨게 한 지존파인데 말입니다. 그 지존파가 회개했다는 것 하나로 구원을 받았을까요? 그들이 진심으로 회개한 것이 맞다면 그들은 구원 받았습니다.

16 만일 사탄이 이 일을 놓고 "저 사람은 지존파입니다. 아무리 회개했다고 해도 그 죄가 어마어마한데 구원 받는 것이 말이 됩니까? 불공평하잖아요"라고 송사한다면 하나님은 이렇게 말씀하실 겁니다. "저울 가

져와봐라. 지존파 6명의 죄, 아니 온 인류의 죄를 다 달아봐. 십자가에서 보여준 내 사랑보다 그 죄가 큰가 보게!" 그 십자가 사랑을 넘어설 죄는 없습니다.

17 십자가의 사랑 때문에 우리는 죄 사함을 받을 수 있습니다. 율법을 잘 지켰기 때문이 아닙니다. 이것이 "율법 외에 하나님의 의가 나타나"에서 말하는 '하나님의 의'입니다.

18 한 가지 더 짚고 넘어가야 할 것이 있습니다. 관계에 따라 행위가 더 중요한 관계가 있고 마음이 더 중요한 관계가 있습니다. A와 B가 있는데 이 둘의 관계는 상거래 관계입니다. 이들이 거래를 잘 하다가 A가 잘못해서 B에게 천만 원의 손해를 끼쳤습니다. 그때 A가 B에게 "제 탓이에요. 제가 잘못했어요. 미안해요" 하면 그 관계가 회복됩니까? 아닙니다. 물론 사과도 해야 하지만 손해를 끼친 돈을 배상해주어야 합니다. 말로만 해결하려고 했다가는 관계가 더 나빠지게 됩니다. 이들의 관계에서는 행위가 더 중요합니다.

19 C와 D는 부모와 자식 관계입니다. 그런데 아들이 잘못해서 아버지에게 천만 원의 손해를 끼쳤습니다. 그런데 이 아들이 어디 가서 돈을 구해 와서 아버지에게 내밀며 "여기 제가 손해 끼친 돈 천만 원과 이자입니다. 이제 됐지요?" 하면 이 둘의 관계는 더 나빠질 것입니다. 아들은 아비도 모르는 못된 아들이 됩니다. 이 둘의 관계에서는 행위가 아니라 마음이 중요합니다.

20 율법을 행함으로 구원 얻는다고 한다면, 하나님을 장사꾼으로 보는 것입니다. 관계를 그렇게 설정하게 되는 것입니다. 그러나 하나님은

우리 아버지이십니다. 십자가를 감당하실 만큼 우리를 사랑하는 분이
십니다.

십자가가 죄를 사한다!

21 고등학교 때 일본의 미우라 아야코라고 하는 여류 소설가의 《양치는
언덕》이라는 소설을 읽다가 십자가가 우리의 죄를 사한다는 것을 깨
닫게 되었습니다. 그 소설에 나오미라고 하는 여자 주인공은 목사님
의 딸입니다. 그런데 그녀가 료오이찌라고 하는 바람둥이와 바람이
나서 부모를 버리고 도망가서 삽니다. 처음에는 괜찮았는데, 시간이
지나자 료오이찌가 술 먹고 주정하고 바람을 피우고 속을 썩이자 나
오미가 견디다 못해서 친정으로 도망을 옵니다.

22 여류작가여서 그런지 표현이 참 섬세합니다. 집을 버리고 떠났던 나
오미가 집으로 돌아왔지만 아버지를 부르며 뛰어 들어갈 수는 없으니
집에 와서도 문을 못 두드리고 서 있었습니다. 그러다 살짝 문을 열어
봤더니 스르륵 열리는 게 아니겠습니까? 나오미가 문을 열고 들어가
자 안에서는 아버지인 목사님이 "나오미, 이제 오느냐?"고 합니다.

23 딸이 나간 해부터 집의 문을 안 잠근 것입니다. 딸이 언제 돌아올지
모르기 때문입니다. 만약 집에 돌아왔는데 문 두드릴 용기는 없고 문
이 잠겨 있으면 다시 돌아갈까봐 열어놓은 것입니다. 딸인 나오미의
마음을 다 안 것입니다. 이것이 부모의 마음입니다.

24 그 소설을 계속 읽어보면 후에 료오이찌가 폐병에 걸립니다. 지금은
폐병에 걸려도 치료할 수 있지만, 당시에는 지금의 에이즈나 암만큼
무서운 병이었습니다. 다 죽게 된 그는 나오미를 찾아왔지만, 그녀는

남편을 받아주지 않습니다. 그러나 목사님인 아버지가 료오이찌를 받아들여서 지극히 간병합니다. 그때부터 그는 처갓집 식구들의 믿음에 감동하여 진심으로 회개하고 예수님을 영접합니다. 그리고 정말 거듭난 크리스천이 됩니다. 그렇게 몸도, 마음도, 믿음도 점점 더 건강해져 갔습니다.

25 그림을 잘 그리던 료오이찌는 요양을 하는 틈틈이 다락방에 올라가 그림을 그리기 시작했습니다. 그런데 부인인 나오미에게도 보여주지 않았습니다. 크리스마스 때 선물로 주겠노라고 하면서 말입니다. 드디어 크리스마스 이브 때 그림은 완성되었습니다.

26 그런데 그날, 예전에 사귀던 여자에게서 전화가 왔습니다. 안 나갔어야 하는데 료오이찌가 나갔습니다. 그 여자는 그에게 술을 권하며 계속 하룻밤만 자고 가라고 유혹합니다. 그는 거절하고 일어나려고 했지만 그 여자가 몰래 수면제를 탄 술을 그에게 주며 한 잔만 마시면 보내주겠다고 합니다. 술을 받아 마신 료오이찌는 잠이 오자 그곳에서 잠들지 않으려고 길을 나섭니다. 그러다 결국 길에서 잠이 들어 동사하고 맙니다.

27 그 사연을 알게 된 나오미는 남편의 장사를 다 치른 후에 다락방에 올라가 남편이 그린 그림을 보게 됩니다. 그림을 덮고 있던 베일을 벗기자 십자가에 달려 피 흘리시는 예수 그리스도의 모습이 그려진 그림이 있었습니다. 그리고 그 발아래 청년 하나가 무릎을 꿇고 고개도 들지 못한 채 예수님의 발을 붙잡고 있는데, 그 손등 위로 예수님의 십자가의 피가 뚝뚝 떨어지고 있었습니다. 그 청년이 료오이찌 자신이었습니다.

28 그 장면을 읽으면서 제가 받은 감동이 이루 말로 다 할 수 없었습니다. 벼락을 맞은 듯한 감동이었습니다. 그때 제 마음에서는 이런 소리가 튀어나왔습니다. "료오이찌는 깨끗하다. 그는 아름답다." 비록 책 속의 장면이었지만 그만큼 아름다운 사람은 없을 것이라는 생각이 드는 동시에, 그가 구원 받았다는 확신이 들었습니다. 그러면서 그 순간 "주의 보혈 능력 있도다 주의 피 믿으오"라는 찬송이 마음에서 나왔습니다. 그리고 나 역시 십자가의 피 덕분에 구원을 받았다는 확신이 강하게 들었습니다.

29 우리 모두의 죄가 그렇게 씻기는 것입니다. 십자가 앞에서 죄가 무슨 힘을 쓰겠습니까? 우리가 하나님 앞에 무릎 꿇고 진심으로 회개할 때, "하나님 잘못했습니다, 용서해주세요" 하며 십자가를 붙잡으면 그 마음을 하나님이 받으시고 구원을 허락하시는 것입니다.

십자가의 속죄는 완벽하다

30 십자가 속죄의 특징은 완벽하다는 것입니다. "여호와께서 말씀하시되 오라 우리가 서로 변론하자 너희의 죄가 주홍 같을지라도 눈과 같이 희어질 것이요 진홍같이 붉을지라도 양털같이 희게 되리라"(사 1:18). 이 말씀처럼 십자가의 속죄는 완벽한 속죄입니다.

31 마태복음 1장에 보면 "아브라함과 다윗의 자손 예수 그리스도의 세계라"라고 하면서 예수님의 족보가 나옵니다. 그런데 당시 남자만 기록했던 족보에 예외적으로 네 명의 여인이 기록되어 있습니다. 다말, 라합, 룻, 밧세바입니다.

32 이 네 여성의 공통점이 무엇입니까? 다말은 유다에게서 베레스와 세

라를 낳았는데, 다말과 유다는 부부 사이가 아니었습니다. 시아버지와 며느리 관계였습니다. 보아스를 낳은 라합은 기생이었습니다. 오벳을 낳은 룻은 이방인이었습니다. 당시 이방인은 기생보다 더 못한 취급을 받던 존재였습니다. 밧세바는 아예 이름이 기록되지 못했습니다. "다윗은 우리야의 아내에게서 솔로몬을 낳고"라고만 기록되어 있습니다. 다윗과 밧세바가 정상적인 관계가 아니었다는 것을 그대로 명시한 것입니다.

33 만약 우리가 이 족보를 썼다면 아마도 네 명의 이름을 다 뺐을 것입니다. 우리 집안의 족보가 이랬다면 저는 창피해서 얼굴도 못 들고 다녔을 것입니다. 하지만 성경의 기록에는 다 의도가 있습니다. 메시지가 담겨 있습니다.

34 저는 이 족보 안에 담긴 메시지를 깨닫고 정말 큰 은혜를 받았습니다. 다 잘난 사람, 깨끗한 사람만 기록된 족보라면 나와는 관계없는 족보였을 것입니다. 그런데 나와 비슷한 사람, 어쩌면 나보다 더 심한 사람들이 그 족보 안에 껴 있습니다. 이것이 무슨 뜻입니까? 내가 아무리 밧세바 같아도, 룻 같아도, 라합 같아도, 다말 같아도 "너도 내 자식이야. 너도 내 족보에 들어올 수 있어" 하시는 하나님의 메시지입니다. 회개하면 완전히 속죄하여 자녀로 받아주십니다. 이것이 십자가의 능력입니다. 이처럼 십자가의 구원은 완벽한 속죄입니다.

십자가 외에는 자랑할 것이 없다

35 저는 1980년 5월 6일에 목사 안수를 받았습니다. 그런데 목사 안수를 앞둔 어느 날, 사탄이 이렇게 속삭였습니다. "너 같은 게 어떻게 목사가 될 수 있어? 참 뻔뻔하다." 이 같은 사탄의 속삭임에 저는 반박할

수 없었습니다. 그래서 사흘을 고민했습니다. 그리고 사흘 만에 사탄의 속임임을 알았습니다. 제 안에 죄가 있는 것은 사실입니다. 그러나 그 죄는 이미 제가 십자가 앞에 내려놓은, 사함 받은 죄입니다. 사탄은 그것을 기억나게 합니다. 그러면서 십자가의 은혜를 의심하게 하고 흔듭니다.

36 그때 깨달았습니다. 사탄은 제 죄를 압니다. 또 하나님이 제 죄를 아십니다. 그런데 사탄은 "네가 어떻게 목사가 될 수 있어?" 하지만 하나님은 제가 목사가 되는 것을 기뻐하셨습니다. 그것이 느껴졌습니다. '내가 십자가의 보람이구나!' 예수님이 그렇게 생각하신다는 마음이 들었습니다. 그러면서 예수님이 '내가 십자가에 달려 죽기를 잘했구나. 김동호가 회개하고 목사가 되는 것 봐' 하시는 것 같았습니다.

37 그때 제가 사도 바울의 고백에 담긴 깊은 의미를 깨달았습니다. "내가 나 된 것은 하나님의 은혜로 된 것이니"(고전 15:10). 그렇기 때문에 십자가 외에는 자랑할 것이 없는 것입니다. 그래서 저는 사탄에게 이렇게 소리쳤습니다. "너, 나 속이지 마. 나도 내 죄 알아. 하지만 그 죄는 용서받았어. 예수님의 십자가로 이미 용서 받았어. 하나님은 내가 목사 되는 것을 기뻐하셔!" 그리고 목사 안수를 받았습니다.

38 정말 우리에게는 자랑할 것이 없습니다. 본래 자격이 없는 자이기 때문입니다. 다만 예수 그리스도의 십자가 때문에 모든 것이 회복된 것입니다. 내가 뭘 잘해서 하나님의 일을 하는 것이 아닙니다. 나의 나 된 것은 오직 하나님의 은혜 때문입니다. 오직 십자가 외에는 내게 자랑할 것이 없습니다.

39 이런 상상을 해봤습니다. 만약 아이가 잘못해서 내가 혼을 냈습니다. 아이가 잘못했다고 용서를 빌기에 용서도 해주었습니다. 그런데 아이가 그 다음부터 나와서 안 놉니다. 밥도 안 먹습니다. 그래서 애가 왜 그러나 싶어서 방에 들어가 봤더니, 책상에 앉아서는 자기 머리를 쥐어박으며 "난 나쁜 놈이야. 아빠는 나를 용서해주셨지만 나는 나를 용서할 수 없어" 하고 있다면 어떻겠습니까? 그게 진짜 나쁜 놈인 것이지요. 아빠가 용서해줬으면 "다신 안 그러겠습니다" 하고 나와서 밥도 먹고 놀기도 해야지요.

40 그런데 예수 잘 믿는 사람 중에 이런 사탄의 시험에 빠진 사람들이 있습니다. 그것은 예수님의 십자가를 의심하는 것입니다. 하나님의 완벽한 속죄를 의심하는 것입니다. 우리는 그 완벽한 속죄를 기억해야 합니다. 하나님의 은혜로 지금의 내가 된 것입니다. 그래서 저는 십자가를 자랑합니다. 뻔뻔한 것이 아니라 떳떳하게 십자가를 내세웁니다. 그럴 때 하나님도 기뻐하십니다.

CHAPTER **10**

죄사함의 은혜,
세상에서 가장 큰 복

일한 것이 없이 하나님께 의로 여기심을 받는 사람의 복에 대하여 다윗이 말한 바 불법이 사함을 받고 죄가 가리어짐을 받는 사람들은 복이 있고 주께서 그 죄를 인정하지 아니하실 사람은 복이 있도다 함과 같으니라 **롬 4:6-8**

가장 큰 복

1 예수를 믿는 목적이 뭘까요? 물론 정답은 구원입니다. 그러나 우리의 속마음을 솔직히 들여다보면 '복'일 것입니다. 쉽사리 말을 꺼내진 못해도 속으로는 많은 사람들이 예수님을 믿으면서 복 받기를 갈구합니다. 그러면 뭐가 복입니까? 복 중에서도 가장 큰 복은 무엇일까요?

2 옛 어른의 말씀 중에 이런 말이 있습니다. "송곳을 주머니에 넣고 다니면 언젠간 그게 튀어나온다." 주머니에 숨긴 송곳은 끝까지 감출 수 없다는 말입니다. 송곳이 뭔가 하면 '죄'입니다.

3 문제는 우리 모두가 죄인이라는 것입니다. 우리 주머니 속에는 너 나 할 것 없이 송곳이 감춰져 있습니다. 은밀히 지은 죄들이 지금은 잘 드러나지 않더라도 언젠가는 쭉 삐져나와 우리를 당혹스럽게 할 것입니다. 그것이 드러나면 그 결과는 사망입니다. 정치하는 사람은 정치적 사망이고, 목회하는 사람은 목회의 사망이며, 연예인들 같은 경우 인기의 사망입니다. 죄의 삯은 사망이기 때문입니다.

4 다윗은 많은 복을 받았습니다. 그가 제일 큰 복으로 꼽은 것이 이것입니다. "불법이 사함을 받고 죄가 가리어짐을 받은 사람은 복이 있도다"(롬 4:7). 다윗은 자신의 이야기를 하고 있습니다. "난 복 받은 사람

이야. 내가 불법을 행하고 죄를 지었는데, 그것을 사함 받았어. 그 죄
가 가리어짐을 받았어."

깨끗해진 서류

5 이 말씀이 제게 실감 났던 사건이 하나 있습니다. 아버지가 돌아가시
면서 제게 집을 한 채 물려주셨습니다. 상속받을 사람이 저밖에 없으
니 당연했습니다. 그런데 대개 목사는 사택 생활을 합니다. 그래서 그
집은 다른 사람에게 세를 주었는데, 좋은 사람도 많았지만 제가 목사
다 보니 싸우지 못할 것 같다고 생각해서 골탕을 먹이는 사람들도 종
종 있다 보니 집이 짐이 되었습니다. 그때 아는 분이 그 집을 팔고 땅
을 사두라고 조언을 해서 경기도 쪽의 땅을 샀습니다.

6 그 땅을 제 이름으로 등기를 해야 하는데, 문제가 생겼습니다. 그 땅이
농지였던 까닭에 제 주민등록지가 그곳에 있어야 했던 것입니다. 그
래서 "나는 서울에 사는데 이 일을 어떻게 합니까?" 하고 물었더니 그
분은 아무렇지도 않게 "목사님, 그냥 주민등록만 잠깐 올렸다가 등기
하고 그냥 서울로 올라오시면 돼요" 하는 것입니다. 그래서 그렇게 해
봤더니 정말 되는 것입니다.

7 그리고 몇 년이 흘렀습니다. 어느 날 보건사회부장관으로 임명됐던
분이 일주일 만에 쫓겨난다는 뉴스가 나오고 있었습니다. 위장전입한
사실이 들통난 것입니다. 저는 그 뉴스를 보고 위장전입이라는 개념
을 처음 알았습니다. 그러면서 '저거 내가 했던 일인데! 이거 불법이
네!' 하는 것을 알게 되었죠.

8 그리고 나자 얼마나 창피했는지 모릅니다. 죄를 짓는 것은 순식간인

데 해결이 안 되었습니다. '위장전입이 들통 나니 장관도 쫓겨났는데 목사도 마찬가지 아닌가!' 교회에서 목사를 쫓아내진 않아서 다행이긴 했지만, 담임목사다 보니 여러 가지 일로 주민등록등본을 제출할 일이 많았는데, 그때마다 얼마나 괴로웠는지 모릅니다.

9 그때는 지금처럼 전산화되어 있지 않아서 손으로 쓴 서류였는데, 가족 중에 저만 주소를 옮겼기 때문에 제 이름에 죽 줄을 긋고 몇 월 며칠 경기도 어느 지역으로 이전했다는 표기를 해놓았습니다. 그러다 후에 다시 돌아왔으니 맨 끝에 제 이름이 올려져 있었습니다. 등본만 떼면 그 서류가 나를 고발했습니다. "위장전입한 놈! 위장전입한 놈." 정말 괴로워 죽을 것 같았는데, 어떻게 할 수가 없었습니다.

10 어느 날 교회 사무장 집사님이 또 "목사님, 주민등록 등본 하나 떼어다 주세요" 하는 겁니다. 저는 도살장 끌려가는 소같이 서류를 떼러 갔습니다. 그런데 놀라운 일이 일어났습니다. 그때 주민등록이 전산화되어서 서류가 깨끗하게 되었습니다. 그것을 보고 저는 "할렐루야"를 외쳤습니다. 물론 조사하면 다 나옵니다만, 겉만 깨끗해진 그 서류를 보면서도 그렇게 기쁠 수가 없었습니다.

완벽한 속죄를 주는 십자가의 보혈

11 예수 그리스도의 십자가 보혈은 우리의 겉만 깨끗하게 하는 것이 아니라 속까지 완벽하게 깨끗하게 하십니다. 조사해도 안 나옵니다. 안 나오는 게 아니라 못 나오는 것입니다. 완벽한 속죄이기 때문입니다.

12 다윗의 과거를 들춰보면 끔찍한 죄가 발견됩니다. 그는 간음한 사람이었고, 살인한 사람이었습니다. 그런데 그런 다윗을 향해 하나님은

"내 마음에 합한 자라. 넌 내 마음에 꼭 드는 사람이다"라고 말씀하십니다. 얼마나 충격적인 말입니까? 하나님의 사하심은 그냥 사하심이 아닙니다. 이것이 바로 "불법이 사함을 받고 죄가 가리어짐을 받는 사람들은 복이 있도다"(롬 4:7)의 은혜입니다.

13 저만 이 은혜를 받았습니까? 다윗만 이 은혜를 누렸습니까? 아닙니다. 우리 모두 다 이 은혜를 받았습니다. 가장 큰 하나님의 은혜는 죄 사함을 받은 것입니다. 그것이 구원입니다. 이것이 첫째가는 복입니다. 물질의 복은 왔다 갔다 합니다. 그래서 완벽하지 않습니다. 그러나 구원의 복은 완벽해서 절대 변하지 않습니다.

돈이 사라진 것은 모든 것이 사라진 것이 아니다

14 요즘 많이들 어렵다고 합니다. 실제로 사업하는 분들의 이야기를 찬찬히 들어보니 IMF 때보다 지금이 더 어렵겠다는 생각이 들었습니다. 이런 때에 추수감사절을 맞아 감사헌금 하자며 봉투를 나눠준다면 감사헌금을 하고 싶을까요? '추수한 게 없는데 뭐가 감사해. 추수는커녕 다 날아갔다고! 하나님도 이런 나를 이해해주시겠지. 내가 헌금 안 한다고 뭐라고 안 하시겠지.' 이런 심정일 것입니다. 설령 헌금을 한다고 해도 진심으로 감사하는 마음보다는 하나님께 서운하고 섭섭한 마음이 더 많을 것입니다.

15 제가 어느 교회에 가서 집회를 했는데, 그 교회에서 봉사를 꽤 열심히 하던 분이 아들이 대학입시에 떨어졌다고 교회에 안 나온다는 이야기를 들었습니다. 그 분은 평소에 헌금도 많이 하고 봉사도 열심히 했던 것 같습니다. 그런데 아들이 대학에 떨어지자 "내가 봉사도 얼마나 열심히 하고 헌금도 얼마나 많이 했는데 하나님이 우리 아들을 대학에

떨어뜨리셨어! 하나님 너무하셔! 난 그런 하나님 이제 안 믿을 거야”
라고 생각한 것입니다. 그 이야기를 듣고 ‘이것이 한국 교회의 수준이
구나’ 하는 생각이 들어 마음이 씁쓸했습니다.

16 사업이 잘 되고 자녀들이 좋은 학교에 들어가면 감사한 일이고, 그렇
지 않으면 은혜가 없다고 여기는 것은 사탄에게 속는 것입니다. 재정
적으로 손해를 입거나 대학에 떨어졌다고 해서 모든 것을 잃어버린 것
은 아닙니다. 이런 것은 아주 작은 것일 뿐입니다. 제일가는 복은 여전
히 우리에게 굳건히 남아 있습니다. 그것이 일등 가는 추수입니다.

17 다윗은 감사할 것이 참 많았습니다. 그는 왕이 되었고, 부자였습니다.
그러나 그는 그런 것을 일등 가는 복으로 여기지 않았습니다. 다윗은
자신이 큰 죄인이라는 것을 알았습니다. 그래서 그 죄가 사함 받은 은
혜에 대한 감격이 넘쳤습니다. 우리 역시 이 은혜를 늘 가지고 살아야
합니다.

죄는 다 크다!

18 큰 죄를 지은 사람은 자신이 죄 사함 받은 것에 대해서 “내가 일등 가
는 복을 받았다”고 생각하기 쉬운 반면에 평소에 별로 죄를 짓지 않고
살던 사람은 이 복을 체감하기가 어렵기도 합니다. 그러나 사람 입장
에서는 큰 죄, 작은 죄 이야기할 수 있지만, 사실 죄는 다 큰 것입니다.
다 큰 죄를 지으며 사는 것인데 자기가 그렇게 인식 하느냐 못 하느냐
의 차이인 것입니다.

19 이것은 죄에 대해 얼마나 민감하냐, 둔감하냐의 차이입니다. 만약 높
이뛰기를 잘하는 기준을 1미터라고 생각하면 저는 높이뛰기를 잘하

는 사람입니다. 1미터 정도는 훌쩍 뛰어넘을 수 있기 때문입니다. 그
러나 그 기준을 2미터로 올리기만 해도 저는 높이뛰기에 아주 소질 없
는 사람이 되고 맙니다.

20 죄에 대한 기준이 1미터이기 때문에 '나는 의로운 사람이야. 내가 무
슨 죄를 지었어?'라고 말하는 것입니다. 하지만 "하늘을 우러러 한 점
부끄러움이 없기를 잎새에 이는 바람에도 나는 괴로워했다" 정도의
기준을 갖고 있는 사람이라면 자신을 큰 죄인으로 볼 것입니다. 그런
사람에게는 죄 사함의 은혜가 더 큰 법입니다.

21 우리가 늘 이 은혜를 가지고 살면 세상이 조금 힘들고 상황이 어려워
도 "내가 이 큰 은혜를 받았는데, 이 정도 고난은 괜찮아요. 하나님 저
버틸게요. 기다릴게요"라고 고백할 수 있는 것입니다. "나의 영혼이
잠잠히 하나님만 바람이여"(시 62:1). 이 말씀처럼 하나님을 바라며 기
다릴 수 있게 됩니다.

깨끗한 그릇이 쓰임 받는다

22 속죄함 때문에 받는 복이 정말 많습니다. 디모데후서 2장 20절에 이
런 말씀이 있습니다. "큰 집에는 금 그릇과 은 그릇뿐 아니라 나무 그
릇과 질그릇도 있어 귀하게 쓰는 것도 있고 천하게 쓰는 것도 있나
니." 여기서 '큰 집'은 하나님나라를 의미합니다. 하나님나라에 금 그
릇, 은 그릇, 나무 그릇, 질 그릇이 있는데, 귀히 쓰는 그릇도 있고 천
히 쓰는 그릇도 있습니다.

23 그렇다면 이 네 가지 그릇 중에 어느 것이 귀한 그릇이고 어느 것이 천
한 그릇일까요? 우리의 상식으로는 금 그릇과 은 그릇은 귀한 그릇이

고, 나무 그릇과 질 그릇은 천한 그릇입니다. 비싸면 귀한 것이고 싸면 천한 것으로 여기는 것입니다. 그러나 성경의 상식은 그렇지 않습니다.

24 하나님은 금 그릇이든 은 그릇이든 나무 그릇이든 질 그릇이든 상관없다고 하십니다. 누구든지, 어떤 그릇이든지 자기를 비워 깨끗하게 닦아놓은 그릇이 귀한 그릇입니다. 쉽게 말해서 깨끗한 그릇이 귀한 그릇입니다. "자기를 깨끗하게 하면 귀히 쓰는 그릇이 되어"(딤후 2:21).

25 각 집마다 찬장 안에 여러 그릇들이 있을 것입니다. 저희 집에도 그릇이 여러 개 있습니다. 저는 아내가 없을 때 가끔 라면을 끓여먹는데, 그럴 때 제가 어떤 그릇을 쓰겠습니까? 설거지가 잘 되어 있고, 안에 아무것도 담기지 않은 깨끗한 그릇을 찾을 겁니다. 아무리 금으로 된 그릇이라도 그 안에 뭔가가 담겨 있거나 더러운 채로 있다면 못 쓰는 것입니다.

26 하나님께 쓰임 받는 그릇이 귀한 그릇입니다. 잘 사는 것은 소유가치가 높은 것이 아니라 존재 가치가 높은 것을 말합니다. 존재가치는 목적대로 존재할 때 높아집니다. 그 주인의 목적대로 쓰임 받을 때 그 존재가치가 높은 것이고, 그것이 잘 사는 것입니다. 그런데 하나님은 깨끗한 그릇, 깨끗한 사람을 쓰십니다. 하나님께 쓰임 받는 사람이 잘 사는 것입니다. 우리는 하나님께 쓰임 받아야 합니다.

하나님께 쓰임 받는 것이 가장 기쁘다

27 아브라함은 아직 자기에게 자녀가 없었을 때 엘리에셀이라고 하는 종

을 양자로 삼으려고 했습니다(창 15:2). 하나님이 아들을 주신다고 했지만 그 약속을 받은 지 20년이 넘어가도록 아들을 안 주시자 종을 양자로 삼고자 한 것입니다. 저는 그 장면을 보고 충격 받았습니다. 그 당시에 종은 사람이 아니었기 때문입니다. 그런 아브라함을 보며 하나님을 믿으면 사람의 수준이 높아진다는 것을 알았습니다. 물론, 아브라함의 그 행동이 믿음의 행동은 아니었지만 말입니다.

28 하나님의 약속대로 아브라함은 100세에 아들 이삭을 얻었습니다. 이삭이 40세가 되어 장가를 가야 하는데, 아무데서나 아내 될 사람을 구할 수는 없었습니다. 그래서 아브라함은 고향에 가서 며느리를 데리고 와야 하는데 나이가 너무 많아 직접 갈 수는 없었습니다. 그래서 엘리에셀을 부릅니다. 성경에는 늙은 종이라고 기록되어 있지만, 그 종이 엘리에셀입니다. "내가 나이 많아 고향에 갈 수 없으니 네가 좀 다녀오거라. 네가 이삭의 애비 노릇을 좀 해야겠다. 가서 참한 며느리감을 데리고 오거라."

29 엘리에셀이 아브라함에게 맹세하고 방문을 나올 때 "아휴, 주인만 늙었나? 나도 늙었지! 내 자식도 아닌데 그 멀리까지 가서 며느리 될 처녀를 데리고 오라니"라고 불평하지 않았습니다. 발이 땅에 붙지 않는 기쁨이 있었습니다.

30 왜 그렇습니까? 그는 아무것도 소유하지 못하는 종이었습니다. 하지만 그는 소유가치가 아닌 존재가치가 높았습니다. '나는 무능하고 늙은 쓸모없는 사람이 아니구나. 우리 주인이 가장 귀한 일에 나를 써주셨어!' 그는 가장 귀한 일에 주인에게 쓰임 받음을 기뻐했던 것입니다.

31 이런 기도가 절로 나왔습니다. "하나님, 저도 엘리에셀 같은 사람이 되게 해주세요." 재산이 얼마고 내 위치가 어딘지가 중요한 것이 아닙니다. 아브라함의 아들을 장가보내는 중요한 일에 쓰임 받았던 엘리에셀처럼 하나님이 그렇게 나를 믿어주시고 그 일에 쓰임 받을 수 있다면 바울의 표현대로 "나를 전제로 드릴지라도"(빌 2:17) 기뻐할 수 있을 것 같았습니다.

32 이처럼 잘 쓰임 받는 것이 행복인데, 하나님은 깨끗한 사람을 쓰십니다. 그런데 깨끗한 사람이 어디 있습니까? 다 불법을 행하고 송곳 같은 죄를 주머니에 숨기고 있는 자들 아닙니까? 전전긍긍하면서 송곳이 튀어나올까봐 불안해하며 조심스럽게 다니고 있는데, 그 죄를 하나님이 다 사해주셨습니다. 그 죄를 하나님이 가려주셨습니다.

33 "불법이 사함을 받고 죄가 가리어짐을 받는 사람들은" 복이 있습니다(롬 4:7). 바울이 이것을 알았습니다. 자신은 죄인 중의 괴수였는데 십자가의 보혈로 정결한 자가 되었다는 것을 절절하게 알았습니다.

34 우리의 행위로 죄가 없어진 것이 아닙니다. 율법을 잡으면 죄는 점점 더 커집니다. 율법으로는 구원을 얻지 못합니다. 율법으로는 죄를 깨닫게 되고, 율법은 우리가 죄인이라는 것을 고발합니다. 우리는 무엇으로 구원을 얻습니까? 믿음으로 얻습니다. 예수 그리스도의 십자가의 보혈이 이 모든 죄를 깨끗하게 합니다.

35 이것을 머릿속 깊이 새겨두어야 합니다. "불법이 사함을 받고 죄가 가리어짐을 받는 사람들은 복이 있도다"(롬 4:7). 바로 우리가 그 복을 받은 사람들입니다.

CHAPTER **11**

평안은 진짜 복,
편안은 가짜 복

그러므로 우리가 믿음으로 의롭다 하심을 받았으니 우리 주 예수 그리스도로 말미암아 하나님과 화평을 누리자 또한 그로 말미암아 우리가 믿음으로 서 있는 이 은혜에 들어감을 얻었으며 하나님의 영광을 바라고 즐거워하느니라 다만 이뿐 아니라 우리가 환난 중에도 즐거워하나니 이는 환난은 인내를, 인내는 연단을, 연단은 소망을 이루는 줄 앎이로다 **롬 5:1-4**

하나님의 소원은 우리의 행복

1 우리를 향하신 하나님의 뜻은 하나밖에 없습니다. 우리가 행복하게 잘 사는 것입니다. 데살로니가전서에 보면 "항상 기뻐하라 쉬지 말고 기도하라 범사에 감사하라 이것이 그리스도 예수 안에서 너희를 향하신 하나님의 뜻이니라"(살전 5:16-18)라고 되어 있습니다. '하나님의 뜻'은 '하나님의 소원'을 말합니다. 하나님의 소원은 우리가 기쁘게 사는 것입니다.

2 성경 어디를 봐도 성경이 하나님 자신에 대해서 관심을 가지고 있는 것은 보기 어렵습니다. 하나님은 밤낮 우리에게 신경을 쓰십니다. 우리가 슬퍼하면 하나님이 슬퍼하시고, 우리가 힘들어하면 하나님이 힘들어하시고, 우리가 기뻐하면 하나님이 더 기뻐하십니다. 이것을 통해 우리는 하나님이 우리를 얼마나 사랑하시는지 알 수 있습니다.

3 이처럼 우리의 행복이 우리를 향하신 하나님의 뜻이고 소원입니다. 또 그것은 우리의 뜻과 소원도 됩니다. 그런데 문제는 정작 행복하게 사는 사람은 많지 않다는 것입니다.

4 "요즘 어떻게 사십니까?" 백 명에게 물으면 "요즘 힘듭니다"라고 대답하는 사람이 가장 많다고 합니다. 그 뒤로 "그럭저럭 삽니다"와 "죽

지 못해 삽니다"라고 대답하는 사람들이 많습니다. "요즘 정말 기쁩니다. 감사한 삶을 살고 있습니다"라고 대답하는 사람은 거의 없습니다. 세상에서 제일 힘든 게 '사는 것'입니다. 그중에서도 행복하게 잘 사는 것이 가장 힘듭니다.

'잘 사는 것'에 대한 오해

5 왜 사람들은 그렇게 소원하면서도 행복하지 못할까요? 그것은 잘 사는 것에 대한 오해 때문입니다. 우리가 잘 살려면 이에 대한 이해가 있어야 합니다. 우리에게는 잘 살고 못 사는 것의 기준이 '돈'이 되어 있습니다. 하지만 돈은 우리를 부자가 되게 해줄 수는 있어도 행복하고 잘 살게 할 수는 없습니다. 정말 돈이 잘 살게 해주는 것이라면 재벌은 왜 자살합니까?

6 돈이 우리를 잘 살게 하지 못하는 데는 이유가 있습니다. 돈뿐만이 아닙니다. 세상의 어떤 것도 우리를 행복하게 할 수 없습니다. 그것은 진정한 복음이 아니기 때문입니다. 복음 중의 복음이 무엇입니까? 하나님이 우리를 사랑하신다는 것입니다.

7 사랑은 엄청난 힘을 가지고 있습니다. 사랑하면 사랑받는 대상이 귀해집니다. 하나님은 우리를 사랑하시기 때문에 우리를 귀히 여기십니다. 귀히 여기실 뿐 아니라 귀하게 만드셨습니다. 얼마나 귀하게 만드셨는가 하면 천하보다 크고 귀하게 만드셨습니다.

8 그래서 예수님을 믿을 때 가장 중요한 것이 "사람은 귀하다"라는 사실을 아는 것입니다. 사람을 업신여기고 무시하는 것은 믿음이 없는 것입니다. 반대로 사람 귀하게 여기는 것이 복 받는 비결입니다. 그것도

세상이 무시하는 사람을 귀히 여기면 복 받습니다. 예수님은 "소자 한 사람에게 냉수 한 그릇 대접한 것도 나에게 한 것이다. 내가 그것을 결단코 잊지 않겠다"라고 말씀하셨습니다(마 10:42 참조).

9 그런데 우리가 귀하게 여겨야 할 사람 속에는 '나' 역시 포함되어 있습니다. 남의 생명을 귀히 여기고 남의 삶도 귀히 여겨야 하지만 자신의 삶도 귀히 여겨야 하는 것입니다. 그래서 자살은 안 됩니다.

헛되고 헛되다

10 성경에 나오는 인물 중에 가장 부자였던 사람, 세상적으로 가장 출세하고 부귀영화와 쾌락을 누렸던 사람은 솔로몬일 것입니다. 솔로몬이 쓴 전도서를 보면 "헛되고 헛되며 헛되고 헛되니 모든 것이 헛되도다 … 모든 강물은 다 바다로 흐르되 바다를 채우지 못하며"(전 1:2,7)라는 고백이 담겨 있습니다.

11 솔로몬에게는 부귀영화와 쾌락이 강물이 쉼 없이 들어오는 것처럼 흘러들어왔지만 그는 행복하지 않았습니다. 오히려 그 모든 것들이 '헛되다'는 것입니다. 왜 그렇습니까? 하나님은 솔로몬을 사랑하십니다. 죄인을 사랑하셔서 혼을 내셔도 하나님은 죄인을 사랑하십니다. 그래서 솔로몬은 천하보다 컸습니다. 그러니 천하를 다 얻었더도 그것들로는 자신을 채울 수 없었던 것입니다.

12 다윗은 시편 16편 2절에서 이런 고백을 했습니다. "주 밖에는 나의 복이 없다 하였나이다." 즉 복은 '주 안에만' 있다는 뜻입니다. 사탄은 어떻게든 사람들을 주 밖으로 끌어내기 위해 애씁니다. 그래서 주 밖에 복이 있는 것처럼 꾸며놓았습니다. 복이 있어야 사람들이 나오기

때문입니다. 사탄은 능력 있는 사기꾼입니다. 그래서 주 밖에 가짜 복을 만들어놓았는데, 아주 그럴듯하게 진짜처럼 만들어놓았습니다. 정교한 모조품이라 구별이 쉽지 않습니다.

진짜 복과 가짜 복

13 평안과 편안이 있습니다. 이 둘은 발음도 비슷하고 개념도 비슷합니다. 어느 것이 진짜 복이고, 어느 것이 가짜 복일까요? 평안이 진짜이고 편안이 가짜입니다. 사람들도 평안이 진짜 복이라고 말할 겁니다. 하지만 우리가 좇는 것이 평안인지는 깊이 생각해봐야 합니다.

14 고등학교 3학년 때 국어 선생님이 들어오셔서 "너희들 소원이 뭐냐" 하고 물으셨습니다. 그때 친구 녀석 중 한 명이 "아침 먹고 자고, 점심 먹고 자고, 저녁 먹고 자는 겁니다" 하고 대답했습니다. 그때는 무엇보다 잠이 부족한 때였기 때문입니다. 그러자 선생님이 "야, 이놈들아. 대학 떨어져서 사흘만 자봐라. 아마 살기 싫어질 거다"라는 겁니다. 그때는 뭔 소린가 싶었습니다.

15 그런데 그 해 제가 대학에 떨어졌습니다. 그래서 이불을 뒤집어쓰고 잤습니다. 아침 먹고 자고, 점심 먹고 자고, 저녁 먹고 잤습니다. 사흘쯤 잤더니 문제가 생겼습니다. 잠이 안 오는 것입니다. 불면증이 얼마나 고통스러운 것인지 그때 처음 알았습니다. 그래도 밖에 나가긴 싫어서 방에 앉아서 신문을 들고 두 줄짜리 광고란까지 글자란 글자는 모조리 읽었습니다. 그래도 시간이 안 갔습니다. 실제로 그렇게 잠만 자게 되니 정말 죽을 것 같았습니다. 좀 과장된 측면이 있긴 하지만 이것이 '편안'이 가지고 있는 함정입니다.

16 사람이 불편할 때는 편안한 걸 찾지만 일단 편해지면 그때부터는 그런 것에 흥미가 없어집니다. 게다가 편안은 우리를 약하게 만듭니다. "우유를 마시는 사람보다 우유를 배달하는 사람이 더 건강하다"는 서양속담이 있습니다. 편하게 살면 약해집니다. 건강도 약해지고, 정신도 약해지고, 마음도 약해집니다. 또한 믿음 역시 약해집니다. 그래서 하나님은 절대로 사랑하는 사람을 편안하게만 하지 않으십니다. 여기에서 사람들의 오해가 생깁니다. 많은 이들이 편안하게 사는 것이 잘 사는 것이라고 생각하기 때문입니다.

17 예수님 믿으면 잘 살아야 합니다. 그런데 잘 산다는 게 편한 것으로만 연결되어 있기 때문에 부도를 맞았다거나 집을 잃었다거나 해서 불편해지면 난리가 나는 것입니다. 예수 믿으면 잘 살아야 하는데 왜 불편해질까요? 편한 것이 잘 사는 것이 아니라서 그런 것입니다.

하나님의 훈련

18 하나님은 우리를 강하게 연단시킵니다. 편한 게 좋은 것이 아닙니다. 편하게 지내다 보면 약해져서 제대로 살지 못합니다. 그래서 하나님이 우리를 물속에도 넣으시고 불 가운데도 넣으셔서 훈련시키시는 것입니다. 그런데 우리가 훈련받을 때 알아야 할 것이 있습니다.

19 저희 교회 성도 중에 군인정신으로 무장된 육사 8기 할아버지 집사님이 계십니다. 둘째 아들이 군대에 갈 때 그 분이 아들을 불러다가 점심을 사주며 이런 말을 했다고 합니다. "애, 잊지 말아라. 훈련받다 죽은 놈은 몇 없단다. 차 사고로 죽은 사람이 많지, 훈련받다가는 안 죽어. 다들 통과했어. 너도 통과할 수 있어." 아들은 그 이야기를 떠올리며 힘든 훈련과 군 생활을 버틸 수 있었다고 합니다.

20 심한 훈련을 받을 때는 당장 죽을 것 같습니다. 그러나 교관은 그 정도로 사람이 죽지 않는다는 것을 압니다. 이미 수많은 사람들이 그 과정을 통과해갔기 때문입니다. 하나님도 때로 우리를 힘들게 함으로 훈련시키십니다. 우리를 강한 사람으로 만들기 위해서입니다. 그럴 때 하나님이 나를 연단시키신다는 것을 이해해야 합니다. 하나님도 우리에게 이렇게 말씀하십니다. "애, 그 훈련 받다가 죽은 사람은 몇 없단다. 자기가 놀라서 죽는 놈은 있지만 그건 죽을 일 아니란다."

21 그렇기 때문에 편안한 것이 꼭 좋은 것만은 아닙니다. 그런데 우리가 잘 살고 못 살고의 기준으로 삼은 '돈'은 우리를 평안하게 할까요, 편안하게 할까요? 편안하게 합니다. 돈이 우리에게 주는 능력은 '편안함'에 있습니다.

22 중국에서 온 목회자가 해준 이야기입니다. 이제 중국도 경제적으로 많이 발전하여 벌써 중국에도 큰 부자들이 많이 나오기 시작했습니다. 그런데 가난하게 살다가 부자가 된 사람들이 돈 벌어서 제일 먼저 하는 일이 담 쌓고 철망 치는 것이라고 합니다. 돈을 많이 벌어서 편해지긴 했는데 평안을 잃어버린 것입니다. 돈은 절대로 우리에게 평안을 주지 못합니다. 바스락 소리만 나도 도둑인가 싶습니다.

23 그러면 돈을 벌지 말아야 합니까? 아닙니다. 돈이 쓸 데가 얼마나 많은데요. 다만, 돈 벌어서 행복하게 살겠다는 생각을 버리고 돈의 정확한 용도가 무엇인지 알아야 합니다. 돈은 잘 벌어서 잘 써야 합니다.

평안은 오직 믿음만이 줄 수 있다

24 편안이 가짜 복이라면 평안은 진짜 복입니다. 평안은 돈이 주는 것이

아니라 믿음이 줍니다. 예수 믿건 안 믿건 상관없이 부자일 수도 있고, 가난할 수도 있습니다. 그러나 예수님을 안 믿고 평안할 수는 없습니다. 오직 믿음만이 평안을 줄 수 있기 때문입니다.

25 다윗은 시편 23편에서 기가 막힌 평안을 노래하고 있습니다. "여호와는 나의 목자시니 내게 부족함이 없으리로다 그가 나를 푸른 풀밭에 누이시며 쉴 만한 물 가로 인도하시는도다"(시 23:1,2). 저는 어려서부터 동물을 무척 좋아했습니다. 그래서 자연히 동물들의 본성에 대해서도 잘 알게 되었는데, 어느 날 시편 23편 내용이 뭔가 이상하다는 것을 발견했습니다. "여호와는 나의 목자시니"라는 것은 자신을 양에 비유했다는 말입니다. 여기서 그는 '양을 누인다'는 표현을 썼는데, 원래 양은 눕지 않습니다.

26 양이 누웠다는 것은 죽었거나 이상이 있는 양이란 말과 같습니다. 약한 동물은 눕지 않고 웅크리고 잡니다. 유사시에 언제라도 도망가기 위해서입니다. 바스락거리는 소리만 나도 일단 뛰고 봅니다. 목동이었던 다윗이 그것을 모를 리 없습니다. 그런데 여호와가 나의 목자이시기 때문에 누워서 잘 수 있다는 것입니다. 이것이 평안입니다. 이것이 얼마나 큰 복이며 선물인지 모릅니다.

27 사도 바울은 "우리가 믿음으로 의롭다 하심을 받았으니 우리 주 예수 그리스도로 말미암아 하나님과 화평을 누리자"(롬 5:1)라고 말합니다. 하나님은 만만치 않은 세상에서 우리를 강하게 연단하시기 위해 물에도 넣으시고 불 가운데로도 지나가게 하십니다. 억울한 일도 당하고 죽을 것 같은 일도 당합니다. 그래도 우리는 화평을 누려야 합니다.

28 저도 인터넷 악성 댓글 때문에 큰 상처를 입은 적이 있습니다. 교회 개척하고 얼마 안 되어서 있었던 일인데, 제 연봉이 1억이 넘는다고 알려지면서 교회 홈페이지가 그에 대한 비난과 성토로 도배가 되었습니다. 저는 받아본 적 없는 1억 때문에 아주 죄인이 되어버렸습니다.

29 당시 8천 개 정도의 글이 올라오는 바람에 교회 서버가 제대로 돌아가지 않을 정도였습니다. 그런데 바보같이 제가 그 글을 다 읽었습니다. 그러고는 병이 났습니다. 밖에 나가기가 싫고 먹기도 싫었습니다. 사람이 싫어졌습니다. 순간 '아, 내가 병이 들었구나' 싶어서 신경정신과에 찾아가 상담을 받으려고 했습니다. 감사하게도 곧 좋아지긴 했지만, 그때 '이러다 사람이 죽을 수도 있구나' 하는 것을 느꼈습니다.

30 정말 곧 죽을 것같이 힘들었습니다. 골리앗을 만난 것 같았습니다. 악성 댓글들은 골리앗만큼 능력이 있었습니다. 사람을 죽일 수도 있는 능력이었습니다. 악성 댓글뿐 아니라 인생에서 겪는 실패, 외로움, 감당 못할 비난들 등 우리가 보면 감당 못할 골리앗입니다. 그러나 우리 뒤에 계시는 든든한 하나님 때문에 그를 향해 칼과 단창을 던질 수 있는 것입니다. 그리고 잠을 이루는 것입니다.

31 다윗의 시편 중에 이런 고백이 있습니다. "내가 누워 자고 깨었으니 여호와께서 나를 붙드심이로다 천만 인이 나를 에워싸 진 친다 하여도 나는 두려워하지 아니하리이다"(시 3:5,6). 사람들이 다윗을 보며 기가 막혀 했습니다. "너를 죽이려고 모여든 사람들이 천만 명이야. 이 상황에 잠이 오냐?" 그러나 다윗의 말은 간단합니다. "여호와께서 나를 붙드심이로다!" 게임 끝입니다. "하나님이 지키시는데 천만 명이면 어떠냐, 난 졸리니 잔다." 이것이 믿음이 주는 축복입니다.

환난 중에 즐거워할 수 있는 이유

32 예수 믿는다고 다 부자 되는 것도 아니고, 예수 믿는다고 다 건강해지는 것도 아니고, 예수 믿는다고 다 형통해지는 것도 아닙니다. 예수 믿어도 어려움 많이 당합니다. 그러나 그것은 하나님이 우리를 죽이시려는 게 아니라 우리를 강하게 하려고 주시는 훈련입니다.

33 그래서 사도 바울은 "다만 이뿐 아니라 우리가 환난 중에도 즐거워하나니 이는 환난은 인내를, 인내는 연단을, 연단은 소망을 이루는 줄 앎이로다"(롬 5:3,4)라고 말합니다.

34 하나님을 믿는 믿음으로 환난을 당해도 겁먹지 않고 도리어 즐거워할 수 있습니다. 믿음 때문에 환난 중에도 버티는 것입니다. 인내가 생깁니다. 든든한 아버지가 계시기 때문입니다. 인내가 생기다 보니 이것이 강한 사람으로 훈련하는 연단이 됩니다. 그래서 소망을 이루게 되는 것입니다. 하나님은 우리에게 소망을 쟁취할 수 있는 능력을 주시는 분이지, 소망을 주시는 분이 아닙니다. 환난과 인내와 연단을 통해 소망을 이루게 하십니다. 그러니 환난 중에도 즐거워하라는 것입니다.

35 우리는 이 믿음을 가지고 예수 그리스도로 말미암아 하나님과 화평을 누려야 합니다. 그리하여 환난 중에 즐거워하며 소망을 이루는 강한 사람이 다 되기를 바랍니다.

CHAPTER **12**

죄의 결과는
정말 사망이다

죄의 삯은 사망이요 하나님의 은사는 그리스도 예수 우리 주 안에 있는 영
생이니라 롬 **6:23**

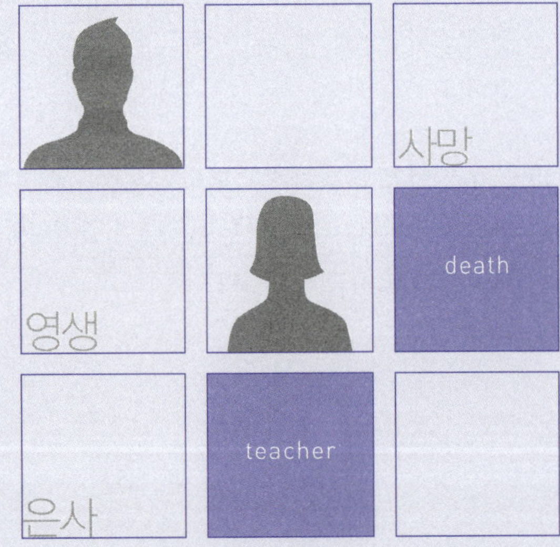

죄의 삯은 사망이다!

1 "죄 안 짓고 어떻게 살아?" 많은 사람들이 이렇게 말합니다. 그러면서 죄 안 짓는 사람 없을 거라는 전제 하에 자기도 죄를 짓습니다. 죄를 왜 짓습니까? 살려고 짓습니다. 적당히 죄를 지어야 세상이 살아지기 때문입니다. 그런데 성경은 뭐라고 말합니까? "죄의 삯은 사망이요."

2 세상은 죄를 지어야 살 수 있다고 말합니다. 그러나 성경은 죄를 지으면 죽는다고 말합니다. 무엇이 맞겠습니까? 성경이 맞겠지요. 그런데 우리는 왜 세상을 따라 살까요? 이것이 문제입니다. 믿는 우리도 세상에서 사람들과 어울려 살다 보니 죄 안 짓고 사는 게 어렵습니다.

3 예수님은 "좁은 문으로 들어가라 멸망으로 인도하는 문은 크고 그 길이 넓어 그리로 들어가는 자가 많고 생명으로 인도하는 문은 좁고 길이 협착하여 찾는 자가 적음이라"(마 7:13,14)라고 말씀하셨습니다. 그런데 제가 많이 가보지는 않았지만 그래도 인생에서 조금 다녀보니 생명으로 인도하는 길은 그 입구만 좁습니다. 멸망으로 인도하는 길도 마찬가지입니다. 그 길도 입구만 넓습니다. 처음엔 넓은데 갈수록 좁아져서 나중에는 꽉 막히고 맙니다.

4 우리는 입구만 보고 생명으로 인도하는 길이 좁다고, 힘들겠다고 포

기합니다. 하지만 힘들어 보여도 그 길을 선택하면 나중에는 넓은 길을 평안히 걸어가게 됩니다. "세상 사람들이 다 이렇게 살아도 나는 하나님 말씀대로 살리라. 힘들겠지만 그래도 하나님 말씀을 믿고 가야지." 이렇게 에스더처럼 죽으면 죽으리라 결단하고 살아가면 또 살만 합니다. 점점 좋아집니다. 나중에는 형통케 됩니다.

5 하나님이 아담과 하와에게 처음으로 하신 말씀이 "동산 각종 나무의 열매는 네가 임의로 먹되 선악을 알게 하는 나무의 열매는 먹지 말라 네가 먹는 날에는 반드시 죽으리라 하시니라"(창 2:16,17)라는 것이었습니다. 하나님은 그 열매를 따 먹는 날에는 '반드시' 죽을 것이라고 단호하게 경고하셨습니다. 그런데도 아담과 하와는 사탄의 유혹에 빠져 선악과를 따 먹어 범죄하였습니다. 그들이 어떻게 되었습니까? 죽지는 않았습니다. 물론 세월이 지난 후에는 죽었지만 그때 당장 죽지는 않았습니다. 하나님이 분명히 "반드시 죽으리라"고 말씀하셨는데 말입니다.

6 그들은 안 죽었지만 죽었습니다. 이것이 무슨 말입니까? 요한계시록에 보면 일곱 교회에 대한 하나님의 말씀이 나오는데, 그중에 사데교회가 있습니다. 하나님은 사데교회를 향해 "네가 살았다 하는 이름은 가졌으나 죽은 자로다"(계 3:1)라고 책망하십니다. 모양은 살아 있으나 실상은 죽은 것입니다. 그래서 저는 이것을 '실상 죽음'이라고 이름 붙였습니다.

7 그런 '실상 죽음'이 아담과 하와가 선악과를 따 먹고 범죄한 후에 나타났습니다. 아담과 하와는 후에 실제로 호흡이 끊어지는 죽음을 맞았지만 살아 있는 동안에도 산 것이 아니었습니다. 그러면 '실상 죽

음'이란 어떤 상태일까요?

죄는 관계를 끊는다

8 첫째는 하나님과의 단절입니다. 하나님은 생명의 근원입니다. 우리의 생명은 하나님께 있습니다. 그리고 하나님은 우리에게 복을 주시는 분입니다. 하나님이 생명의 근원이시자 복의 근원이시기 때문에 그분과 우리와의 관계가 중요합니다. 가전제품은 콘센트에 코드를 꽂아야 전원이 들어옵니다. 우리 역시 하나님께 연결되어 있어야 생명도 들어오고 복도 들어옵니다.

9 죄는 하나님으로부터 우리를 멀어지게 하는 특성이 있습니다. 아담과 하와가 죄를 지은 다음 가장 먼저 한 일이 하나님을 피하여 숨는 것이었습니다. 하나님과 관계가 나빠졌습니다. 죄 짓기 전에는 하나님과 사이가 좋았습니다. 그런데 죄를 짓자 그 사이가 나빠지고 두려워진 것입니다. 죄는 관계를 단절시키는 특성이 있습니다.

10 한 아이가 엄마가 시장 간 사이에 엄마가 건드리지 말라고 한 꿀단지를 깨뜨렸습니다. 평소 같으면 "엄마 언제 오지?" 하며 기다렸을 아이가 그때부터는 "엄마가 오면 어떡하지?" 하게 됩니다. 관계가 멀어지는 것입니다. 죄 지으면 점점 교회 가는 것이 힘들어집니다. 성경도 더 안 보게 되고 봐도 별 감흥이 없습니다. 그러면서 점점 더 하나님과 멀어지게 됩니다. 이것이 '실상 죽음'입니다.

11 두 번째로 사람과의 관계가 단절됩니다. 아담과 하와가 선악과를 따먹은 뒤에 하나님이 아담에게 물으셨습니다. "누가 너의 벗었음을 네게 알렸느냐 내가 네게 먹지 말라 명한 그 나무 열매를 네가 먹었느

냐?"(창 3:11) 그러자 아담이 이렇게 대답했습니다. "하나님이 주서서 나와 함께 있게 하신 여자 그가 그 나무 열매를 내게 주므로 내가 먹었나이다"(창 3:12).

12 인간은 죄를 핑계하고 전가하는 데 천재입니다. 아담의 이 말은 하와에게는 물론이요 은근히 하나님께도 책임을 전가하는 말입니다. 하나님이 쓸데없이 하와를 만들어주셔서 그 여자 때문에 자기가 선악과를 따 먹었다는 것입니다. 언제는 "뼈 중의 뼈요 살 중의 살이라"고 좋아했으면서 말입니다. 그 말을 들은 하와는 또 얼마나 기분이 나빴겠습니까? '내가 저런 사람을 남편으로 믿고 살아야 하나?' 싶지 않았겠습니까?

13 신학자 마틴 부버는 《나와 너》라는 책을 썼는데, '나와 너'는 2인칭 관계입니다. '나와 그'는 3인칭 관계입니다. 3인칭 관계는 2인칭에 비해 더 멉니다. 그런데 아담과 하와는 2인칭 관계도 아니었습니다. 1인칭이었습니다. 아담에게 하와는 '나 중의 나'였기 때문입니다. "이는 내 뼈 중의 뼈요 살 중의 살이라"(창 2:23). 이런 아름다운 마음에 죄가 들어가자 아담은 하와에게 죄를 전가하며 비난했습니다.

14 이것이 죄의 힘입니다. 죄 짓는다고 당장 벼락이 친 것도 아니고, 먹을 것이 사라진 것도 아니지만 관계들이 깨어져나가고 마음이 깨어져나가기 시작합니다. 아담이 자기를 향해 "뼈 중의 뼈요 살 중의 살이라"고 했을 때 하와는 얼마나 행복했겠습니까? 그런데 그렇게 사랑해주고 사랑했던 남편이 죄 앞에서 "저 여자 때문에 그렇게 했습니다!"라고 말했을 때 하와는 얼마나 비참했겠습니까? 죄는 사람을 그렇게 무섭게 만듭니다. 죄는 그동안 전혀 보지 못했던 어두운 면을 보게 합니다.

15 창세기 11장에는 바벨탑 사건이 기록되어 있습니다. 노아의 후손들이 하나님을 대적하기 위해 바벨탑을 쌓았습니다. 노아 때 홍수로 인해 세상이 멸망했으니 만일 하나님이 또 홍수를 일으키시면 피할 수 있는 곳을 만들어야겠다는 심산이었습니다. 그렇게 하나님을 대적하는 마음으로 높은 탑을 쌓았습니다.

16 그에 대한 하나님의 형벌이 정말 기가 막힙니다. 하나님은 이들을 홍수로 쓸어버리시거나 유황불로 태워버리시지 않고 딱 한 가지 벌을 내리셨습니다. 언어를 혼잡하게 하신 것입니다. "이는 여호와께서 거기서 온 땅의 언어를 혼잡하게 하셨음이니라 여호와께서 거기서 그들을 온 지면에 흩으셨더라"(창 11:9).

17 저는 결혼 전에 결혼을 위한 기도제목을 생각했었습니다. '어떤 여자를 만나게 해달라고 기도할까?' 생각만 복잡하고 정리가 되지 않았습니다. 그래서 하나님께 "하나님, 결혼을 위해 제가 어떻게 기도해야 하는지 가르쳐주세요"라고 먼저 기도했습니다. 그러자 생각이 하나로 정리가 되었습니다. "말이 통하는 여자와 살게 해주세요." 그리고 그 하나만을 위해 기도했습니다.

18 이제 아내와 결혼해서 산 지 30년이 넘었습니다. 정말 행복합니다. 어떤 때는 제가 조금 바보 같습니다. 결혼할 때보다 지금이 더 좋기 때문입니다. 말이 통하는 사람과 사는 게 얼마나 행복한지 모릅니다. 동안교회를 사임하고 새로 교회를 개척하여 청년 사역을 하고 싶다고 했을 때도 아내의 적극적인 지지와 응원을 받을 수 있었습니다. 그런 일을 겪을 때마다 '아, 내가 결혼을 위한 기도 하나만큼은 정말 기가

막히게 했구나' 싶은 마음이 듭니다.

19 바벨탑 사건 이전에는 온 땅의 언어가 하나였습니다. 말이 통했기 때문에 함께 살았습니다. 그런데 하나님이 언어를 혼잡하게 하시자 온 지면으로 흩어져 살게 되었습니다. 이게 하나님의 벌입니다. 죄를 지으면 사람들의 마음속에 벽이 생깁니다. 당연한 일입니다. 죄의 뿌리가 욕심이기 때문입니다. 함께 있으면서도 남남입니다. 외롭고 불안합니다. 서로 상처 주고 상처 받기 바쁩니다.

다시 하나 된 사건

20 그런데 사도행전 2장에 창세기 11장의 사건과는 정반대되는 사건이 나옵니다. 오순절 날 성령의 충만함을 받은 사건입니다. 성령을 받았을 때 가장 먼저 나타난 은사가 방언의 은사입니다. 그때 그곳에 있던 사람들이 깜짝 놀라며 이렇게 말했습니다. "우리가 우리 각 사람이 난 곳 방언으로 듣게 되는 것이 어찌 됨이냐"(행 2:8)흩어졌던 언어가 다시 회복된 것입니다.

21 말만 회복된 것이 아닙니다. 마음이 회복되었습니다. 창세기 11장에서는 사람들이 온 지면으로 흩어졌지만, 사도행전 2장에서는 사람들이 모이기에 힘썼습니다. "날마다 마음을 같이하여 성전에 모이기를 힘쓰고 집에서 떡을 떼며 기쁨과 순전한 마음으로 음식을 먹고"(행 2:46). 그들은 억지로 모이지 않았습니다. 말이 통하고 마음이 하나였기 때문에 모이는 것이 즐거웠던 것입니다.

22 뿐만 아니라 에덴동산에서 아담과 하와가 누리던 관계를 누렸습니다. "믿는 무리가 한마음과 한 뜻이 되어 모든 물건을 서로 통용하고 자기

재물을 조금이라도 자기 것이라 하는 이가 하나도 없더라”(행 4:32). 성령으로 말미암아 욕심이 없어졌습니다. 진정한 하나됨을 누리게 된 것입니다.

23 초대교회 당시 예수님을 믿는 많은 사람들이 핍박을 피해 지하 동굴이나 무덤에서 숨어 지냈습니다. 그렇게 숨어 지낸 사람들의 숫자가 엄청나서 큰 도시를 이룰 만했습니다. 그들은 가난했습니다. 그들의 환경은 열악했습니다. 그런데도 서로 사랑하고 돌보며 하나님나라를 경험했습니다. 그러니 자연스럽게 사람들이 몰려들었습니다.

치명적인 수치와 고통

24 세 번째, 죄의 결과는 수치입니다. 그것도 치명적인 수치입니다. 죄를 가지고는 하나님나라에 들어갈 수 없습니다. 하나님은 빛이십니다. 그 앞에서는 모든 것이 다 드러납니다. 그러니 예수님이 심판 주로 재림하실 때 죄를 씻지 못한 사람들, 죄를 해결하지 못한 사람들은 그 빛 앞에서 견딜 수 없는 것입니다. 모든 것이 다 드러나는 찬란한 빛 앞에서 느끼는 지독한 수치 때문입니다.

25 그때에 사람들은 “산아, 우리 위에 무너져라! 바위야, 우리를 덮어라!”라고 소리치게 될 것입니다(눅 23:30 참조). 수치를 가릴 수만 있다면 죽어도 좋다는 것입니다. 그만큼 죄는 수치스러운 것입니다.

26 네 번째, 죄의 결과는 고통입니다. 범죄 후에 남자는 이마에 땀을 흘려야 했고, 여자는 해산하는 고통이 더해지게 되었습니다. 우리 집에는 아들만 셋이 있습니다. 아들을 둘 낳고 막내를 낳기 전까지 딸을 바라는 마음이 커서 하나님께 딸을 달라고 기도도 꽤 했습니다. 아내

가 막내아들을 낳고 제게 이런 이야기를 했습니다. 분만실에 들어가기 전까지는 하나님께 "이번에는 딸 주세요" 했는데, 막상 진통이 오기 시작하자 "아이고, 하나님! 그냥 아들 주세요" 했다고 합니다. 자기가 딸을 낳으면 그 딸도 똑같이 이런 고통을 겪어야 할 것이라는 마음이 들어서 그랬다는 것입니다.

27 어느 학교에서 이 강의를 했더니 한 학생이 "목사님, 요즘에는 경제와 과학으로 그 고통을 다 해결했습니다. 기계가 발달해서 남자들은 일할 때 땀을 덜 흘리고요, 여자들에게도 무통분만이란 것이 생겼어요!" 하는 것입니다. 그 이야기를 듣고 기가 막히기도 하고 한편으로는 학생이 재치 있게 대답하기도 했기에 웃음이 났습니다. 그러나 아무리 과학이 발달했다 해도 인간의 고통이 다 사라진 것은 아닙니다. 인간에게 주어지는 고통의 원인은 죄입니다.

28 죄의 결과는 이토록 무섭습니다. 따라서 우리는 죄를 무서워하는 마음을 가져야 합니다. 죄의 삯이 사망인 것을 기억해야 합니다. 세상은 끊임없이 어떻게 죄를 안 짓고 살 수 있냐고, 그러니 괜찮다고 속삭이지만, 성경은 죄를 지으면 죽는다고 말합니다.

29 죄 지으면 하나님과 사이가 나빠집니다. 죄 지으면 사람을 잃어버립니다. 죄 지으면 지독한 수치를 겪습니다. 죄 지으면 고통과 수고를 감당해야 합니다. 그러니 죄를 두려워하는 마음을 가지고 "내가 지하 동굴에 들어가 사는 한이 있어도 하나님 말씀대로 살 거야!"라는 굳은 고집으로 승리하기를 바랍니다.

30 그렇게 살 때 하나님이 평생 지하 동굴에 살도록 내버려두지 않으십

니다. 그 길은 입구만 좁습니다. "이 모든 것을 너희에게 더하시리라"(마 6:33)고 하신 하나님의 약속이 우리에게 이루어질 것입니다. 세상이 속일 때마다 "죄의 삯은 사망! 죄 지으면 죽는다!"라고 되뇌면서 죄와 싸우며 살아가는 우리 모두가 되기를 바랍니다.

CHAPTER 13

구원받은 우리에게
결코 정죄함이 없다

오호라 나는 곤고한 사람이로다 이 사망의 몸에서 누가 나를 건져내랴 우리 주 예수 그리스도로 말미암아 하나님께 감사하리로다 그런즉 내 자신이 마음으로는 하나님의 법을 육신으로는 죄의 법을 섬기노라 롬 7:24-25

율법을 소중히 여기되 율법주의를 조심하라

1 율법은 하나님이 주신 것입니다. 율법을 지키지 않는 데 대한 하나님의 벌과 저주가 있습니다. 그런데 율법을 너무 잘 지키려고 애쓰던 사람들에게도 문제가 생겼습니다. 율법주의로 빠진 것입니다. 대표적인 사람들이 바리새인들입니다.

2 예를 들어 그들은 "염소 새끼를 그 어미의 젖으로 삶지 말지니라"(출 23:19)라는 율법을 지키기 위해 지금까지도 노력하고 있습니다. 그래서 이스라엘 사람들은 싱크대도 두 개, 칼도 두 개, 도마도 두 개, 식기도 두 개씩 구비하고 있습니다. 육류를 유제품과 함께 조리하지 않기 위해서입니다. 그들은 세상 사람들이 혀를 내두를 정도로 율법을 열심히 지켰습니다.

3 그렇게 율법을 귀히 여긴 것은 물론 잘한 일입니다. 그러나 성경이 "그런즉 선 줄로 생각하는 자는 넘어질까 조심하라"(고전 10:12)라고 권면하는 것처럼, 그들 안에 교만이 생기면서 엇나가기 시작했습니다. "난 저 세리와 달라. 난 율법을 잘 지켜. 주님, 저 세리와 같지 않음을 감사합니다" 하는 마음이 생긴 것입니다.

4 율법의 목적은, 앞에서도 살펴본 것처럼 구원이 아니라 진단입니다.

"율법으로는 죄를 깨달음이니라"(롬 3:20). 그런데 남들보다 율법을 잘 지키는 것이 바리새인들에게 자랑거리가 되었으며, 이것이 결국에는 율법을 잘 지켜야 구원 얻을 수 있다는 '율법주의'로 넘어가 버린 것입니다.

5 한 가지 안타까운 사실은, 오늘날에도 예수님을 열심히 믿으려는 사람에게서 이 같은 바리새주의가 곧잘 나타난다는 것입니다. 이런 사람은 예수님을 열심히 믿으려는 마음이 커질수록 점점 율법에 얽매이게 됩니다.

6 그때 사탄이 율법을 이용해 공격합니다. "율법을 봐. 너 죄인이지? 너 죄 있잖아!" 율법을 열심히 지키고자 했기 때문에 그는 자신이 죄인인 것을 너무 잘 알고 있습니다. 아이러니하게도 그것 때문에 사탄의 공격에 걸리게 됩니다. 저는 이것을 '사탄의 양심'이라고 부릅니다.

7 사실 "세상에 죄 없는 사람이 어디 있어?"라며 막 사는 사람은 이런 공격에 걸리지 않습니다. 바르게 살고자 애쓰는 사람이 오히려 이 같은 공격에 걸리고 말지요. 양심적으로 살고자 하는 사람들의 약점이 여기에 있습니다.

8 이러한 사탄의 공격에는 "맞아. 나 죄인이야. 나도 알아. 그리고 하나님도 아셔. 그런데 하나님은 회개한 우리를 정죄하지 않으셔!"라고 맞설 수 있어야 합니다. 그러면 사도 바울의 고백을 이해하게 됩니다. "내가 나 된 것은 하나님의 은혜로 된 것이니 십자가 외에는 내가 자랑할 것이 없다!"(고전 15:10 ; 갈 6:14 참조)

9 제가 섬기던 교회 여 집사님 중에 정말 교회를 열심히 섬기던 분이 계십니다. 제가 그 분 별명을 '장학생'이라고 붙일 만큼 헌신적으로 교회를 섬기셨습니다. 그런데 그 분 얼굴에서는 웃음을 찾아볼 수가 없었습니다. 늘 어둡고 수심이 가득 차 있었습니다. 나이가 저와 비슷한 연배였는데, 결혼도 안 했습니다. 나중에 그 분의 사연을 알고 보니, 대학생 때 남자와 동침하여 순결을 잃었다고 합니다. 그 사건 이후로 그 분은 자기 자신을 용서할 수 없었던 것입니다. 그렇게 열심히 교회를 섬겼던 것도, 또 그렇게 섬기면서도 기쁨이 없었던 것도 모두 그 죄책감 때문이었습니다.

10 저는 그 분에게 이렇게 말씀드렸습니다. "집사님은 정말 나쁜 사람이군요!" 그 분은 깜짝 놀라 저를 보았습니다. "집사님이 죄를 지었기 때문에 나쁜 사람이라는 말이 아닙니다. 예수님이 집사님을 위해 십자가에 달려 돌아가심으로 이미 그 죄를 모두 사하셨습니다. 그러면 '감사합니다' 하고 새 삶을 살아야지, 왜 여전히 예수님이 달라고 하지도 않은 죗값을 혼자 치르느라고 그렇게 얽매인 삶을 사십니까? 하나님은 이미 그 죄를 기억도 안 하실 것입니다."

11 예수님을 잘 믿으려는 사람들이 걸리기 쉬운 함정이 바로 이 율법주의입니다. 율법주의에 빠진 바리새인들이 향하게 된 곳이 어디였습니까? '위선'이었습니다. 오죽했으면 예수님이 그들을 향해 '회칠한 무덤 같은 자'라고 하셨겠습니까? 겉은 깨끗해 보였지만 그 안에는 썩은 뼈가 있다는 것입니다.

12 우리는 율법을 귀히 여기되 율법주의로 가서는 안 됩니다. 율법을 지

키고자 애를 쓰지만, 사실 우리는 율법을 다 지킬 수 없는 자들입니다. 그것을 인정해야 합니다. 그렇지 않으면 율법이 "너는 죄인이야!"라고 정죄할 때 버티고 서 있기가 어렵습니다. 율법이 정죄의 화살을 날리면 그때는 하나님의 은혜 안으로 피해야 합니다. 예수님의 십자가로 나아가야 합니다. "그래, 나 죄인이야! 하지만 나는 사함 받은 죄인이야! 내가 죄인이기 때문에 하나님의 은혜가 필요해!" 그러면서 하나님의 은혜에 전적으로 의존해야 하는 것입니다.

하나님은 율법 먼저 내밀지 않으셨다

13 우리가 율법으로 구원을 얻는다면 하나님은 아버지가 아니실 것입니다. 많은 사람들이 "그래도 어떻게 말로만 구원을 얻습니까? 행위가 있어야지요"라고 하는데, 자칫하면 이는 매우 위험한 논리가 됩니다.

14 이스라엘 백성에게 제1의 율법은 '십계명'입니다. 하나님이 이 십계명을 주신 곳이 어디입니까? 애굽이 아니라 애굽을 나와야 있는 시내산입니다.

15 이스라엘 백성은 출애굽하기 전에 애굽 땅에서 400년 동안 살았습니다. 본래 이스라엘 백성이 살던 곳은 애굽이 아니라 하나님이 주신 땅 가나안이었습니다. 그러다 요셉 때 그곳에 흉년이 들었고, 하나님은 그 흉년을 피하게 하시려고 미리 요셉을 애굽에 보내셨습니다. 그리고 이스라엘은 애굽에서 흉년의 시기를 넘길 수 있었습니다.

16 흉년이 끝났으면 어떻게 해야 했습니까? 다시 가나안으로 돌아가야 하지 않았을까요? 그것이 하나님의 마음이었을 것입니다. 그러나 그들은 돌아가지 않았습니다. 그곳이 더 좋고 편했기 때문입니다. 애굽

의 총리가 그들의 가족이었으니 얼마나 편했겠습니까? 가장 좋은 땅을 받았고, 사는 데 불편함이 없었습니다. 그들은 하나님을 잊은 채 그곳에서 400년을 살았습니다.

17 이스라엘 백성은 400년 동안 하나님의 이름을 안 불렀습니다. 그러다 핍박을 받고 죽게 되자 다시 하나님의 이름을 불렀습니다. 제가 하나님이었다면 이스라엘의 부르짖음을 못 들은 척 했을 것 같습니다. 400년이 지나도록 잊고 지내다가 자기들이 죽을 지경이 되어서야 찾다니, 얼마나 얄밉습니까?

18 그런데도 하나님은 그들의 부르짖음에 응답해주십니다. 저는 그런 하나님이 '참 속도 없으시다'고 생각했습니다. 최소한 화도 좀 내시고 골탕도 좀 먹이신 다음에 그들의 부르짖음에 응답하실 수도 있었을 텐데, 하나님은 마치 400년 동안 기다리셨다는 듯이 이스라엘 백성을 애굽에서 건져주셨습니다.

19 하나님은 이스라엘 백성을 애굽에서 건져주실 때 율법을 들이대지 않으셨습니다. "이것 다 지키면 구원해줄게" 하지 않으셨습니다. 먼저 구원해주시고 그 다음에 율법을 주셨습니다. 그러니 율법을 지켜야만 구원을 얻는다는 것은 비논리적이고 비상식적인 것입니다.

그러나 율법을 버려서는 안 된다

20 그러나 거듭 말하지만 우리는 율법을 버려서는 안 됩니다. 믿음으로 구원을 얻는다고 해도 율법을 버려서는 안 됩니다. 율법을 지켜야만 구원을 얻는 것은 아니지만, 율법은 우리를 진단하는 엑스레이입니다. 율법은 우리를 그리스도에게로 인도하는 몽학선생입니다. 이 균

형이 잘 잡혀 있어야 합니다. 이 균형이 무너지면 입으로 믿는다고만 하고 행동은 엉망진창인 삶을 살든가, 아니면 율법주의에 빠져 허우 적대기 쉽습니다.

21 2010년에 '기독교윤리실천운동'이 우리나라 성인 남녀 1,000명을 대 상으로 '한국 교회의 사회적 신뢰도 여론조사'를 한 적이 있습니다. 조사 결과, 응답자의 41.4퍼센트가 가톨릭을 가장 신뢰한다고 응답했 으며, 다음으로 33.5퍼센트가 불교를 가장 신뢰한다고 꼽았습니다. 반면 개신교를 가장 신뢰한다는 응답은 20.0퍼센트에 불과했습니다. 더 안타까운 것은 연령이 낮을수록 개신교에 대한 신뢰도가 낮다는 것입니다.

22 어쩌다 이렇게 되었을까요? 그동안 한국 교회는 "믿음으로 구원 얻는 다"는 것만을 강조하다가 행함을 잃어버렸습니다. 그래서 세상 사람 들로부터 멸시당하는 교회가 되고 말았습니다. 지금까지 우리는 하나 님의 율법을 너무 우습게 여겼습니다. 이제라도 정신 차리고 하나님 의 법대로 살아야 합니다. 터닝 포인트를 마련해야 합니다.

율법을 통해 우리가 나아가야 하는 곳

23 율법을 통해 우리가 어디로 가야 합니까? 율법만 중요하게 여겨 '율 법주의'로 튀면 안 되고 율법으로 자신이 죄인인 것을 깨달아 예수님 의 은혜 안으로 들어가야 합니다.

24 정죄하는 자리로 가서도 안 됩니다. 사탄에게 속아 율법으로 자신을 정죄하여 "나는 나쁜 놈이야" 하고 주저앉으면 안 됩니다. 우리는 용 서 받은 자입니다. 그리고 다른 사람을 정죄하는 것도 멈추어야 합니

다. 자신을 정죄하는 것도 나쁘지만, 더 나쁜 것은 다른 사람을 정죄
하는 것입니다. 율법을 잘 지킨다는 사람들은 자주 그 율법의 잣대로
다른 사람을 정죄하고 판단합니다.

25 새벽예배 열심히 다니는 분들 중에 이런 폐해를 보이는 분들이 있습
니다. 열심히 예배드리고 은혜 받으면 되는데, 새벽예배에 가서 어느
장로 나왔나, 어느 목사 나왔나, 누가 졸고 있나 살핍니다. 그러고서
어느 장로, 어느 목사는 새벽예배도 안 나온다며 난리를 칩니다.

26 그러나 하나님은 율법 지키는 것을 자랑하면서 그 율법을 다른 사람
에게 들이대서 판단하고 정죄하는 것을 무척 싫어하십니다.

27 노아에게 세 아들이 있었습니다. 셈과 함과 야벳이었습니다. 어느 날,
포도 추수를 마친 노아가 포도주를 마시고 취해 벌거벗은 채 잠이 들
었습니다. 그때 함이 아버지의 모습을 보고 두 형제들을 불렀습니다.
어쩌면 함에게 이런 마음이 있었는지 모릅니다. '야, 우리 아버지 모
습 좀 봐. 평소에는 근엄한 척 있는 폼 없는 폼 다 잡으시더니, 저렇게
벌거벗고 주무시는 것 봐. 혼자 보기 아깝다, 아까워.'

28 그러나 그 이야기를 들은 두 형제는 아버지의 모습을 보지 않고 뒷걸
음질 쳐서 아버지에게 옷을 덮어드렸습니다. 하나님은 그 모습을 예
쁘게 보셨습니다. 그래서 셈과 야벳은 축복을 받고 함은 저주를 받았
습니다. 우리는 그 사건에 담긴 하나님의 마음을 읽어야 합니다.

상처를 째기만 하는 것은 치료가 아니라 폭력이다

29 우리에게는 다른 사람의 상처를 알게 되었을 때 이리저리 소문내어

그 사람을 벌거벗게 만들고자 하는 본능이 있습니다. 제가 신학대학을 졸업하고 인간관계훈련을 받을 때, 이런 훈련을 했습니다. 한 사람을 도마 위에 올려놓는 것입니다. 그러고는 한 시간 동안 평소에는 체면 때문에 말하지 못했던 그 사람의 약점과 허물에 대해 다 이야기해줍니다. 그러면 그 사람은 완전히 벌거벗겨진 것처럼 부끄러워하며 얼굴이 새빨개집니다. 그러나 그 시간을 통해 사람들이 자신을 어떻게 보고 있는지 객관적으로 알게 되고 배우게 됩니다.

30 한번은 한 친구가 도마에 올라섰는데, 그때 정말 호되게 당했습니다. 우리는 '다 너를 위해 이야기해주는 거야'라고 하면서도 은근히 즐기며 그 친구의 약점과 허물을 거침없이 쏟아냈습니다. 그 친구는 어쩔 줄 몰라 얼굴이 벌게져 있었습니다. 그 훈련을 인도하시던 분은 심리학과 상담학을 전공하신 연세 지긋한 할아버지 목사님이었는데, 그분은 과정이 진행되는 내내 아무 말씀 안 하시고 그저 묵묵히 듣기만 하셨습니다. 그날도 묵묵히 듣기만 하셨습니다.

31 그날의 과정을 마무리하고 돌아가려는데, 그때까지 아무 말 없이 듣기만 하시던 목사님이 그 친구에게 다가가시더니 말없이 꽉 껴안아주셨습니다. 얼굴이 벌게져 있던 그 친구는 목사님 품에 안겨 엉엉 울기 시작했습니다. 저는 그때 큰 충격을 받았습니다. 쥐구멍이 있으면 들어가고 싶은 심정이었습니다. 친구의 허물을 덮어주고 싸맬 줄 아는 아량이 제게는 전혀 없었던 것입니다.

32 "목에 칼이 들어와도 나는 할 말은 해야 해!" 이런 사람들이 있습니다. 저는 이런 사람들을 좋아합니다. 저희 아버지도 그랬습니다. 교회에도 이런 사람들이 더러 있습니다. 그런데 제 경험을 돌아볼 때 그들이

하는 말은 별로 도움이 안 되었습니다. 그들은 바른 말을 합니다. 옳은 말을 합니다. 곪은 상처를 쨉니다. 그러나 그들은 상처를 째고 나서 내버려둡니다.

33 의사들이 종양이나 고름 때문에 상처를 쨀 때 어떻게 합니까? 그냥 내버려둡니까? 아닙니다. 째고 고름을 짜냈으면 꿰매고 약을 발라줍니다. 이후에도 그 상처가 아물 때까지 치료를 계속합니다. 목에 칼이 들어와도 할 말 다 하는 칼잡이들이 종종 일만 저지르는 것을 봅니다. 그들은 상처를 쨉니다. 그런데 싸맬 줄을 모릅니다. 싸매지 않으면 상처는 점점 더 벌어지게 됩니다. 상태가 더 심각해지는 것입니다.

34 저도 바른말 좋아하는 사람입니다. 교회 개혁 한다고 상처 많이 째고 다녔습니다. 그래서 혹시 상처만 째고 싸맬 줄 모르는 사람이 된 것은 아닌지 조심스럽습니다. 그래서 저 자신을 돌아보기 위해 애를 쓰고 있습니다. 교회 개혁 외치는 사람들이 자칫 빠지기 쉬운 함정이 다른 사람을 판단하고 정죄하는 율법주의자가 되는 것입니다.

35 그렇다고 개혁을 버리라는 것이 아닙니다. 율법을 무시하라는 것도 아닙니다. 우리는 하나님의 법대로 살아야 합니다. 그러나 율법으로 자신을 정죄하고 다른 사람을 정죄하는 것으로만 끝난다면 그것은 하나님의 뜻이 아닙니다.

율법 때문에 죽고 하나님 때문에 산다

36 사도 바울은 율법주의에 빠졌던 바리새인과 달리 율법을 제대로 사용했습니다. 그는 율법의 진단을 통해 "오호라 나는 곤고한 사람이로다 이 사망의 몸에서 누가 나를 건져내랴"(롬 7:24)라고 하면서 죄악 된 자

신의 모습을 정확히 진단했습니다. 율법의 진단 때문에 자신이 '죄인 중에 괴수'라는 사실을 알게 된 것입니다. 자신이 자신을 구원할 수 없다는 것을 알았습니다. 죽게 된 것을 알았습니다.

37 그 절망 앞에서 바울은 "이 사망의 몸에서 누가 나를 건져내랴"라고 물었습니다. 그러고 나서 그가 무슨 고백을 했습니까? 이 고백이 참 중요합니다. "우리 주 예수 그리스도로 말미암아 하나님께 감사하리로다 그런즉 내 자신이 마음으로는 하나님의 법을 육신으로는 죄의 법을 섬기노라"(롬 7:25).

38 그는 율법 때문에 자신이 죽었다는 것을 알았습니다. 그러나 예수님 때문에 살았다는 것 역시 알았습니다. 율법 때문에 죽고 끝나는 것이 아닙니다. 율법으로 죄악 된 모습을 본 뒤에는 하나님을 붙잡고 사는 것입니다. 그것이 로마서 8장 1,2절의 귀한 고백입니다.

39 "그러므로 이제 그리스도 예수 안에 있는 자에게는 결코 정죄함이 없나니 이는 그리스도 예수 안에 있는 생명의 성령의 법이 죄와 사망의 법에서 너를 해방하였음이라." 여기에 로마서의 핵심이 다 들어 있습니다. 이 귀한 말씀을 다 암송하면 좋을 것 같습니다.

40 예수 안에 있는 생명의 성령의 법이 죄와 사망의 법에서 우리를 건져내었습니다. 그러므로 우리에게는 정죄함이 없습니다. 우리는 하나님 앞에서 자유합니다. 이것이 복음입니다.

죄 사함의 자유를 누려라

41 '결코 정죄함이 없다'는 것에 대해 주일학교에서 들었던 예화가 아직

도 기억이 납니다. 어떤 아이가 새를 잡으려고 새총을 만들었습니다. 그런데 그 새총으로 잘못하여 아버지가 기르던 오리를 죽이고 말았습니다. 겁이 난 아이는 오리를 땅에 파묻었습니다. 그 아이가 오리를 죽인 것은 실수였습니다. 그러나 그 오리를 땅에 파묻고 아버지를 속이려 한 것은 죄였습니다.

42 아버지는 오리가 안 보이자 아이에게 "애, 오리 어디 갔니?" 하고 물었습니다. 아이는 "저는 몰라요" 하고 발뺌합니다. 그러나 그 아이가 오리를 죽이는 현장을 본 사람이 있었습니다. 그 집에서 일하는 가정부였습니다. 가정부는 아이를 불러 심부름도 시키고 청소도 시켰습니다. 처음에는 "제가 왜 그걸 해요?"라고 대꾸하던 아이는 가정부가 "네가 오리 파묻는 거 내가 봤어" 하며 협박하자 꼼짝없이 가정부가 시키는 대로 했습니다. 종의 종이 된 것입니다.

43 견디다 못한 아이가 너무 괴로운 나머지 아버지에게 사실대로 다 고백했습니다. 아버지는 벌써 다 알고 계셨습니다. "이놈아! 오리가 귀하냐, 네가 귀하냐? 잘못했으면 잘못했다고 이야기하고 용서를 받으면 될 것을 왜 그렇게 미련하게 굴었느냐?"라고 하시며 용서를 비는 아이에게 "다시는 그러지 말아라"라면서 꼭 안아주었습니다.

44 그러면 다 끝난 것입니다. 그런데 그 사실을 모르는 가정부는 또 아이를 불러다가 일을 시키려고 합니다. 아이가 하지 않으려 하자 그 사건을 가지고 또 아이를 협박합니다. 그러나 그 아이는 이젠 종노릇 할 이유가 없어졌습니다. 그리고 아버지에게 가정부의 만행을 일렀습니다. 아버지는 화를 내며 가정부를 내보냈습니다. 자기 아들이 더 귀하기 때문입니다.

45 우리는 이 자유함을 누려야 합니다. 하나님 앞에 나아가 "하나님, 제가 이렇게 잘못했습니다" 하고 용서를 구할 때 하나님 아버지께서 "다시는 그러지 말아라"라고 용서해주셨으면, "우리 주 예수 그리스도로 말미암아 하나님께 감사하리로다"(롬 7:25)라고 고백하며 자유함을 누려야 합니다. 그런데 왜 밤낮 사탄에게 종노릇합니까? "이는 그리스도 예수 안에 있는 생명의 성령의 법이 죄와 사망의 법에서 너를 해방하였음이니라"(롬 8:2).

46 우리는 율법과 십자가, 죽음과 구원, 죄와 은혜, 이런 것들의 균형을 잘 갖춰야 합니다. 잘못하면 이쪽으로 치우치거나 저쪽으로 치우치고 맙니다. 로마서에는 이 균형이 정말 놀랍도록 잘 잡혀 있습니다. 은혜를 강조하면서도 율법을 무시하지도 않고, 율법의 기능을 정확하게 제시합니다.

47 율법으로 자신의 모습을 진단하여 어디가 부러졌는지를 정확히 알고 예수님께 나아가면 예수님이 말끔하게 다 붙여주십니다. 그런데 그 사실을 모르는 사탄이 "너 뼈 부러졌잖아?"라고 참소하면 "나는 뼈 다 붙였어. 예수님이 다 붙여주셨어. 하나님의 은혜야. 그래서 나는 십자가만 자랑해"라고 선포하면 됩니다. 그리고 그 복음에 감격해 자신의 목숨도 아끼지 않고 복음을 전하며, "내가 복음을 부끄러워하지 아니하노니 이 복음은 모든 믿는 자에게 구원을 주시는 하나님의 능력이 됨이라"(롬 1:16)라고 고백합니다. 이것이 로마서에 나타난 사도 바울의 삶이었습니다.

48 사도 바울은 "오호라 나는 곤고한 사람이로다"에 함몰되지 않았습니다. 율법을 받아들였지만 율법에 함몰되어 자신을 정죄하거나 다른

사람을 정죄하지 않고 십자가를 붙들고 구원의 은혜를 마음껏 누렸습니다. 우리 모두 그런 삶을 살아가게 되기를 바랍니다.

CHAPTER 14

세상과 다르게 생각하고
다르게 사는 법

그러므로 이제 그리스도 예수 안에 있는 자에게는 결코 정죄함이 없나니 이는 그리스도 예수 안에 있는 생명의 성령의 법이 죄와 사망의 법에서 너를 해방하였음이라 … 육신에 있는 자들은 하나님을 기쁘시게 할 수 없느니라 만일 너희 속에 하나님의 영이 거하시면 너희가 육신에 있지 아니하고 영에 있나니 누구든지 그리스도의 영이 없으면 그리스도의 사람이 아니라 롬 8:1-9

예수 그리스도 안에 있는 자

1 "이제 그리스도 예수 안에 있는 자에게는 결코 정죄함이 없나니"라는 부분은 굉장히 중요한 복음의 핵심입니다. 특히 "그리스도 예수 안에"라는 조건에 유의해야 합니다.

2 "누구든지 교회에 다니면 결코 정죄함이 없나니"도 아니고, "누구든지 집사 임명을 받으면 구원을 얻나니"도 아니고, '장로가 되면', '헌금을 많이 하면'도 아닙니다. 우리가 정죄를 받지 않으려면 반드시 그리스도 안에 있어야 한다는 말입니다. 그렇다면 그리스도 예수 안에 있다는 건 무엇을 의미하는지 알아보도록 하겠습니다.

3 그리스도 예수 안, 즉 'in Christ' 하는 것은 그렇게 쉽지 않습니다. 우리가 그리스도 예수 안에 들어가서 "내가 예수님 안에, 예수님이 내 안에"가 되어야 합니다. 이것은 예수님과 완전히 하나가 되는 것을 의미합니다.

4 앞서 십자가와 구원을 설명하며 '료오이찌'에 대해 이야기했습니다. 마지막 클라이맥스 부분에서 그는 십자가에서 피 흘리시는 예수님 앞에 무릎을 꿇고 고개를 숙입니다. 자신이 죄인임을 아는 것입니다. 세상에서는 해결할 길이 없고, 자기도 어떻게 할 수 없는 죄인이기에

절망하며 고개를 숙이고 무릎을 꿇습니다. 그때 십자가의 피가 그의 손등에 떨어지는 그 상황이 "그리스도 예수 안에" 있는 것처럼 보입니다.

5 그때 료오이찌는 제대로 예수님 안에 들어갔습니다. 그가 십자가가 무엇인지를, 자기가 누구인지를 정확히 알고, 십자가와 예수님의 보혈 외에는 구원이 없다는 것을 깨달은 순간이었습니다. 왜 우리가 그리스도 예수 '안'에 들어가야 합니까? 우리가 '밖'에 있기 때문입니다. 우리는 예수님을 잘 아는 것 같지만 실상은 늘 밖에 있습니다. 예수님이 내 삶의 문 밖, 생각의 문 밖에 계십니다. 바로 나의 죄 때문에 그렇습니다.

6 "나는 죄인이다. 나는 그리스도 밖에 있다. 나는 그 안으로 들어가야 산다"라는 의식이 있어야 삽니다. 마치 탕자가 아버지께로 돌아가야만 살 수 있다는 것을 깨달은 것처럼 밖에서 안으로 들어가는 행위가 있어야 합니다. 하나님을 믿는다고 하지만 삶에서 하나님과 상관이 없다면 죽어가고 있다는 걸 깨달아야 합니다.

7 예수님 밖에 있어도 사는 데 별 지장이 없고 바깥에 더 익숙해지고 나면 그 안으로 들어가기 싫어질 수 있습니다. 하지만 그 자리가 당장은 좋은 것 같아도 결국은 죽음의 자리입니다. "내가 여기 있다가는 죽는다. 나는 죄인이다. 돌아가야지"라는 죄에 대한 깨달음이 있어야 합니다. 탕자가 아버지를 부둥켜안고 아버지 안으로, 아버지의 집 안으로, 그 관계 속으로 들어가 다시 부자관계가 되는 것처럼 말입니다.

8 예수님이 십자가에 달려 돌아가셨을 때 지성소의 휘장이 찢어졌습니

다. 하나님과 우리 사이를 막고 있던 담이 찢어져서 우리가 하나님의 성소 안으로 들어갈 수 있게 되었습니다. 이처럼 회개하고 그리스도 예수 안으로 들어가면 정죄함이 없습니다.

회개의 수준, 영의 생각으로 거듭나야 한다

9 그렇다면 하나님이 요구하시는 회개의 수준은 어떤 것일까요? 회개는 뉘우침에서 시작합니다. '아, 내가 이러면 안 되는데 잘못했어'라고 뉘우치는 것에서 출발합니다. 하지만 그것이 완성은 아닙니다. 깨닫고 이해하고 뉘우치고 그러다가 다시 돌아가는 것이 우리의 죄성 가득한 본질이기 때문입니다.

10 회개는 단순한 뉘우침이 아니라 거듭남을 의미합니다. 거듭나는 것이 바로 그리스도 예수 안에 들어가는 것입니다. '거듭난다'라는 말에는 예수 안의 삶과 예수 밖의 삶이 포함되는데, 성경은 전자를 영(靈)이라고 하고, 후자를 육(肉)이라고 합니다. 로마서 8장에서는 영의 생각과 육의 생각을 말하고 있습니다. 그러면서 "육신의 생각은 사망이요 영의 생각은 생명과 평안이니라"라고 합니다.

11 그리스도 예수 안에 있으면 영의 생각으로 바뀝니다. 그리스도 밖에 있으면 만날 육의 생각에 묶여 살게 됩니다. 크리스천임에도 밤낮 세상과 생각이 똑같습니다. 육의 생각을 하면 목사든 장로든 30년을 교회에 다녔든 그리스도 밖에 있는 것입니다. 그래서 신앙의 연수와 관계없이 나중 된 자가 먼저 될 수도 있습니다. 반면, 믿은 지 얼마 안 됐다 할지라도 제대로 믿어서 육의 생각이 영의 생각으로 바뀌면 그 삶이 바뀝니다. 영의 생각은 누구의 생각일까요? 예수님의 생각, 하나님의 생각입니다. 그러니까 하나님과 생각이 같아진 것입니다.

12 하나님이 인간을 창조하실 때 흙으로 빚으시고 코에 생기를 불어넣으셨습니다. 그 생기가 "프뉴마"입니다. '바람'이란 뜻도 있고, '영'이란 뜻도 있는데 "불어넣었다"고 하니까 바람으로 이해하곤 합니다. 그러나 단순히 바람을 불어넣은 게 아니라 영을 불어넣으신 것입니다. 그것이 영이 아니라 바람이었다면 인간은 진흙 풍선일 것입니다.

13 그래서 창세기에 보면 "생기를 그 코에 불어넣으시니 사람이 생령(生靈)이 되니라"(창 2:7)라고 되어 있습니다. 생령, 즉 살아 있는 영적인 존재가 되었다는 것입니다. 그래서 사람이 처음 창조되었을 때는 영의 생각, 즉 하나님과 완전히 하나인 생각을 했습니다.

14 아마도 타락하기 이전의 아담은 하나님이 말씀하시면 "아멘" 하기 바빴을 것입니다. 또 아담이 하나님께 "하나님, 제 생각은 이렇고요 저렇고요" 하면 하나님도 무척 행복하셨을 겁니다. 저를 꼭 닮은 둘째 손녀를 보면 신기하고 행복한 것처럼 말입니다. 그런데 죄로 말미암아 아담이 엉뚱한 생각, 육의 생각, 하나님과 정반대인 생각을 하게 되었습니다.

15 그 상태로 있으면 인간은 죽습니다. 그걸 깨닫고 "나 이대로 있으면 죽어. 돌아가야 돼" 하고 아버지를 껴안은 다음부터 생각이 바뀝니다. 거듭난다는 것은 가서 부둥켜안은 해프닝으로 끝나는 게 아니라 타락 이전의 모습으로 완전히 돌아가서 하나님과 똑같은 생각을 하게 되는 것입니다. 그러기 위해 성경에서는 물과 성령으로 거듭나지 아니하면 안 된다고 합니다.

16 성령으로 거듭나는 건 이해가 되는데 왜 물이 포함되었는지는 이해가

안 된다는 분이 많습니다. 우리가 물로 세례를 받는 것은 예수님을 구주로 고백하고 거듭나는 행위입니다. 물 자체에 의미가 있는 게 아니라 그 의식이 믿음에 대한 마음의 표현이기 때문인 것 같습니다.

우리 안에 그리스도의 영이 있어야 한다

17 로마서 8장 9절에 "만일 너희 속에 하나님의 영이 거하시면 너희가 육신에 있지 아니하고 영에 있나니 누구든지 그리스도의 영이 없으면 그리스도의 사람이 아니라"라고 되어 있습니다. '사람은 진흙 더하기 하나님의 영'이고, '사람 빼기 하나님의 영은 진흙'입니다.

18 이 말은 "누구든지 그에게 하나님의 영이 없다면 사람이 아니다"라는 것이지요. 하나님의 영이 있어야 그리스도인인데 그 영이 없다면 그리스도인은 둘째 치고 사람도 아니라는 뜻이 됩니다. 그가 재벌이든 대통령이든 박사든 아무 상관없습니다. 하나님의 영이 없는 존재는 진흙 이상도 아니고 진흙 이하도 아닌 것입니다.

19 그러니까 우리에게 가장 중요한 건 그리스도의 영을 갖는 것입니다. 그래서 내 생각과 삶이 하나님과 같아지는 것이죠. 그렇게 되면 세상 사람들이 볼 때 우리는 마치 돈키호테 같아집니다. 세상과 반대로 살게 되기 때문입니다. 예수를 믿으면 세상과 생각이 달라야 합니다. 이것은 매우 큰 용기가 필요합니다.

20 "너희 안에 이 마음을 품으라 곧 그리스도 예수의 마음이니"(빌 2:5). 하나님이 그 마음을 우리에게 주셔서 하나님이 보고 좋다고 하시면 나도 좋고, 하나님이 보시고 마음 아파하시면 나도 마음이 아파지고, 하나님이 감동하시면 그 마음으로 나도 감동이 됩니다. 내 마음이 그

리스도와 같아지는 것입니다. 이런 귀한 걸 우리가 받았었는데, 잃어버렸습니다. 하나님을 닮은 가치관을 다 잃어버려서 무엇이 정말 가치가 있는지를 모릅니다.

21 그래서 하나님께 대해서는 인색하고, 쓸데없는 일에는 시간과 돈과 마음을 다 씁니다. 하나님과 같은 가치관을 가지려 하면 하나님이 가치 있다고 하시는 일에 우리의 시간과 물질과 삶의 방향이 잡혀 있어야 하는데 우리의 가치관은 내 욕심과 세상으로 향해 있습니다. 하나님의 가치관을 가지고 하나님의 의를 이루기 위해서 예수님을 믿는 게 아니라 "하나님, 나 저거 갖고 싶은데 저 사람들보다 빨리 갖게 해 주시고, 많이 갖게 해 주세요"라고 기도로 조릅니다.

가치관이 변하자 예수님 외의 모든 것이 관심 밖이다

22 그런데 사도 바울은 "내 주 그리스도 예수를 아는 지식이 가장 고상하기 때문이라"(빌 3:8)라는 표현을 씁니다. 이것은 가치관이 바뀌었다는 걸 말합니다. 명품 가방이나 고급 차가 고상한 게 아니고 예수님과 생각이 같아지고 영의 생각을 하다 보니까 예수님이 제일 귀하고 그분을 아는 지식을 가장 고상하게 여기게 된 것입니다. 그러다 보니 명품 가방 같은 것들은 있으면 좋지만 없어도 상관없어지고, 나중에는 배설물로까지 여기게 되는 것입니다.

23 오직 그의 욕심은 하나님의 나라와 하나님이기에 바울은 명품 사러 쫓아다니는 사람처럼 전도하러 다녔습니다. 성지순례 가보면 그가 그런 마음으로 다녔다는 걸 알 수 있습니다. 그렇게 사는 데 결코 정죄함이 있겠습니까? 있을 수가 없을 것입니다.

24 바울도 정죄 받을만한 죄가 있었습니다. 하지만 그의 생각이 바뀌어 하나님의 생각대로 살 때 하나님이 그를 얼마나 예쁘게 보셨을까요? 그럴 때 어떻게 정죄함이 있겠습니까? 우리가 찔림을 받는 것은 죄인이기 때문입니다. 예수님 밖에 있기 때문입니다. 늘 육의 생각을 하고 살기 때문입니다. 우리는 밤낮 쓸데없는 것을 위해, 양식 아닌 것을 위해 은을 달아 주고, 배부르지 못한 것을 위해 수고합니다(사 55:2 참조).

25 교회를 분립 개척할 때의 일입니다. 경기도 어느 지방에서 시작하면서 예배당이 없어 학교를 빌려 예배를 드렸습니다. 그러다 누군가가 건물을 사서 헌당하였습니다. '높은뜻' 이름이 붙은 교회 중에 처음으로 자기 건물을 가진 교회가 나오게 된 것입니다. 인테리어 비용과 비품까지 그 분이 모두 책임져주셨습니다. 최소한 80-90억 원 되는 금액이었습니다. 아무리 부자라도 어려운 일이었지요.

26 그리고서 그 분은 교회 헌당 예배에도 참석하지 않으셨습니다. 대신 그 분의 아들이 예배에 참석하였습니다. 그런데 그 아들이 타고 온 차가 제 눈에 들어왔습니다. 100억 가까운 돈을 하나님 앞에 드릴 수 있으면 부자인데 국산 중형차를 타고 왔습니다.

27 감사패도 굳이 안 받겠다고 해서 제가 그 분께 전화를 했습니다. "오늘 예배를 잘 드렸습니다. 좋은 교회가 될 거예요. 감사합니다"라고 했더니 그 분이 오히려 "교회를 잘 세워주셔서 고맙습니다. 좋은 목사님을 보내주셔서 감사합니다"라고 인사를 했습니다.

28 우리는 '나를 위해서 무엇을 먹을까, 무엇을 입을까, 무엇을 마실까'에는 욕심을 부리면서도 하나님과 하나님의 일에 대해서는 매우 인색

합니다. 그런데 이런 생각이 바뀌어서 "이 정도만 먹고 입으면 돼, 다니는 데 불편 없으면 돼" 하고 우리를 위해서는 절제하고 절약하여 하나님이 기뻐하시는 일을 위해 써야 합니다.

예수님의 마음이 있는 곳에 우리의 마음이 있기를!

29 특히 요즘에는 뉴스를 들으면 마음이 많이 아픕니다. 쌀이나 김치를 훔쳐가는 좀도둑이 그렇게 많다고 합니다. 이런 도둑이 나올 만큼 세상이 어려울 때 '아, 어디 김치 없는 사람 없나, 쌀 떨어진 사람 없나' 하고 살펴야 합니다. 세상 것에는 관심이 없고 예수님의 마음이 있는 곳에 내 마음이 있도록, 내 생각의 방향을 바꿔서라도 예수님의 생각이 있는 곳에 함께하게 해야 합니다.

30 하나님이 사람을 창조하실 때 "우리의 형상대로" 만드셨다고 했습니다. 우리가 하나님을 닮았다는 거죠. 하나님도 눈이 두 개고, 코가 하나라고 하는 '신인동형론'을 얘기하는 사람도 있습니다. 그런데 그것은 중요한 것이 아닙니다. 외모가 닮았다는 게 아니라 영과 생각이 닮았다는 말씀이기 때문입니다. 마음이 꼭 닮았다는 것입니다.

31 사람들이 "저 사람은 생기가 있어. 저 사람은 생기가 없어"라고 하는 것은 얼굴에서 나타나는 외형적인 모습이 아니라 그 사람 내면의 영을 보고 하는 말입니다. 그런데 정말 아쉬운 것은 하나님이 주셨던 생기와 영을 우리가 잃어버리고 산다는 것입니다. 그러고 나서 육에서, 밖에서 사는 생활에 익숙해 있다는 게 안타깝습니다.

32 성령을 받는 가장 중요한 채널은 성경을 공부하는 것입니다. 말씀이 영 덩어리이기 때문입니다. 하나님의 영으로 기록되었으니까요. 성경

을 공부하면서 하나님의 영을, 하나님의 생각을, 하나님의 마음을, 하나님의 가치관을 배우는 것입니다. 우리 모두 하나님의 가치관으로 거듭나서 하나님과 마음이 하나 되기를 바랍니다.

CHAPTER **15**

믿음으로
넉넉히 이긴다

누가 정죄하리요 죽으실 뿐 아니라 다시 살아나신 이는 그리스도 예수시니 그는 하나님 우편에 계신 자요 우리를 위하여 간구하시는 자시니라 누가 우리를 그리스도의 사랑에서 끊으리요 환난이나 곤고나 박해나 기근이나 적신이나 위험이나 칼이랴 … 그러나 이 모든 일에 우리를 사랑하시는 이로 말미암아 우리가 넉넉히 이기느니라 내가 확신하노니 사망이나 생명이나 천사들이나 권세자들이나 현재 일이나 장래 일이나 능력이나 높음이나 깊음이나 다른 어떤 피조물이라도 우리를 우리 주 그리스도 예수 안에 있는 하나님의 사랑에서 끊을 수 없으리라 롬 8:34-39

고난은 누구에게나 있다

1 우리가 살아가는 이 세상에는 고난이 있습니다. 그런데 고난은 왜 생길까요? 고난의 이유가 뭘까요? 훈련의 목적으로 그 사람을 좀 더 성숙하게 하기 위한 고난이 있을 수 있고, 또 자기가 뿌린 죄의 삯 때문에 찾아오는 고난도 있습니다. 꼭 나의 죄 때문이 아니라 우리 인간의 죄 때문에 오는 징계의 고난도 있을 수 있습니다. "징계는 다 받는 것이어늘 너희에게 없으면 사생자요 친아들이 아니니라"(히 12:8)라고 했듯이 죄로 인한 고난이 있을 수 있다는 것입니다.

2 어쨌든 분명한 것은 우리는 살아가는 동안 고난을 피할 수 없다는 것입니다. 이유가 무엇이든 고난은 누구에게나 있습니다. 그런데 이 고난은 예수 믿는 사람에게만 있나요? 아니면 예수 안 믿는 사람에게만 있나요? 다 있습니다. 구별이 없습니다.

3 많은 사람들이 고난을 안 당하기 위해 예수를 믿는 경우가 있습니다. 미신을 믿는 사람들이 그렇습니다. 복 받고, 고난 피하기 위해 부적을 쓰고 미신을 믿습니다. 우리 역시 하나님께 이런 것들을 구할 수는 있습니다. 그러나 성숙한 그리스도인이라면 예수 믿어도 고난은 있다는 사실을 인식하고 살아야 합니다.

4 고난은 누구에게나 있습니다. 하나님은 믿는 자와 안 믿는 자 모두에게 햇빛과 비를 골고루 주십니다. 만약 제가 하나님이라면 햇빛도 예수 믿는 사람에게만 주고, 가물 때는 예수 믿는 사람에게만 비를 살짝 내려줄 것 같습니다. 그래야 다들 하나님을 믿지 않겠습니까? 이스라엘 백성이 출애굽할 때는 실제로 이런 역사로 인해 많은 사람들이 하나님의 능력을 알 수 있게 하셨습니다. 물론 이렇게 일하실 때도 있지만 하나님은 대체로 그렇지 않으십니다. 하나님이 비와 햇빛을 예수 안 믿는 사람에게도 동일하게 주시듯, 예수 믿는 자의 삶에도 반드시 고난이 있습니다.

5 그러면 회의가 생깁니다. "도대체 예수는 뭐하러 믿나? 도대체 하나님은 뭐하시는 분인가?" 하는 마음이 드는 것입니다. 하나님께 혼날까 봐 말을 못 해서 그렇지 마음속에는 대부분 이런 생각들이 있을 것입니다. 고난이 심해지면 "하나님 정말 계신 거 맞아? 하나님이 계시다면 그분이 전능하신 거 맞아? 전능하시다면 나를 사랑하시기는 하셔? 아니 알고 계시기는 하셔?" 이런 생각들이 올라옵니다.

6 그러나 우리가 꼭 알아야 할 것이 있습니다. 믿음은 고난을 당하지 않는 운을 제공하는 것이 아닙니다. "나는 재수 좋아서 그런 고난 안 당했어." 이런 운을 제공하는 것이 아닙니다. 그러니 예수 믿는다고 늘 재수가 좋은 것이 아닙니다. 예수 믿는다고 늘 운이 좋은 것도 아닙니다. 하나님은 세상 말로 '팔자' 같은 것을 만들어놓지 않으셨습니다. 그분은 우리를 자유롭게 만드셨습니다.

믿음은 고난을 이겨내는 힘이다

7 그러면 믿음은 뭘까요? 믿음은 고난을 이겨낼 수 있는 힘입니다. 똑같

은 고난을 당하더라고 믿음이 없으면 그 고난에 넘어질 수 있지만 믿음은 그 고난에 부딪쳐서 이겨내고 극복할 수 있는 힘이 됩니다. 즉 믿음이 있다고 고난이 없는 게 아니라 나중에 그 고난을 밀어붙여서 없어지게 하는 것입니다. 고난이 오더라도 '고난이 나에게 더 유익하다'라고 받아들이는 것이 믿음입니다.

8 우리는 어떤 모습을 보고 '믿음이 있다'고 이야기합니까? 그 믿음은 무엇을 향한 믿음입니까? 일단 하나님을 믿습니다. 그리고 그 하나님이 전지전능하신 창조주라는 것을 믿습니다. 또 그 전지전능하신 창조주 하나님이 나를 사랑하시는 분이라는 것을 믿습니다. 십자가에 친히 달려 돌아가실 만큼 우리를 완벽하게 사랑하신다는 것을 믿는 것입니다. 이것이 우리가 믿는 믿음입니다. 그런데 이 믿음이 어떻게 능력이 될까요?

9 고난을 당했습니다. 정말 힘이 듭니다. 고난만 보면 딱 죽고 싶습니다. 그러나 그런 와중에 고난을 바라보는 게 아니라 하나님께 집중합니다. 고난은 당했지만 하나님이 계신 것을 믿습니다. 내가 지금 왜 이런 고난을 당하는지 이유는 잘 모르겠습니다. 그러나 어쨌든 하나님을 믿습니다. 이러면 벌써 힘이 생깁니다. 고난 중에는 거짓말이 안 나옵니다. 고난 중에 "난 하나님을 믿어"라고 했다면 그건 능력입니다. 그리고 그 말과 고백이 가져다주는 힘으로 인해 고난은 벌벌 떨기 시작합니다.

10 한 단계 더 나아가 하나님이 천지를 창조하신 전지전능하신 분이심을 믿습니다. 그러니 지금 당하는 이 고난을 내가 이해하지 못해서 그렇지, 하나님이 무능하셔서 내게 감당하지 못할 고난을 주신 것이 아니

라는 확신이 생겨나기 시작합니다.

11 그 다음에 또 뭘 믿습니까? 하나님이 나를 영원부터 영원까지 사랑하
신다는 것을 믿습니다. 그렇다고 힘든 것이 안 힘들어지는 것은 아닙
니다. 고난은 그대로 있지만 생각이 바뀝니다. 그러면 버틸 힘이 생깁
니다. '훈련이면 연단 받으면 되는 것이고, 징계면 회개하면 되는 것
이다. 나는 이 고난 때문에 죽고 망할 사람이 아니다!' 하는 자신감이
생기기 때문입니다. 이것이 능력입니다.

고난 때에 약해지는 것은 흔들리는 믿음 때문이다

12 우리가 고난당할 때 약해지는 것은, 고난 때문이 아니라 믿음 때문입
니다. 믿음이 흔들리기 때문에 견디기 힘든 것입니다. 고난 중에 '하
나님 정말 계신 것 맞아? 하나님은 전지전능하시다면서 뭐가 이래? 하
나님이 날 사랑하시기는커녕 날 알기는 아실까?' 하며 의심하기 시작
하면 약해집니다. 이것은 믿음 때문에 흔들리는 것이지 고난 때문에
흔들리는 것이 아닙니다.

13 사람들은 고난이 닥쳐오면 그 고난을 해결하기 위해 온갖 방법을 다
짜냅니다. 그러나 고난을 제쳐두고 믿음에 더 집중하게 되면 어느덧
고난은 잊고 맙니다. 고난을 이길 수 있는 힘은 고난 속에 없습니다.
고난을 생각하면 점점 힘만 더 빠집니다.

14 베드로가 예수님을 바라볼 때는 바다를 걸을 수 있었지만, 풍랑을 보
자 두려움이 생기면서 물에 빠져버렸습니다. 누구나 똑같습니다. 고
난이라는 풍랑을 바라보며 이길 사람은 없습니다. 예수님을 바라보니
까 자기도 모르는 사이에 걷게 되는 것입니다.

15 이 믿음이 우리를 구원합니다. 하나님은 계십니다. 그것은 부인할 수 없습니다. 하나님은 천지를 창조하신 분입니다. 그 하나님이 우리를 사랑하십니다. 이것이 우리의 믿음입니다. 하나님이 계신데 무지무능하시다면 어떻겠습니까? 또 전지전능하시지만 나를 사랑하지 않으신다면 어떻게 하겠습니까? 큰일 나는 것입니다. 그런데 하나님은 계시며, 전지전능하시고, 나를 사랑하십니다. 이 믿음이 당연한 것 같고 사소한 것 같지만 수많은 믿음의 위인들이 이 믿음을 가지고 버텼습니다.

16 예수님은 이렇게 말씀하셨습니다. "세상에서는 너희가 환난을 당하나 담대하라 내가 세상을 이기었노라"(요 16:33). 저는 이 말씀이 정말 좋습니다. 하나님이시기 때문에 이깁니다. 하나님이 이기시면 우리도 이깁니다. 이 말씀이 그런 의미입니다. "넌 내 아들이야. 내가 너와 함께할 테니 넌 걱정 마. 내가 이겼으니까 걱정할 것 없어."

하나님께도 믿음이 있으시다

17 "환난을 당하나 담대하라 내가 세상을 이기었노라." 이 말씀에서 우리가 분명히 알아야 할 것이 있습니다. 하나님이 우리에게 고난을 허락하실 때 하나님께도 우리를 향한 믿음이 있으시다는 것입니다.

18 하나님이 욥에게 고난을 허락하실 때, 하나님께는 "욥은 이겨낼 거야" 하는 믿음이 있으셨습니다. 하나님은 우리가 고난당할 때 그 고난을 이겨낼 수 있는 힘을 이미 주셨습니다. 그래서 "내가 이미 너희에게 능력을 주었으니까 두려워하지 말고 담대해"라고 말씀하십니다.

19 "아무것도 염려하지 말고 다만 모든 일에 기도와 간구로, 너희 구할 것

을 감사함으로 하나님께 아뢰라 그리하면 모든 지각에 뛰어난 하나님의 평강이 그리스도 예수 안에서 너희 마음과 생각을 지키시리라"(빌 4:6,7). 염려할 시간에 하나님을 믿는 믿음으로 기도하라는 것입니다.

20 이렇게 보면 고난당할 때가 기회가 맞습니다. 고난이 없을 때는 할 수 없던 것을 할 수 있는 기가 막힌 기회입니다. 고난의 때에만 할 수 있는 것이 있습니다.

고난은 기도할 기회이다

21 일단 고난은 기도할 기회입니다. 고난의 때에는 기도하게 되어 있습니다. 사실 새벽기도, 힘듭니다. 철야기도, 피곤합니다. 금식기도, 배가 고픕니다. 그러나 고난의 때에는 안 힘듭니다. 금식 안 해도 밥이 안 들어가고, 철야 안 해도 잠이 안 오기 때문입니다. 밥 들어가고 잠 온다는 것은 아직 살만하다는 것이지요. 그러니 기도하기 얼마나 좋습니까? 그래서 우리는 고난이 올 때 그것을 기회로 삼고 부르짖어야 합니다.

22 높은뜻하늘교회가 분립 개척할 때, 그 교회의 담임목사로 임명된 분이 간이 안 좋으셨습니다. 간이 얼마나 안 좋은지 간경화로 진행되어 오래 살지 못하겠다는 생각이 들 정도였습니다. 그래서 그 분에게 교회를 맡기기 전에 교회 성도님으로 계시던 의사 장로님들께 진단을 부탁드렸습니다. 교회 사역을 감당하지 못할 정도로 건강이 좋지 않은 분을 담임목사로 보낼 수는 없었기 때문입니다. 그랬는데 놀랍게도 모든 것이 정상이라는 결과가 나왔습니다. 지금까지의 과정을 아는 모든 사람들은 그 일이 기적이라는 것을 알았습니다. 그래서 높은뜻하늘교회 담임목사로 파송을 했습니다.

23 그런데 그 기적이 우연히 일어난 것이 아니었습니다. 그 목사님이 간
증을 하는데, 병이 진행되어가고 있는 암담한 상황에 아직 어린 자녀
들 다섯 명과 아내의 얼굴을 보니 그저 답답하기만 하더랍니다. 그래
서 기도원에 들어가 일주일 간 금식을 했습니다. 금식 마지막 날에는
이렇게 기도했다고 합니다. "하나님, 제가 목사이지만 지금까지 저만
을 위해 살았습니다. 이제 하나님을 위해 살겠습니다. 하나님, 살려주
세요! 하나님, 살려주세요!" 인간적인 마지막 자존심까지 모두 다 내
려놓고 그렇게 살려달라고 부르짖었다고 합니다. 이런 기도는 죽게
되지 않으면 할 수 없는 기도입니다.

24 그러자 기적이 일어난 것입니다. 하나님이 그 목사님을 살려주셨습니
다. 기도원을 나와서도 자기가 나은 줄을 몰랐는데 교회 파송을 앞두
고 검진을 해보니 깨끗하게 회복된 것입니다. 그 후에 그 목사님에게
는 더 큰 능력이 생겼습니다. 그것이 새로 목회할 수 있는 능력이 되
었습니다. 이처럼 고난은 기도할 기회입니다. 간절함으로 부르짖을
절호의 찬스입니다.

고난은 회개와 성숙의 기회이다

25 두 번째로, 고난당할 때는 자신을 돌아볼 수 있는 기회입니다. 사업이
잘되어 하나님을 멀리 떠났다가 부도 맞아서 감옥에 들어가 하나님을
다시 만나게 된 장로님이 있습니다. 하나님이 왜 잘나가던 그 장로님
을 부도 맞게 해 감옥에 들어가게 하셨을까요? 지금 자신이 제대로 된
길을 가고 있는지 돌아보고 회개할 기회를 주시기 위해서입니다. 그
장로님은 모든 것을 다 잃고 감옥에 들어가서야 자신이 돈 좀 번다고
하나님을 버렸던 지난날을 돌아보고 회개했습니다. 깨닫고 회개하자

고난이 끝나버렸습니다. 하나님이 그 목적을 위해 고난을 주셨기 때문입니다.

26 하나님은 마음이 아프서도 사랑하는 자녀를 위해서 몽둥이를 드셨는데, 자녀가 깨달으니 이제 그 몽둥이가 미우신 겁니다. 자녀를 아프게 했으니 말입니다. 그래서 바로 몽둥이를 꺾으시는 것이지요. 따라서 우리는 고난이 훈련일 수도 있지만 내 잘못에 대한 징계일 수도 있다는 것을 늘 인정하고 하나님 앞에 부끄러운 것이 없는지 자신을 돌아보고 살펴야 합니다. 그럴 때 고난이 기회가 됩니다.

27 세 번째로, 고난은 우리가 성숙해지는 기회입니다. 고난당하는데 그 이유도 알기 전에 고난이 물러나 버린다면 억울합니다. 그래서 우리는 하나님의 뜻과 목적을 알기 위해 물으며 기도해야 합니다. 그리고 그 기회를 통해 우리가 더 강건해지고 성숙해질 수 있기를 기도해야 합니다. 하나님의 지혜를 배우는 기회가 되기를 기도해야 합니다.

고난은 하나님께 영광 돌릴 기회이다

28 또한 고난은 하나님께 영광 돌릴 수 있는 절호의 기회입니다. 사람의 제일가는 목적은 하나님을 영화롭게 하는 것입니다. 성경 인물 중에서 하나님을 가장 영화롭게 한 인물로 꼽고 싶은 사람은 욥입니다. 사탄 앞에서 한 욥의 고백은 하나님을 무한히 영화롭게 하였습니다. "주신 이도 여호와시요 거두신 이도 여호와시오니 여호와의 이름이 찬송을 받으실지니이다"(욥 1:21).

29 사탄은 욥에 대해 뭐라고 참소했습니까? "욥이 하나님을 경외하는 것은 하나님이 그에게 복으로 산을 둘러주셨기 때문입니다!" 그러나 욥

은 사탄의 이와 같은 참소를 보기 좋게 무너뜨렸습니다. 고난 중에 하나님께 돌리는 영광이 최고입니다. 고난 중에 하나님 믿는 것이 최고입니다. 부요하고 복 받았을 때 하나님께 감사하는 것도 물론 좋습니다. 그러나 힘들고 어려운 중에도 하나님을 부인하지 않고 "하나님을 믿습니다. 하나님이 저를 사랑하신다는 것을 믿습니다. 이 고난 중에도 하나님의 뜻을 신뢰합니다" 하고 올려드리는 고백이 하나님을 정말 영화롭게 하며 기쁘시게 합니다.

30 본문의 사도 바울의 고백도 마찬가지입니다. "누가 우리를 그리스도의 사랑에서 끊으리요 환난이나 곤고나 박해나 기근이나 적신이나 위험이나 칼이랴 기록된 바 우리가 종일 주를 위하여 죽임을 당하게 되며 도살 당할 양같이 여김을 받았나이다 함과 같으니라 그러나 이 모든 일에 우리를 사랑하시는 이로 말미암아 우리가 넉넉히 이기느니라"(롬 8:35-37).

31 환난, 곤고, 박해, 기근, 적신, 위험, 칼…. 나열된 고난이 정말 다양합니다. 한술 더 떠서 "주를 위하여 죽임을 당하게 되며 도살 당할 양같이 여김을 받았나이다"라고 고백합니다. 이 이상의 고난은 없을 것 같습니다. 정말 최악입니다. 그런데 '그러나'로 이어지는 고백에서 기막힌 반전이 일어납니다. 이 모든 고난 중에도, 더 이상 없을 것 같은 이 극심한 고난 중에도 우리를 사랑하시는 이로 말미암아 우리가 넉넉히 이긴다는 것입니다.

32 겨우, 간신히 이기는 것이 아닙니다. "넉넉히 이기느니라." 하나님이 바울의 이 고백을 들으시고 얼마나 기쁘셨을까요? 얼마나 예쁘셨을까요?

33 하나님께 돌릴 수 있는 최고의 영광은 편안할 때 드리는 것이 아닙니다. 물론 편안할 때 감사하는 것도 하나님이 받으십니다. "감사로 제사를 드리는 자가 나를 영화롭게 하나니"(시 50:23)라는 말씀도 있듯이 말입니다. 그러나 그것은 고난 중에 하나님을 굳게 믿는 믿음으로 돌리는 영광과는 비교할 수 없습니다.

34 사탄은 고난 중에 욥의 아내가 그랬던 것처럼 우리가 "하나님을 욕하고 죽어라!" 하기를 바랍니다. 그런데 우리가 낙심하지 않고 오히려 "주신 이도 여호와시요 거두신 이도 여호와시오니 여호와의 이름이 찬송을 받으실지니이다"(욥 1:21)라고 고백하면 사탄은 완전히 죽을 맛이 되고, 하나님은 어깨를 들썩이며 기뻐하실 것입니다.

35 물론 고난을 당할 때 하나님께 영광 돌린다는 것이 말처럼 쉽지는 않습니다. 그렇기 때문에 평안의 때에 끊임없이 하나님을 묵상하고 하나님의 말씀을 묵상하는 동시에 하나님께 기도해야 합니다. "하나님, 제가 크던 작던 고난을 당하게 되면 자신은 없지만 이렇게 살고 싶습니다. 하나님께 영광 돌리고 싶습니다. 그럴 수 있도록 도와주세요." 평소에 그렇게 쌓아놓은 내공이 힘들 때 꽃을 활짝 피울 것입니다.

36 "누가 우리를 그리스도의 사랑에서 끊으리요 환난이나 곤고나 박해나 기근이나 적신이나 위험이나 칼이랴 기록된 바 우리가 종일 주를 위하여 죽임을 당하게 되며 도살 당할 양같이 여김을 받았나이다 함과 같으니라 그러나 이 모든 일에 우리를 사랑하시는 이로 말미암아 우리가 넉넉히 이기느니라 내가 확신하노니 사망이나 생명이나 천사들이나 권세자들이나 현재 일이나 장래 일이나 능력이나 높음이나 깊음이나 다른 어떤 피조물이라도 우리를 우리 주 그리스도 예수 안에

있는 하나님의 사랑에서 끊을 수 없으리라"(롬 8:35-39). 우리 모두 이 믿음 가지고 승리하기를 바랍니다!

믿음으로 승리한 사람들

37 실제로 이런 믿음을 가지고 살았던 사람들이 성경에 참 많습니다. 또 지난 교회의 역사 속에도 많았고, 오늘날 현실을 살아가는 사람들 중에도 많습니다. 중요한 것은 우리 모두 그런 사람이 되어야 한다는 것입니다.

38 요셉은 말도 못할 고난을 당하면서도 하나님을 의심하거나 원망하지 않았습니다. 그리고 나중에 자신을 애굽에 판 형들 앞에서는 이렇게 고백했습니다. "형들이 저를 판 것이 아닙니다. 하나님이 저를 미리 보내신 것입니다." 하나님을 향한 믿음이 있었기에 가능한 고백입니다. 그 믿음이 있었기 때문에 요셉은 고난 중에도 넘어지지 않을 수 있었습니다.

39 다윗 역시 그 삶에 고난이 만만치 않았습니다. 우리가 많이 아는 다윗의 시 중에 가장 유명한 것이 시편 23편일 것입니다. "여호와는 나의 목자시니 내게 부족함이 없으리로다 그가 나를 푸른 풀밭에 누이시며 쉴 만한 물 가로 인도하시는도다"(시 23:1-2).

40 또한 다윗은 "사망의 음침한 골짜기로 다닐지라도" 두려워하지 않는다고 고백합니다(시 23:4). 실제로 다윗은 사망의 음침한 골짜기를 다녔습니다. 사울에게 쫓겨 다니고 아들에게까지 반역당해 쫓겨난 다윗이 무슨 살맛이 났겠습니까? 그런데도 다윗은 끝까지 하나님을 믿었습니다. 다윗은 아들 압살롬에게 반역당했을 때 맨발로 고개를 숙이

고 울면서 갔습니다. 아들의 반역이 무슨 자랑거리라고 고개를 들고 다니겠습니까?

41 그런데 그때 고백한 시가 무엇인지 아십니까? "여호와여 주는 나의 방패시요 나의 영광이시요 나의 머리를 드시는 자이시니이다"(시 3:3). 다윗은 정말 놀라운 믿음을 고백했습니다. 이때 하나님이 영광을 받으십니다. 모두가 다 끝이라고 할 때, 수치심에, 절망감에 도저히 머리를 들 수 없을 그때 "하나님은 나의 방패요 나의 머리를 드시는 자요 나의 영광이십니다!"라고 고백한 것입니다.

42 마틴 루터가 종교개혁을 하다가 재판을 앞두고 두려워 떨 때 그의 부인이 상복을 입고 촛불을 켰다고 합니다. 그래서 루터가 "누가 죽었소?"라고 묻자 부인은 "하나님이 돌아가셨어요"라고 말했습니다. 루터는 화를 벌컥 냈습니다. "하나님이 돌아가셨다니! 이런 망발이 어디 있소?" 그러자 부인은 "두려워 떠는 당신 모습을 보니 하나님이 돌아가신 것이 틀림없어요"라고 대답했다고 합니다.

43 아내의 그 말을 듣고 루터는 마음을 믿음으로 새롭게 하고 재판을 받으러 갔습니다. 그때 작사한 찬송시가 이것입니다. 〈내 주는 강한 성이요〉. 바로 이것이 믿음입니다. 바울이 고백한 것처럼 "누가 우리를 그리스도의 사랑에서 끊으리요 … 이 모든 일에 우리를 사랑하시는 이로 말미암아 우리가 넉넉히 이기느니라"라는 것을 확신하는 것이 믿음입니다.

44 우리 가운데 지금 환난이나 곤고나 박해나 기근이나 위험이나 적신이나 칼이나 죽음의 위기 가운데 처한 분들이 있을 것입니다. 그러나 이

모든 일에서 우리는 우리를 사랑하시는 이로 말미암아 넉넉히 이길 수 있습니다! 이 고백은 고난의 때가 아니면 돌릴 수 없는 최고의 영광입니다. 이 믿음으로 우리 모두 승리하기를 바랍니다.

faith ; book

Part 4

구원받은 자의 삶, 구원의 목적을 이루는 삶

CHAPTER 16

우리에게 주어진 몫,
구원을 이루는 삶을 살라

토기장이가 진흙 한 덩이로 하나는 귀히 쓸 그릇을, 하나는 천히 쓸 그릇을 만들 권한이 없느냐 만일 하나님이 그의 진노를 보이시고 그의 능력을 알게 하고자 하사 멸하기로 준비된 진노의 그릇을 오래 참으심으로 관용하시고 또한 영광 받기로 예비하신 바 긍휼의 그릇에 대하여 그 영광의 풍성함을 알게 하고자 하셨을지라도 무슨 말을 하리요 이 그릇은 우리니 곧 유대인 중에서 뿐 아니라 이방인 중에서도 부르신 자니라 호세아의 글에도 이르기를 내가 내 백성 아닌 자를 내 백성이라, 사랑하지 아니한 자를 사랑한 자라 부르리라 너희는 내 백성이 아니라 한 그 곳에서 그들이 살아 계신 하나님의 아들이라 일컬음을 받으리라 함과 같으니라 **롬 9:21-26**

구원의 종교

1 예정론이라고 들어보셨습니까? 하나님이 어떤 사람은 구원 받도록, 어떤 사람은 멸망 받도록 예정하셨다는 것으로, 구원에 관한 교리입니다.

2 기독교는 구원의 종교입니다. 예수님을 믿으면 병 고침이나 물질의 복과 같은 것들을 받을 수도 있습니다. 그러나 가장 중요한 것은 구원을 받는 것입니다. 다른 어떤 것도 구원과 비교할 수 없습니다.

3 그 중요한 구원을 어떻게 얻을 수 있습니까? 로마서 9장에서 사도 바울은 '구원은 전적인 하나님의 능력이고 권한'이라고 말합니다. 인간에게는 자신을 구원할 만한 능력이 전혀 없습니다. 즉, 인간은 구원에 관한 한 전적으로 무능력합니다. 이러한 '전적 무능력의 교리'는 예정론에서 가장 중요한 부분입니다.

4 바울이 예정론을 변호하는 이유가 무엇입니까? 바리새인과 같은 율법주의자들은 "율법을 지켜야만 구원을 얻는다"고 주장했습니다. 그렇다는 것은 구원에 있어서 인간에게도 어떤 역할이 주어졌다는 것입니다. 하나님이 아무리 우리를 구원하려고 하셔도 우리가 율법을 지키지 않는다면 구원 받을 수 없다고 여겼기 때문입니다.

5 하지만 바울은 그렇지 않다고 말합니다. 그는 로마서 전반에 걸쳐 율법으로 구원 얻는다는 것을 끝까지 부인합니다. 그러면서 우리가 율법을 다 지킬 수도 없지만 설령 율법을 지킨다 해도 그것이 어떻게 구원의 능력이 될 수 있느냐고 말합니다. 율법을 행하는 것은 구원의 조건이 되거나 특별한 능력이 되지 못합니다.

6 바울은 그 예로 하나님이 아브라함을 부르시고 언약을 주신 때가 할례를 받기 전인지 후인지를 질문합니다. 하나님은 아브라함이 할례를 받기 전에 이미 그를 택하시고 복을 주셨습니다. 할례의 행위를 보신 후에 "이제 내 말을 잘 들으니 너를 택해야겠구나"라고 하신 것이 아닙니다.

7 야곱과 에서의 경우도 마찬가지입니다. 하나님은 그들이 무슨 선이나 악을 행하기 전에 미리 야곱을 택하셨습니다. 따라서 구원은 하나님의 전적인 주권에 관한 일이며, 그에 있어서 우리의 역할은 없다는 것을 알 수 있습니다. 하나님은 인간이 행하는 것을 보시고 어떻게 하실지 결정하시는 분이 아닙니다.

8 구원은 율법으로 얻는 것이 아니라 믿음으로 얻습니다. 이것이 로마서의 큰 주제입니다.

9 우리 아이가 어려서 물에 빠진 적이 있는데, 저는 그 아이가 "아빠" 하고 외치는 소리에 얼른 가서 구해주었습니다. 그날 아들이 물에서 건짐 받은 것은 아이가 착했기 때문이거나, 공부를 잘했기 때문이거나, 말을 잘 들었기 때문이 아닙니다. 아빠를 불렀기 때문입니다.

10 구원은 믿음으로 얻는 것입니다. 율법의 행함으로 구원을 얻는 것이

아닙니다. 우리가 "하나님!" 하고 그분의 이름을 부르는 것이 믿음입니다. "누구든지 주의 이름을 부르는 자는 구원을 받으리라"(롬 10:13). 그 이름을 부르고 안 부르고의 선택은 나에게 있습니다. 믿음은 선택입니다. 그리고 그 선택은 인간에게 자유의지가 있기 때문에 가능한 것입니다.

11 그렇다면, 아무리 예수님이 십자가에 달려 돌아가셨다고 해도 내가 안 믿으면 구원을 못 얻는 것일까요? 믿음이 내가 선택하는 것이라면, 인간이 구원에 관한 한 전적으로 무능력하다고 말하기에는 좀 문제가 있는 것 아닙니까? 결국 율법주의자가 율법을 지켜야 구원을 얻는다고 말하는 것과 마찬가지 아닐까요?

12 하나님이 구원에 관한 권한을 가지고 계시다는 것을 부정하는 사람은 아무도 없습니다. 지금 여기에서의 논쟁점은 그것이 '전적으로' 하나님의 권한이고, 우리는 '전적으로' 권한이 없는 것인가 하는 부분입니다. 그래도 우리에게 단 1퍼센트라도 뭔가 있다는 것이 더 타당해 보이지 않습니까?

1퍼센트에 대한 논쟁

13 그렇다면 어느 쪽이 맞을까요? 이에 대한 신학적 논쟁은 구원에 있어서 인간은 전적으로 무능력하다고 보는 '칼빈주의'와 인간에게 자유의지가 있는 만큼 책임이 있다고 보는 '알미니안주의', 두 종류가 있습니다. 후자의 경우 역시 예수님의 십자가와 고난의 공로를 부인하는 것은 아닙니다. 다만, 인간에게도 조금의 권한과 책임이 따른다는 것입니다.

14 제가 장로교 목사여서 그런지 모르겠지만, 저는 성경이 구원은 전적
으로 하나님의 것이라고 말한다고 봅니다. 우리가 하나님을 택한 것
이 아니라 하나님이 우리를 택하셨습니다. 여기서 인간의 선택은 없
어지고 하나님의 선택하심으로만 구원이 이루어진다는 예정론이 나
왔습니다.

15 하나님이 어떤 사람은 구원을 얻도록, 어떤 사람은 멸망을 받도록 예
정하셨다는 것입니다. 여기에서 우리는 아무것도 한 일이 없습니다.
그런 게 어디 있느냐고 따지고 싶지만, 본문의 토기장이 비유를 내밀
면 할 말이 없어집니다. "토기장이가 이 그릇도 만들고 저 그릇도 만
드는 것이 당연한 일인데, 질그릇이 왜 나를 이렇게 만들었냐고 토기
장이에게 따질 수 없다"는 것입니다. 이런 논리 때문에 본문의 토기장
이 비유가 예정론이나 구원론에 있어서 쟁점이 되어왔습니다.

16 제가 볼 때 구원이 전적으로 하나님의 권한이라는 것은 맞습니다. 그
러나 저는 토기장이 비유가 구원에 관한 말씀은 아니라고 봅니다. 구
원은 하나님의 전적인 주권입니다. 그런데 그렇게 되다 보니, 인간에
게는 믿음이든 행함이든 선택할 권리가 없어집니다. 그러면 자유의지
도 없어야 합니다. 그런데 본래 인간에게는 자유의지가 있었습니다.
하나님이 주셨습니다. 그것이 왜 없어졌을까요? 타락했기 때문입니
다. 예정론에서는 그렇게 논리적으로 맞춰갑니다.

17 하나님의 선택하심으로 구원이 이루어지는데, 어떤 사람은 구원을 얻
고 어떤 사람은 구원을 못 얻습니다. 어떤 사람은 천당에 가고 어떤
사람은 지옥에 갑니다. 이것은, 어떤 사람은 구원받도록 어떤 사람은
멸망 받도록 하나님이 선택하셨기 때문이라는 것이 예정론의 논리입

니다. 그것이 토기장이이신 하나님의 전적인 주권이며, 우리는 그에 대해서 "왜 나를 구원했느냐, 왜 나는 구원하지 않았느냐?"라고 따질 수 없다는 것입니다. 그런데 문제가 있습니다.

18 이런 예정론이 되면 하나님 입장에서는 좀 곤란하실 것 같습니다. 구원의 권한이 전적으로 하나님께 있다는 것을 명확히 한다는 것이 예정론의 장점이지만, 그렇게 되면 하나님이 '잔인하신 하나님'이라는 오명을 쓰게 되십니다. 구원에 대한 권한도 하나님께 있지만 멸망에 대한 책임도 하나님께 있기 때문입니다.

19 예정론의 견해로 본다면, 멸망 받는 사람에게 무슨 책임이 있습니까? "하나님, 난 죄 없어요. 하나님의 권한이니 내가 하나님께 항의는 못하지만 그냥 난 재수 없게 하나님께 찍힌 것뿐이라고요!" 하나님께 전적인 권한을 드리려다가 하나님을 '잔인한 하나님'으로 만들어버렸고, 인간에게는 엉뚱한 변명거리를 주었습니다.

자유의지에 대한 오류

20 왜 이런 문제가 생겼을까요? 인간에게 주어진 자유의지를 '능력'으로 보았기 때문입니다. 자유의지를 인간이 무언가를 선택할 수 있는 능력으로 이해했기 때문에 이런 오류가 생겼습니다. 그러므로 이 부분을 한 번 더 점검해볼 필요가 있습니다. 과연 인간에게 주어진 자유의지가 능력이나 권한인 것일까요? 구원에 관한 한 그렇지 않다고 봅니다.

21 앞에서 살펴본 것처럼, 누가복음 15장에 나오는 '탕자의 비유'에서 구원의 키(key)는 탕자가 아닌 아버지에게 있었습니다. 탕자는 아버지

가 죽고 난 다음에 자신에게 돌아올 몫의 재산을 미리 달라고 아버지에게 요구합니다. 그것은 "아버지, 어서 죽으세요"라는 것과 마찬가지입니다. 아버지를 생매장한 것이나 같지요.

22 그렇게 아버지를 버리고 돈만 들고 집을 떠난 아들은 허랑방탕하게 살다가 다 죽게 되었습니다. 죄의 삯은 사망입니다. 그리고 그 사망의 자리에서 살아나는 것이 '구원'입니다. 그 구원이 어떻게 시작되었습니까? '아, 내가 이대로 있다가는 죽겠구나!' 하는 깨달음에서 시작되었습니다. 이 사실이 굉장히 중요합니다.

23 '아버지를 떠나 죄 지으며 살면 죽는구나. 나는 멸망 받겠구나. 살아야 되겠는데…, 아버지께로 돌아가자!' 그때 아들은 깨달았습니다. 그는 자신의 죽음이 어디서부터 시작되었는지 알았습니다. 아버지를 떠났기 때문에 죽게 된 것을 알았습니다. 그래서 아버지에게로 돌아가자고 생각했습니다. 그리고 진짜로 돌아갔습니다. 아버지에게로 돌아간 그는 구원을 얻었습니다.

24 아들이 깨닫지 못해 돌아가지 않았다면 구원을 얻었을까요? 못 얻었습니다. 그러면 그 책임은 누구에게 있습니까? 아들입니다. 멸망의 책임은 아버지가 아니라 아들에게 있습니다. 만일 아들에게 자유의지가 없어서 그냥 운명적으로 집을 떠나야 했다면 아들에게는 책임이 없을 것입니다. 하지만 그것을 선택한 것은 아들 자신입니다. 아버지가 원한 것이 아니었습니다.

25 그렇다고 집으로 돌아간 것이 능력은 아닙니다. 그것은 책임을 다한 것뿐이고, 구원은 아버지가 돌아온 아들을 용서하고 끌어안았을 때

이루어졌습니다. 아들이 돌아갔다고 해도 아버지가 받아주지 않았다면 구원은 없었습니다.

26 또한 죄 짓고 아버지를 떠났던 아들이 다시 돌아간 것이 의(義)가 될 수는 없습니다. 떠났다가 돌아왔으니 원점입니다. 그걸 가지고 "내가 안 돌아왔으면 아버지가 나를 어떻게 구원할 수 있었겠어?"라고 말한다면 정말 웃기는 일입니다. 그런데도 우리는 자주 그런 착각을 합니다. "내가 회개 안 했으면 하나님이 용서 못하셔." 자기가 죄를 지어 놓고 자기가 회개한 게 무슨 의가 되겠습니까? 당연히 할 일을 한 것뿐입니다. 그건 능력이 될 수 없습니다. 우리가 회개했을 때 "고맙다, 사랑한다" 하시며 끌어안아주시는 분의 능력과 그분이 당하신 고난 때문에 우리가 구원을 얻는 것입니다.

27 이처럼 책임과 능력은 다릅니다. 그런데도 사람들은 책임이 있다면 능력도 있는 것으로 보고, 이 둘을 떼어놓지 못합니다. 칼빈주의에서는 자유의지가 있다면 책임을 져야 하고, 책임이 있다면 능력도 있는 것이라고 여깁니다. 그래서 자유의지를 능력으로 풀었습니다. 그러나 저는 자유의지는 책임을 위한 것이지 능력을 위한 것이 아니라고 봅니다.

28 물론 하나님을 선택하는 것은 우리입니다. 그러나 그것은 우리의 도리일 뿐, 그걸 가지고 구원 얻는데 한 몫 했다고 말할 수는 없습니다. 조건은 되지만 능력은 안 됩니다. 이렇게 능력과 책임을 구별하면 굳이 자유의지를 부인할 필요가 없어집니다. 자유의지를 살려주면 선택이 살아나고 인간의 선택을 인정하게 됩니다. 그러면 예정론처럼 어떤 사람은 하나님이 구원 얻도록, 어떤 사람은 멸망 받도록 예정하셨

다는 논리를 만들어낼 필요가 없습니다.

29 거듭 말하지만, 구원의 능력은 하나님께 있습니다. 인간이 자유의지로 하나님을 선택했다고 해서 그것이 구원의 능력이 될 수는 없습니다. 그러나 멸망의 책임은 우리에게 있습니다. 이 땅에서 인간이 고난 당하고 죽게 되고 망하게 되고 상처받는 일은 나 때문이지 하나님 때문이 아닙니다. 그 책임을 하나님께 돌릴 수는 없습니다. 우리를 살리시기 위해서 십자가까지 지신 분에게 멸망의 책임을 돌린다는 것은 말이 안 됩니다.

선택권을 주신 사랑

30 예수는 자유를 의미합니다. 하나님은 우리에게 자유를 주고 싶어 하십니다. 사랑하기 때문입니다. 사랑하지 않으면 구속합니다. 사실, 사랑하고 자유를 주면 골치 아파집니다. 종을 부리듯 내 마음대로 "가, 안 돼, 멈춰"라고 명령하면 얼마나 편하겠습니까? 하지만 사랑하면 말을 너무 안 들어서 속이 다 썩으면서도 함부로 대하지 않습니다. 사랑은 절대 인간을 구속하지 않습니다. 하나님은 사람이 순종할 때만 자유를 주시는 것이 아니라 말을 듣지 않을 때도 주십니다.

31 제가 좋아하는 말씀 중에 하나가 요한계시록 3장 20절입니다. "내가 문 밖에 서서 두드리노니 누구든지 내 음성을 듣고 문을 열면 내가 그에게로 들어가 그와 더불어 먹고 그는 나와 더불어 먹으리라." 하나님이 문을 두드리십니다. 만약 인간에게 자유의지가 없다면 그냥 벌컥 문을 열고 들어가시면 되겠지만, 하나님은 꼭 두드리십니다. 우리에게 물어보신다는 뜻이지요. "나 들어가고 싶어. 들어가도 되니?" 그러고는 우리가 "예"라고 대답할 때까지 기다리십니다.

32 하나님이 인간을 기다리십니다. 기다리는 동안에는 하나님이 인간에게 거부당하시는 것입니다. 그 초라함을 감수하시면서 하나님은 우리에게 자유를 주셨습니다. 우리를 사랑하시기 때문에 자유를 주셨습니다.

33 그렇기에 인간에게 주어진 자유를 부인한다는 것은 하나님의 사랑을 부인하는 것과 같습니다. 하나님은 인간에게 그분을 거부할 자유까지도 주셨습니다. 하나님이 바보 같아서 힘들 것을 알면서도 우리에게 자유를 주셨을까요? 하나님은 바보가 아니십니다. 그만한 가치가 있기 때문에 자유를 주신 것입니다.

34 선택의 자유가 없는 사람에게 선택받았다는 것은 선택 받은 게 아닙니다. 만약 싫어도 내가 요구하면 거부하지 못하는 노예와 결혼한다고 해봅시다. 행복할까요? 나를 거절할 수 있지만 내가 좋아서 나를 선택했을 때, 그리고 나도 그를 선택했을 때 사랑이 이루어지는 것입니다. 하나님도 그 선택과 사랑을 우리에게 받고 싶으신 것입니다. 명령하면 무조건 따르는 것을 원하시는 게 아닙니다.

35 "그리스도께서 우리를 자유롭게 하려고 자유를 주셨으니 그러므로 굳건하게 서서 다시는 종의 멍에를 메지 말라"(갈 5:1). 예수는 자유를 의미합니다. 하나님은 우리를 자유케 하십니다.

36 구원에 대한 하나님의 전적인 능력과 권한을 강조하려다가 인간의 자유의지를 부인하는 예정론까지 간 것은 제 견해로는 조금 지나치다는 생각이 듭니다. 하지만 저 역시 인간에게는 구원에 대한 권한이 없고 오직 하나님께만 있다는 데에는 철저히 동의합니다. 그리고 로마서에

서 사도 바울이 말하고자 하는 것 역시 그렇습니다. 다만, 저는 자유의지에서 책임과 능력을 따로 생각해야 한다는 의견인 것입니다.

무엇을 위한 선택인가?

37 예정론을 주장하는 분들이 성경적 근거로 삼는 대표적인 본문이 토기장이 비유입니다. 하지만 토기장이 비유가 예정론에 대한 근거가 되려면 '귀한 그릇'은 '구원', '천한 그릇'은 '멸망'으로 해석되어야 합니다. 하지만 24절에 보면 "이 그릇은 우리니 곧 유대인 중에서뿐 아니라 이방인 중에서도 부르신 자니라"라고 기록되어 있습니다. 즉, 바울은 귀한 그릇은 '유대인', 천한 그릇은 '이방인'으로 이야기하고 있습니다.

38 당시 유대인들의 사고방식으로는 유대인들은 구원 얻은 자들이고, 이방인은 버림받은 자들이니, 얼핏 보면 구원과 멸망에 대한 이야기가 맞는 것 같습니다. 그러나 그렇지가 않습니다.

39 이어지는 25,26절을 보십시오. "호세아의 글에도 이르기를 내가 내 백성 아닌 자를 내 백성이라, 사랑하지 아니한 자를 사랑한 자라 부르리라 너희는 내 백성이 아니라 한 그곳에서 그들이 살아 계신 하나님의 아들이라 일컬음을 받으리라 함과 같으니라."

40 이 비유에서 포커스는 귀한 그릇이 아니라 천한 그릇에 맞춰져 있습니다. 바울은 이방인을 위한 사도였습니다. 당시 멸망 받은 자로 여겨졌던 이방인에게도 구원이 있다는 주장이 바울에 의해서 설득력을 얻게 되었으며, 이방인이 예루살렘 총회에까지 올라가서 세례 받고 성령 받았다는 이야기도 나옵니다. 즉, 이방인도 구원을 얻었다는 이야

기입니다. 여기에는 '멸망'에 대한 이야기가 없습니다. 하나님이 유대인을 선택하신 것은 유대인만을 구원하시기 위함이 아니었습니다.

41 야곱과 에서가 태중에 있을 때 하나님이 야곱을 선택하셨습니다. 이것 역시 예정론에 대한 근거로 사용되었습니다. 여기서도 동일한 질문을 던져볼 수 있습니다. 하나님이 야곱을 선택하신 것이 야곱은 구원을 얻고 에서는 멸망 받도록 하기 위함이었습니까? 그렇지 않습니다. 그것은 누가 누구를 섬길 것인가에 대한 선택이었습니다.

42 야곱의 장자권은 축복에 대한 것이지 구원에 대한 것은 아니었습니다. 선택은 하나님이 하시지만 그냥 아무에게나 무턱대고 "너는 지옥, 너는 천당" 하시는 것이 아닙니다. 야곱과 에서를 선택하신 이야기도 하나님의 전적인 주권을 설명하기 위해서는 좋은 근거가 됩니다. 하지만 그것이 하나님이 어떤 사람은 구원 얻도록, 또 어떤 사람은 멸망 받도록 예정했다는 말은 아닙니다.

43 로마서 9장의 핵심 내용은 '하나님의 전적 주권'입니다. 그렇다고 해서 그것이 예정론까지 가기에는 무리가 있어 보입니다.

44 가룟 유다를 보십시오. 예정론의 시각에서 보면 가룟 유다는 아무런 책임이 없습니다. 그렇게 각본이 짜여 있는 것이니 말입니다. 그리고 한 술 더 떠서 가룟 유다가 예수님을 팔지 않았다면 예수님이 십자가를 못 지셨을 것이고, 예수님이 십자가를 안 지셨다면 우리가 구원을 못 얻었을 테니 가룟 유다도 자기 할 바를 한 것이 아니냐는 이야기까지 나옵니다. 이제 헷갈리기 시작하는 것입니다.

45 가룟 유다가 예수님을 배반한 것에 대한 책임이 하나님께 있습니까?

아닙니다. 그에게 있습니다. 그가 선택하고 결정한 일이기 때문입니다. 멸망의 책임은 가룟 유다에게 있습니다. 예정론적으로 생각하면 유다는 자신에게 주어진 당연한 일을 한 것이고 하나님만 나쁘신 분이 될 수 있습니다. 그러나 우리가 단지 하나님 눈 밖에 났기 때문에 지옥 가는 것이 아닙니다.

구원을 이루는 삶을 살라

46 그렇다면 구원을 받았다가 못 받게 될 수도 있을까요? 예정론에서 보면 구원은 하나님의 결정이니 뒤바뀔 리가 없습니다. 하지만 기독교는 운명론이 아닙니다. 에스겔서 33장 13-15절을 보십시오. "가령 내가 의인에게 말하기를 너는 살리라 하였다 하자 그가 그 공의를 스스로 믿고 죄악을 행하면 … 그가 그 지은 죄악으로 말미암아 곧 그 안에서 죽으리라 가령 내가 악인에게 말하기를 너는 죽으리라 하였다 하자 그가 돌이켜 자기의 죄에서 떠나서 … 죄악을 범하지 아니하면 그가 반드시 살고 죽지 아니할지라."

47 이 말씀은 실제로 요나서에서 입증되었습니다. 요나 선지자가 하나님의 명령을 받아 니느웨 성에 가서 40일 후에 그 성이 망할 것을 선포했지만 안 망했습니다. 니느웨 성이 회개했기 때문입니다. 내심 악행을 일삼던 니느웨 성이 망하기를 바랐던 요나는 화가 났습니다.

48 그런데 하나님은 왜 니느웨 성에 가서 40일 후에 망할 것이라고 선포하게 하셨을까요? 망할 것 같으면 그냥 치시면 되었을 텐데 말입니다. 그것은 40일 안에 회개하고 살라는 것입니다. 구원 얻으라는 것입니다.

49 그러므로 결정된 것은 없습니다. 우리의 선택에 따라 우리는 얼마든지 멸망할 수도 있습니다. 그러니까 한 번 구원받았다고 해서 나머지 인생을 엉망으로 살면 안 됩니다. 하나님이 웬만해서는 우리를 놓지 않으시기 때문에 우리가 조금 실수하거나 잘못 살았다고 해서 금방 지옥으로 떨어지거나 하지는 않습니다. 그러나 하나님의 견인(牽引)만 믿고 '난 이미 구원 받았으니까 어떻게 살든 상관없지. 난 괜찮아'라고 생각한다면 위험합니다.

50 우리는 구원 받았지만, 또한 그것을 이루기 위해 노력해야 합니다. "그러므로 나의 사랑하는 자들아 너희가 나 있을 때뿐 아니라 더욱 지금 나 없을 때에도 항상 복종하여 두렵고 떨림으로 너희 구원을 이루라"(빌 2:12). 우리 모두 구원을 이루는 삶을 살기를 바랍니다.

CHAPTER **17**

좋은 것을 내려놓고
더 좋은 것을 붙잡아라

형제들아 내 마음에 원하는 바와 하나님께 구하는 바는 이스라엘을 위함이
니 곧 그들로 구원을 받게 함이라 내가 증언하노니 그들이 하나님께 열심
이 있으나 올바른 지식을 따른 것이 아니니라 하나님의 의를 모르고 자기
의를 세우려고 힘써 하나님의 의에 복종하지 아니하였느니라 **롬 10:1-3**

진짜 붙잡아야 할 것

1 이런 동화가 있습니다. 옛날에 다정하고 착하게 살던 할아버지, 할머니가 있었습니다. 하루는 그 모습에 감동한 산신령이 새벽까지 세 가지 소원을 말하면 무엇이든 다 들어주겠다고 했습니다. 할아버지와 할머니는 기뻐서 어쩔 줄 몰랐습니다. 헌데 이 소원을 말하자니 그보다 더 중요한 게 있을 것 같고, 다른 소원을 말하자니 또 그보다 귀한 게 있을지 모른다는 생각에 아무 소원도 말하지 못했습니다.

2 그러다 배가 고파진 할머니가 자기도 모르게 "아이고, 배고파라. 큰 소시지 하나 먹으면 좋겠다"라고 했답니다. 그 순간 커다란 소시지가 생겼습니다. 그걸 본 할아버지는 홧김에 "그 소시지 할망구 코에나 가 붙어라"라고 했습니다. 그랬더니 짠하고 가서 붙었지요. 이제 소원은 하나밖에 안 남았습니다. 할아버지는 어차피 다 늙었는데 코에 소시지 좀 달고 살면 어떠냐며 다른 소원을 말하려는데, 울고불고 난리가 난 할머니 때문에 할 수 없이 "소시지야 떨어져라"라고 말했습니다. 결국 세 가지 소원은 다 이루어졌고, 눈앞에는 코에 붙었다 떨어진 소시지 하나만 남았습니다.

3 그저 지어낸 이야기일 뿐이지만, 굉장히 철학적인 동화입니다. 우리

가 욕심을 부리며 살지만 정작 자기에게 소중한 것이 무엇인지는 모른 채 살고 있다는 것이지요.

4 만일 하나님이 "오늘 세 가지 소원을 이야기하면 다 들어줄 거야"라고 말씀하신다면 무슨 소원을 말하겠습니까? 그럴 때 무엇을 말해야 할지 정리되어 있는 사람은 많지 않을 것입니다. 지금 가장 원하는 것은 무엇입니까? 무엇을 소원하며 살아가고 있습니까?

5 사도 바울은 "내 마음에 원하는 바는"이라고 하면서 로마서 10장을 시작합니다. 평범한 말 같지만 저는 이렇게 말할 수 있는 바울이 부럽습니다. 우리는 대부분 어느 때는 이걸 원했다가 다른 때는 다른 걸 원합니다. 가치관과 철학이 정립되어 있지 않으니 이것도 좋아 보이고 저것도 좋아 보입니다. 그러니까 분주하게 이것저것 구하는 것입니다.

6 사람은 어떤 소원을 가지고 살아가느냐에 따라 달라집니다. 그런데 우리는 대개 쓸데없는 소원을 가지고 있는 경우가 참 많습니다. 우리를 바보스럽게 만드는 게 쓸데없는 욕심입니다. 있으면 좋지만 없어도 괜찮은 것들, 그런 것을 꼭 붙잡고 있느라고 정말 붙잡아야 할 것을 놓치고 삽니다.

7 빌립보서에 이런 표현이 있습니다. "그리스도의 날에 내가 자랑할 것이 있게 하려 함이라"(빌 2:16). 우리는 마지막 날에 하나님 앞에 내놓을 수 있는 것을 소원으로 삼아야 합니다. "하나님, 제 명함에 이런 직함이 있어요. 저는 강남에 살았는데요…." 사람에게는 높은 지위에 올라가는 것이나 강남에서 부자로 사는 것이 자랑이 될지 모르겠지만, 하나님께서는 별로 관심을 가지실 것 같지 않습니다.

8 《내려놓음》이라는 책이 있습니다. 무척 중요한 주제를 전하고 있는 책입니다. 많은 사람들이 그 책을 읽었습니다. 그런데 읽기만 하면 뭐 합니까? 내려놓지 않는데 말입니다. 그저 지식만 늘어날 뿐입니다. 그래서 《더 내려놓음》이란 책이 나왔잖습니까. 책만 내려놓지 말고, 삶에서 '자꾸 내려놓음, 밤낮 내려놓음' 해야 합니다.

9 내려놓아야 하는 이유는 붙잡기 위함입니다. 하나님나라에서 별로 가치가 없는 것들을 내려놓아야 그 다음에 진짜 가치 있는 것을 붙잡을 수 있습니다. '내려놓음'은 다시 말하면 '붙잡음'입니다. 그런데 많은 사람이 붙잡아야 할 것을 내려놓고, 내려놓을 것을 붙잡고 살아갑니다. 이것이 우리에게 있는 치명적인 문제입니다.

10 바울의 소원, 곧 그의 마음에 원하는 바는 "이스라엘을 위함이니 곧 그들로 구원을 받게 함이라"라는 것이었습니다. 우리와는 수준이 다르지요. 우리는 밤낮 우리 자신만 생각하는데, 바울은 이스라엘의 구원을 생각했습니다. 그는 이스라엘의 구원을 위해서라면 자신이 저주를 받아 그리스도에게서 끊어져도 좋다고 했고(롬 9:3), 그들의 믿음이 자랄 수만 있다면 자신이 전제로 드려질지라도 기뻐하고 기뻐한다고 말했습니다(빌 2:15-18). 차원이 달라도 너무 다릅니다.

출세해서 남 주자

11 예전에 〈긴급출동 911〉이란 프로그램이 방영된 적이 있습니다. 미국의 911 대원들의 활약상을 그린 〈RESCUE 911〉이라는 프로그램을 번역해서 방영하는 프로그램이었습니다. 이런저런 사고로 죽게 된 생명들을 살리기 위해 911 대원들이 정말 최선을 다합니다. 저도 무척 열심히 봤는데, 정말 감동적입니다. 사람이 무슨 일에 집중하고 최선을

다하는 모습을 보면 우리는 감동을 받습니다. 요즘 〈생활의 달인〉이라는 프로그램도, 아무리 작은 일이라도 그 일에 달인이 될 만큼 몰두한다는 것이 감동을 줍니다. 그들은 하나같이 자신의 일에 자긍심을 가지고 있습니다. 그렇지 않으면 그 경지에 이르지 못합니다.

12 911 대원들의 자긍심은 달인들보다 한 차원 더 높은 것 같습니다. 그들은 자신을 위해서 뛰는 게 아니라 다른 사람을 위해 뜁니다. 사람의 생명이 왔다 갔다 하는 상황이라 늘 집중합니다. 그 모습이 정말 근사했습니다.

13 어느 날은 그와 같은 장면을 보고 하나님께 이렇게 기도했습니다. "하나님, 저도 저런 것 한 번 해보고 죽게 해주세요. 한 사람이라도 좋으니 사람 살릴 수 있도록, 사람 살리는 보람을 느끼게 해주세요."

14 그렇게 기도하고 성경을 보는데, 오병이어의 기적이 나오는 말씀이 눈에 들어왔습니다. 그 말씀 속에서 한 아이가 보였습니다. 그날 그 아이가 얼마나 큰 복을 받았습니까? "다른 사람도 굶는데 저 혼자 먹기 힘들어요. 그냥 제 것도 내놓을래요." 아이는 물고기 두 마리와 보리떡 다섯 개가 든 자신의 도시락을 내놓았습니다. 예수님은 그 도시락에 축사하시고 오천 명을 먹이셨습니다. 하나님이 그 아이를 오천 명을 먹이는 사람으로 쓰신 것입니다.

15 성공했다고 하는 사람 중에는 두 종류가 있습니다. 하나는 오천 명분을 혼자 깔고 앉아 먹는 사람입니다. 말은 안 하지만 우리의 보편적인 소원입니다. 그런데 하나님이 인정하시는 사람은 오천 명을 먹이는 사람입니다.

16 큰아이가 어렸을 때는 공부를 잘 안 했습니다. 공부하라고 하면 "대체 공부는 왜 해야 하느냐?"며 따지곤 했습니다. 그래서 "공부해서 오천 명을 먹이는 사람이 되어라. 공부해서 남 주냐가 아니라 공부해서 남 주자"라고 했더니, 그것이 아이에게는 신선한 충격이었나 봅니다. 그 때부터 무섭게 공부하기 시작했습니다. 오천 명을 먹이는 사람, 늘 남을 살리고 남을 먹이는 일이 우리의 소원이 되면 좋겠습니다.

17 세상적인 가치관은 보다 많은 것을 내 자리에 깔고 앉아서 남들과 다른 차별성을 누리며 살고자 합니다. "나는 너하고 달라. 너는 그렇게 살지? 나는 이만큼 가지고 있어." 많은 사람들의 삶의 목적이 이 같은 차별성입니다. 왜 남들보다 좋은 차를 타야 합니까? 더 안전하다든가, 더 편하다든가 하는 이유는 아주 작은 부분입니다. 더 솔직히 해보자면 "난 너와 달라"라고 말하고 싶기 때문입니다. 그 차별성을 위해 우리는 너무 많은 것을 낭비합니다. 그리고 다른 사람의 많은 것을 박탈합니다.

18 하지만 기독교는 그런 것이 아닙니다. 열심히 돈 벌고, 열심히 일하고, 적극적으로 행하는 모습은 똑같지만 목적이 다릅니다. 우리도 명품을 사려고 애쓰는 사람들처럼, 더 좋은 집에서 살고자 하는 사람들처럼 열심히 돈을 벌어야 합니다. 하지만 그렇게 번 돈을 가지고 차별을 철폐하기 위해 쓰는 것입니다. 세상 사람들은 차별을 위해, 남들보다 출세하기 위해, 돈을 벌고 권력을 갖기 위해 노력하지만, 우리는 그것을 다른 사람에게 주고자 해야 합니다. "우리가 남이냐? 우린 다 한 가족이다!" 바로 이것이 초대교회 때 일어났던 일입니다. 그리스도인들이 이런 소원을 가지고 살면 얼마나 좋을까요?

하나님이 주시는 '더' 좋은 것

19 영락교회에 협동목사로 있을 때 화요일에 성경공부를 인도했습니다. 어느 날, 공부를 마치고 돌아가는 교인들에게 인사를 하고 있는데 권사님 한 분이 제게 와서 식사를 대접하고 싶다고 하셨습니다. 그래서 무슨 일이냐고 물었더니 "목사님이 제 딸을 살리셨어요"라고 대답하는 것입니다. 정작 저는 그 권사님의 딸을 본 적도 없는데 말입니다. 들어보니 사연이 이랬습니다.

20 그 권사님의 딸은 유명한 오페라 가수였는데, 결혼에 실패했습니다. 미국에 다녀오겠다고 떠난 남편이 돌아오지 않았습니다. 남편에게 버림 받은 것입니다. 그 상처가 너무 컸던 딸은 그날로부터 무려 15년 동안 문 밖에 나오지 않았다고 합니다. 삶이 완전히 망가졌고, 그 딸은 폐인이 되었습니다.

21 15년이 지나서야 겨우 그 딸을 데리고 교회에 나올 수 있었습니다. 버틸 힘이 있을 때는 교회에 가자고 해도 안 왔는데, 이제는 그럴 힘도 없어져서 교회 가자고 하면 교회 가고, 집에 가자고 하면 집에 가는, 그저 엄마 따라서 왔다 갔다 하는 상황이 된 것입니다. 그러다 화요일에 성경공부에 참석하게 되었습니다. 그런데 그날 하나님이 그 딸을 불쌍히 여기셨는지, 그저 멍하니 있던 그 분의 마음에 한 말씀이 딱 가서 닿은 것입니다.

22 하나님의 말씀은 참 위대합니다. 저는 그때 확실히 깨달았습니다. 꼭 한 번만이라도 말씀이 제대로 마음에 가 닿으면 15년 아니라 150년 동안 문 닫고 살던 사람도 살아난다는 것을 말입니다. 지금까지 은혜와 말씀과 기쁨의 진공상태에 있던 그 분이 말씀을 받던 날부터 살아났

습니다. 말씀을 막 빨아들이기 시작했습니다. 그 많은 사람 중에 혼자 은혜 받는 것처럼 엄청난 은혜를 받기 시작했습니다.

23 은혜를 받으면서 화요성경공부반의 성가대원이 되었습니다. 그 딸을 알아본 지휘자가 독창을 부탁했습니다. 오페라 가수였으니 얼마나 잘했겠습니까? 찬양은 소리로만 되는 것이 아니라 은혜로 되는 것인데 은혜도 최고였으니 그날 찬양은 소리도 최고, 은혜도 최고였습니다. 그 분의 사연을 모르는 교인들 천여 명이 찬양에 다 은혜를 받고 눈물을 흘렸습니다. 그렇게 살아났습니다.

24 그분을 제가 살렸습니까? 아닙니다. 하나님이 살리셨습니다. 말씀이 살린 것이지요. 그래도 그 말씀을 제가 전했다는 것이 정말 기뻤습니다. 그래서 그 권사님이 사주시는 밥을 얻어먹기로 했습니다. 그런데 너무 들뜨고 기쁜 나머지 밥이 넘어가질 않았습니다. 목사인 제가 강의하고 전한 말씀 때문에 죽었던 생명이 살아났습니다!

25 그때 하나님이 제 기도를 들어주셨음을 알았습니다. 911 대원들의 활약을 보고 "저도 저런 거 한 번 해보고 죽게 해주세요"라고 했던 그 기도 말입니다. 하나님은 언제나 제가 기도한 것보다 더 좋은 것을 주십니다. 저는 그냥 부러워서 '나도 한 번 911 대원 해보자' 했던 것인데, 그냥 911 대원도 아니고 영적인 911 대원이 된 것입니다.

26 911 대원은 육적인 생명을 살립니다. 이것도 귀합니다. 하지만 육적 생명을 살렸다고 그 사람의 행복까지 보장할 수는 없습니다. 살다가 불행해져서 어느 날 911 대원의 멱살을 잡고 "날 죽게 내버려두지 왜 살려서 이 고생을 시킵니까?"라고 따질지도 모릅니다. 그런데 영적인

생명이 살아나면 그 품질이 정말 좋습니다. 은혜가 충만해집니다. 15년 동안 지옥에 살았던 그 권사님의 딸에게 말씀이 들어가고 은혜가 임하자 완전히 뒤집혀서 천국을 살게 되었습니다.

27 게다가 육적인 생명은 영원하지 않기에 아무리 건강이 좋아도 언젠가는 죽습니다. 한계가 있습니다. 하지만 말씀으로 살아난 생명은 언젠가 죽는 생명이 아닙니다. 저는 그때 머리로만 이해했던 '영생'을 확인할 수 있었습니다. 하나님의 말씀 때문에 권사님의 딸에게 들어간 생명은 영생이었습니다. 영원한 지옥이 아니라 천국의 삶을 영원히 누리는 영생이었습니다.

28 그렇게 생각하자 정말 황홀해지기 시작했습니다. 어떻게 설명할 길이 없습니다. 밥을 먹을 수가 없었습니다. 목사인 제가 전한 말씀으로 죽을 생명이 살아난 것을 보자 그렇게 기쁘고 귀한 일이 없었습니다. 그래서 바울의 이 말을 조금이나마 이해할 수 있게 되었습니다. "내 마음에 원하는 바와 하나님께 구하는 바는 이스라엘을 위함이니 곧 그들로 구원을 받게 함이라"(롬 10:1).

29 복음을 전해서 한 사람의 생명이 주께로 돌아오는 이런 일은 우리가 제1의 소원으로 삼을 만한 것입니다. 하나밖에 없는 생명을 십자가에 걸어도 좋을 만한 일은 복음 전하는 일입니다. 많은 사람을 주께로 돌아오게 하는 일입니다. 구원 얻게 하는 일입니다.

지금 있는 그 자리에서

30 그러면 어떻게 살아야 할까요? 우리 모두가 목사가 되어야 할까요? 지금까지 잘하고 있던 일들을 팽개치고 다들 신학교 가서 목사가 되겠

다고 나선다면 아마 하나님이 펄쩍펄쩍 뛰실 것입니다.

31 보통 목회자를 '성직자'라고 부릅니다. 하지만 실상은 모든 직업이 다 '성직'입니다. "너희는 택하신 족속이요 왕 같은 제사장들이요"(벧전 2:9). 여기서 '왕 같은 제사장'이 성직이라는 말입니다. 그러므로 장사 하는 사람이나 연극하는 사람이나 또 목회하는 사람이나 그것을 다 하나님의 일로 받아들이면 모두 성직이 되는 것입니다.

32 저는 외국어대학교 교수님들과 함께 오랫동안 성경공부를 했습니다. 그런데 하루는 한 교수님이 기뻐서 어쩔 줄을 몰라 하는 것이었습니 다. 무슨 일인가 했더니, 그 분이 학교 게시판에 "나는 예수 믿는 교수 입니다. 나와 성경공부를 할 사람은 내 연구실로 오십시오"라고 올렸 다고 합니다. 그러자 30명이 넘는 학생들이 왔는데, 중요한 것은 그중 9명이 지금까지 한 번도 교회에 다닌 적이 없는 학생이라는 것입니다.

33 만약 제가 외국어대학교 게시판에 "나는 학교 옆에 있는 동안교회 김 동호 목사입니다. 나와 성경공부 할 사람은 교회로 오세요"라고 글을 올렸다고 합시다. 그러면 학생들이 올까요? 안 옵니다. 혹시 교회 다 니는 학생들 중에 몇 명은 올지 모르겠습니다. 하지만 안 믿는 학생들 은 안 올 것입니다. 안 올 뿐 아니라 "저 양반 왜 저렇게 설치냐? 자기 교회나 열심히 하지, 왜 학교에까지 와서 설쳐"라고 할지 모릅니다.

34 이 상황에서 누가 복음을 전하는 데 더 유리한 직업을 가지고 있습니 까? 교수님입니다. 그러니 목회자만 왕 같은 제사장, 주의 종, 성직자 라는 개념을 가지고 있으면 복음이 너무 제한됩니다. 모든 직업이 성 직이어야 합니다. 그렇다고 경제학이나 경영학 교수님이 수업 시간에

성경을 가르쳐야 할까요? 그러면 안 되지요. 경영학 교수는 경영학을 잘 가르쳐야 합니다. 다만 그 바탕에 기독교적인 신앙이 있어야 하겠지요. 또한 삶의 모범을 보임으로써 학생들에게 도전을 줄 수 있어야 합니다. 그것을 잘 이루어나가면 복음을 전하는 데 목사보다 얼마나 더 유리하겠습니까!

35 한번은 한 유명한 가수의 콘서트 동영상을 본 적이 있습니다. 수만 명은 되어 보이는 아이들이 새까맣게 모였는데, 콘서트 중간에 그 가수가 간증을 했습니다. 그러다 즉석에서 찬송가를 불렀습니다. "나 주를 멀리 떠났다 이제 옵니다." 그랬더니 그 많은 아이들이 다 그 찬송을 따라 부르는 것입니다. 감동이 밀려왔습니다. 자기가 좋아하는 스타가 찬송가를 부르자 순식간에 따라갑니다.

36 그 가수가 인터뷰를 하면서 다음에 목사가 되고 싶다고 했답니다. 저는 그 말을 듣고 그 가수를 찾아가 만나려고 했습니다. "그냥 가수 해라. 목사는 나만 해도 충분하다!" 목사에게는 목사의 일이 있습니다. 그러나 가수가 하나님 앞에 쓰임 받는다면 선교 영역에서는 목사보다 더 큰일을 할 수 있습니다. 그런데 선교를 하기 위해 가수를 그만 두고 목사가 되겠다니요? 그것은 손해 보는 계산입니다.

37 예수님을 믿고 은혜 받아 뜨거워진 사람들 가운데 이런 생각을 하는 사람들이 많습니다. 몇 년 전에 세브란스 병원 신우회에 간 적이 있습니다. 그곳 의사와 간호사들이 예수님을 얼마나 열심히 믿는지 모릅니다. 그런데 은혜 받은 그들이 의사를, 간호사를 내려놓고 선교사로 나간다는 것입니다. 그래서 제가 "그냥 의사로 계십시오"라고 이야기했습니다. 의사로 일을 잘하는 것이 하나님나라에 얼마나 큰 도움이

됩니까? 목사는 그런 사람들을 격려하고 후원하고 지원하고 성경을 가르치는 사람입니다.

38 물론 하나님의 명확하고 확실한 부르심이 있다면 순종해야겠지요. 그러나 우리에게 주어진 일 가운데 주님의 소명을 받고 열심히 행하는 것 역시 주님의 일입니다. "무슨 일을 하든지 마음을 다하여 주께 하듯 하고 사람에게 하듯 하지 말라"(골 3:23).

39 우리가 하는 일은 그냥 월급 받고 돈 벌기 위해 하는 일이 아닙니다. 우리는 우리에게 주어진 일에 최선을 다해야 합니다. 열심히 하지도 않으면서 복음을 전한다면 오히려 역반응이 일어납니다. 그렇게 열심히 일하고 최선을 다하면서 인정받을 때 복음을 전하면 그 영향력이 얼마나 크겠습니까? 우리 때문에 하나님나라가 얼마나 확장되겠습니까? 그러니 먼저 자신의 일에 열심을 다해야 합니다.

40 요즘 우울증에 걸린 사람들이 많습니다. 인생의 의미를 잃어버리고 자살하려는 사람도 많습니다. 우리가 이런 사람들에게 선한 영향력을 끼치는 일을 할 수 있다면 좋겠습니다. 그 마음에 어려움이 있을 때 대화하고 싶고 만나고 싶은 사람이 우리라면 얼마나 좋겠습니까? 우리가 그런 위로를 전할 수 있는 사람이 되었으면 좋겠습니다.

41 바울이 그것을 소원했습니다. "내 마음에 원하는 바와 하나님께 구하는 바는 이스라엘을 위함이니 곧 그들로 구원을 받게 함이라"(롬 10:1). 바울의 소원이 우리의 소원이 되면 좋겠습니다. 그러기 위해서 우리의 생명, 우리의 재능, 우리의 직업, 우리의 물질, 우리의 모든 시간을 사용하면 좋겠습니다.

CHAPTER 18

하나님나라에
이방인은 없다

그러므로 내가 말하노니 하나님이 자기 백성을 버리셨느냐 그럴 수 없느니라 나도 이스라엘인이요 아브라함의 씨에서 난 자요 베냐민 지파라 … 그러므로 내가 말하노니 그들이 넘어지기까지 실족하였느냐 그럴 수 없느니라 그들이 넘어짐으로 구원이 이방인에게 이르러 이스라엘로 시기나게 함이니라 롬 11:1-11

구원은 이미 결정 끝?

1 에스겔서 33장에 이런 말씀이 있습니다. "가령 내가 의인에게 말하기를 너는 살리라 하였다 하자 그가 그 공의를 스스로 믿고 죄악을 행하면 그 모든 의로운 행위가 하나도 기억되지 아니하리니 그가 그 지은 죄악으로 말미암아 곧 그 안에서 죽으리라 가령 내가 악인에게 말하기를 너는 죽으리라 하였다 하자 그가 돌이켜 자기의 죄에서 떠나서 정의와 공의로 행하여 저당물을 도로 주며 강탈한 물건을 돌려보내고 생명의 율례를 지켜 행하여 죄악을 범하지 아니하면 그가 반드시 살고 죽지 아니할지라"(겔 33:13-15).

2 이 말씀이 무슨 의미입니까? 앞에서 살펴본 것처럼 구원이 완전히 결정되지 않았다는 것입니다. 구원 받았으니 이제는 막 살아도 아무 문제 없을 거라고 생각하는 사람은 정녕 죽을 것이라고 말합니다. 반면 하나님이 죽을 것이라 말씀하신 악인이라도 돌이켜 회개한다면 살게 된다는 것입니다.

3 요나는 니느웨에 가서 "40일 후에 니느웨가 망할 것이다!"라고 소리쳤습니다. 그러나 니느웨는 망하지 않았습니다. 회개했기 때문입니다. 이처럼 삶과 죽음이 우리의 손에 의해서 변하는 경우가 있습니다.

4 이스라엘 백성은 잘못된 선민의식을 가지고 있었습니다. 자신들은 하나님께서 선택하신 민족이기 때문에 무조건 구원을 얻게 된다는 생각입니다. 이미 결정이 나버렸다는 말입니다. 더군다나 자기들만 구원을 얻는다고 믿었습니다. 이스라엘 백성이 아니면 다 구원을 받지 못한다는 것입니다. 그래서 그들은 이스라엘인이 아니면 '이방인'이라고 했습니다. 하지만 이것은 잘못된 생각입니다. 하나님은 그렇게 말씀하신 적이 없습니다.

5 하나님께는 이방인이 있을 수 없습니다. 구원에 있어서는 모든 사람이 '선민'(選民, 선택된 백성)입니다. 하나님은 사람을 차별하지 않으십니다. 그래서 하나님께는 이방인이나 선민의 구분이 없습니다. 다 하나님의 자녀입니다. 하지만 구별은 있습니다.

구별하시되 차별하지 않으시는 하나님

6 차별과 구별의 차이는 무엇입니까? 차별은 수직적이고 계급적인 언어입니다. 반면 구별은 수평적인 언어입니다. 다르지만 같다는 것입니다. 예를 들어, 재능은 다 다릅니다. 어떤 사람은 그림을 잘 그리고, 어떤 사람은 음악을 잘하고, 어떤 사람은 체육을 잘합니다. 어떤 사람은 돈 벌라고 부르셨고, 어떤 사람은 정치가로 부르셨고, 어떤 사람은 목사로 부르셨습니다. 다 선민입니다.

7 이스라엘의 선민도 그와 같은 구별 중의 하나였지 차별은 아니었습니다. 그런데 이스라엘 사람들은 구별을 차별화 했습니다.

8 그 모습이 고린도교회에 나타났습니다. 고린도교회 성도들이 예수님을 열심히 믿어서 성령을 받았습니다. 성령을 받으니 은사가 나타났

습니다. 그런데 은사는 각기 다릅니다. 은사는 구별입니다. 어떤 사람은 방언을 받았고, 어떤 사람은 예언을 하고, 어떤 사람은 병을 고칩니다. 그런데 다 자신의 은사가 최고가 되길 바랐습니다. 그렇게 누가 받은 은사가 더 높은지 따지면서 하나님이 구별로 주신 은사를 차별화했습니다. 이것이 고린도교회의 분쟁입니다.

9 하나님은 이스라엘을 제사장 나라로서 복음을 전하도록 구별하셨습니다. 그런데 그렇게 선택 받은 이스라엘이 자기만 구원을 얻었다고 착각하고, 자기가 구원을 전해서 예수 믿게 해야 할 다른 민족과 나라는 구원 얻지 못할 '이방인'으로 못을 박아놓았으니 보통 엉뚱한 것이 아닙니다. 하나님이 참 마음이 아프셨을 것입니다.

10 "하나님이 세상을 이처럼 사랑하사 독생자를 주셨으니 이는 그를 믿는 자마다 멸망하지 않고 영생을 얻게 하려 하심이라"(요 3:16). 이 말씀에서 '그를 믿는 자마다' 라는 것은 차별이 없다는 뜻입니다. 예수님을 믿기만 하면 누구든지 차별 없이 구원을 얻게 된다는 것이지요. "너희는 유대인이나 헬라인이나 종이나 자유인이나 남자나 여자나 다 그리스도 예수 안에서 하나이니라"(갈 3:28). 그러므로 성경적으로 살려면 누구를 대하든 차별하지 말아야 합니다. 차별은 인간이 하는 것이고, 구별은 하나님이 하시는 것입니다. 구별은 있어야겠지만 차별은 안 됩니다.

11 누구든지 예수를 믿으면 구원을 얻습니다. "누구든지 주의 이름을 부르는 자는 구원을 받으리라"(롬 10:13). 그렇다는 것은 우리가 구원을 얻지 못하는 까닭이 하나님이 선택하지 않으셔서, 혹은 사랑하지 않으셔서, 구원받지 못하도록 예정하셨기 때문이 아니라는 것입니다.

우리가 구원받지 못하는 것은 우리 탓입니다. 앞에서 살펴본 것처럼 자유의지는 권리가 아니라 책임입니다. 구원받지 못하는 책임은 우리에게 있습니다. 예수를 믿기만 하면 누구나 다 구원을 얻습니다. 그래서 하나님나라에는 이방인이 없습니다.

12 이사야서에 보면 하나님나라는 이런 것이고, 하나님나라가 임하면 이런 일들이 일어난다는 것을 시적으로 표현해놓은 구절이 있습니다. "그때에 이리가 어린 양과 함께 살며 표범이 어린 염소와 함께 누우며 송아지와 어린 사자와 살진 짐승이 함께 있어 어린아이에게 끌리며 암소와 곰이 함께 먹으며 그것들의 새끼가 함께 엎드리며 사자가 소처럼 풀을 먹을 것이며 젖 먹는 아이가 독사의 구멍에서 장난하며 젖 뗀 어린아이가 독사의 굴에 손을 넣을 것이라"(사 11:6-8).

13 하나님나라는 이리와 어린 양이 함께 사는 덩구는 곳입니다. 이것을 오늘날의 세상의 모습으로 이야기하자면 가난하고 힘들게 사는 분들과 부유하게 사는 사람들이 사이좋게 모자 벗고 인사하고 악수하고 친해지는 것이 아닐까 생각합니다. 예수 믿는 사람은 세상에 만연한 차별을 없애고자 노력해야 합니다.

14 사람들은 돈을 좋아합니다. 출세하는 것을 좋아합니다. 성공하는 것을 좋아합니다. 돈이 왜 그렇게 중요합니까? 차별화 때문입니다. "내가 너냐? 나는 너와 달라. 난 너하고 같은 사람이 아니야" 하고 차별하는 일이 돈으로 시작됩니다.

15 그것을 가장 잘 드러내는 것이 명품의 마케팅 전략입니다. VIP 마케팅은 차별을 기반으로 합니다. 실제로 명품을 파는 곳은 아무나 들어

가기가 쉽지 않게 만들어져 있습니다. 지갑이 얄팍한 사람은 그 도도한 분위기에 겁나서 구경도 못하도록 꾸며져 있습니다. 그곳을 드나드는 사람들은 가난하고 초라한 사람들이 그곳에 오는 것을 싫어합니다.

16 사람들은 그런 맛에 돈을 벌고 차를 삽니다. 그 맛에 강남 부자 동네에 살려고 애를 씁니다. 그 재미에 성공하려고 합니다. 이것이 세상입니다. 세상은 차별합니다. 어떻게 해서든지 차별합니다. 남자와 여자를 차별하고, 가난한 자와 부유한 자를 차별합니다. 출신 학교와 출신 지역으로 차별합니다. 세상에 만연한 차별을 없애고자 노력하는 사람들, 노력해야 하는 사람들이 바로 예수 믿는 사람들입니다.

17 그러면 예수 믿는 사람은 돈 벌면 안 될까요? 출세하면 안 될까요? 성공하면 안 될까요? 아니오. 돈 벌어야 합니다. 성공해야 합니다. 세상 사람들은 차별하려고 돈을 벌지만 예수 믿는 사람들은 차별을 없애기 위해서 돈을 벌고 성공해야 합니다. 하나님은 우리에게 낮아지라고 하십니다. 이것은 자세를 낮추라는 말입니다. 실력이 낮은 것은 겸손이 아닙니다.

18 욕심을 버린다는 것이 실력을 버린다는 게 아닙니다. 목적을 바꾼다는 것입니다. 그것이 믿음입니다. "너희는 차별하려고 돈 벌지, 나는 그 차별을 철폐하려고 돈 벌어." 이렇게 살아야 하나님이 기뻐하십니다.

19 사실 '난 너와 다르다'라는 그릇된 선민의식은 우리에게도 조금씩 다 있습니다. 하지만 그것은 하나님이 제일 싫어하시는 것입니다. 우리

가 차별을 위해 살지 않고, 차별을 없애기 위해 살 때 하나님이 기뻐하십니다.

아이러니한 하나님의 방식

20 바울은 이스라엘의 그릇된 선민의식을 깨뜨렸습니다. 이스라엘 백성이라고 다 구원받는 게 아니라는 것입니다. 오늘날 우리는 이것을 당연하게 받아들이지만, 당시 선민의식으로 꽉 차 있던 그들에게는 큰 충격이었습니다. 사실, 이 말은 바울이 생명을 걸지 않으면 할 수 없었던 말입니다. 결국 바울이 순교당한 것도 이 말 때문입니다.

21 사람들은 좌에서 우로, 극에서 극으로 뛰는 경향이 있습니다. 바울이 이스라엘만 구원받는 것이 아니라고 하자, 그 말을 들은 이스라엘 백성들 중에 "그러면 우리는 다 구원 못 받는 것이냐?"라고 생각하는 사람들이 있었습니다. 그래서 바울은 이렇게 말합니다. "그러므로 내가 말하노니 하나님이 자기 백성을 버리셨느냐 그럴 수 없느니라 나도 이스라엘인이요 아브라함의 씨에서 난 자요 베냐민 지파라"(롬 11:1). 이스라엘이라고 다 구원하시는 것도 아니지만, 그렇다고 이스라엘이라고 다 버리시는 게 아니라는 것입니다.

22 또 바울은 재미있는 말을 합니다. "그러므로 내가 말하노니 그들이 넘어지기까지 실족하였느냐 그럴 수 없느니라 그들이 넘어짐으로 구원이 이방인에게 이르러 이스라엘로 시기나게 함이니라"(롬 11:11).

23 아이를 키우다 보면 아이들이 밥을 잘 안 먹어서 애먹을 때가 종종 있습니다. 그런 아이들이 밥을 잘 먹게 하는 방법이 있습니다. 친구를 데려와서 같이 먹게 하는 것입니다. 그러면 시기심이 생겨서 '우리 엄

마가 내가 아니라 재한테 밥을 주네' 하면서 친구를 밀치고 자기가 먹습니다.

24 하나님께 '남의 아이'라는 것은 없지만, 이스라엘 입장에서 볼 때는 자기 자식이 아닌 다른 아이한테 밥을 주는 것으로 보입니다. 이전에는 자기들만 구원받았습니다. 자기들만 하나님의 백성이었습니다. 그래서 하나님께 별로 관심이 없었는데, 구원을 받을 수 없다고 생각했던 다른 민족이 구원받는 것을 보니 시기가 나서 구원을 받고자 애를 씁니다. 쉽게 말하면, 하나님은 이방인도 구원하기 원하시고 이스라엘도 구원하기 원하신다는 말씀입니다. 둘 다 먹이시겠다는 것이지요. 그것이 하나님의 뜻입니다. 하나님의 방식입니다.

다시 돌아가야 할 복음

25 이런 방식은 우리나라 기독교 역사에도 나타납니다. 우리나라에 복음이 들어올 때 북한 지역으로 먼저 들어왔습니다. 그때의 믿음의 어른들이 예수님을 정말 잘 믿었습니다. 그래서 옛날에는 평양을 '동양의 예루살렘'이라고 부르기도 했습니다. 평양, 정주, 선천 등의 지역에서 주민의 80퍼센트 정도가 예수 믿는 성도였다고 합니다. 그만큼 대단했습니다. 그리고 평양의 대부흥운동을 '제2의 오순절'이라고 할 만큼 성령으로 충만했습니다.

26 그렇게 성령충만하던 그 도시가 공산화되었다는 게 이해가 됩니까? 공산화 이후에 말도 못할 핍박과 박해가 임했습니다. 우리의 상식으로 생각하면 복음화 된 북한은 복을 받아서 잘 살고, 그런 박해는 하나님을 모르고 살던 남한에 떨어져야 했을 것 같습니다. 그런데 하나님은 북한을 치셨습니다.

27 그로 인해 어떤 일이 일어났습니까? 북한에서 예수 잘 믿던 사람들이 다 남한으로 내려왔습니다. 그 분들이 남한에 내려와 제일 먼저 교회를 지었습니다. 가는 곳마다 교회를 지었습니다. 마치 사도행전을 보는 듯합니다. 예루살렘이 성령으로 충만했을 때 핍박이 왔습니다. 그래서 흩어졌습니다. 흩어진 그들이 가는 곳마다 교회가 왕성하게 일어났습니다.

28 복음이 왕성하게 들어온 이후 남한은 세계에서 선교적으로 가장 성공한 나라가 되었습니다. 세계에서 가장 많은 성도가 모이는 교회가 우리나라에 있습니다. 남한은 북한 때문에 복 받은 것입니다.

29 이제 하나님이 무슨 계획을 세워놓고 계셨는지 슬슬 눈치를 채야 합니다. "북한은 그냥 죽어라. 살아남을 놈만 살아라." 이것이 하나님의 뜻일까요? 아닙니다. 복음이, 복의 열매들이 다시 북한으로 가야 합니다.

30 예수 잘 믿는 나라는 대체로 경제적으로도 성장합니다. 우리나라는 유례를 찾아볼 수 없을 정도로 큰 성장을 이루었는데, 그것은 교회의 부흥과 무관하지 않습니다. 그 부흥은 북한에서 왔습니다. 하나님은 이 부흥이 다시 북한으로 돌아가기 원하십니다. 하나님께서 이스라엘에서 이방으로, 이방에서 다시 이스라엘로 복음이 들어가기를 원하시는 것처럼 말입니다.

31 남한은 북한에 대해 영적으로 복음의 빚이 있다는 사실을 잊지 말고 북한을 열심히 섬겨야 합니다. 우리가 잘나서 부흥한 것이 아닙니다. 북한의 핍박과 희생과 헌신이 있었다는 것을 알아야 합니다.

32 하나님이 이방인을 통해서 이스라엘을 시기 나게 하신 것처럼, 남한을 통해서 북한을 섬기고, 북한의 회복으로 남한을 회복하게 하시는 하나님의 역사가 일어나게 되기를 바랍니다. 그런 역사가 이스라엘에도, 우리나라에도 일어났으면 정말 좋겠습니다. 그 일을 위해 함께 기도하는 우리 모두 되기를 바랍니다.

CHAPTER 19

몸 따로 영 따로 예배하지 말고
온 삶으로 예배하라

그러므로 형제들아 내가 하나님의 모든 자비하심으로 너희를 권하노니 너희 몸을 하나님이 기뻐하시는 거룩한 산 제물로 드리라 이는 너희가 드릴 영적 예배니라 너희는 이 세대를 본받지 말고 오직 마음을 새롭게 함으로 변화를 받아 하나님의 선하시고 기뻐하시고 온전하신 뜻이 무엇인지 분별하도록 하라 **롬 12:1-2**

영 따로, 몸 따로 드리는 예배?

1 일반적으로 '영적 예배' 하면 뜨거운 예배, 형식에 얽매이지 않는 예배, 방언이나 예언, 신유와 같은 은사가 활발히 일어나는 예배가 떠오릅니다. 하나님이 원하시는 것은 분명히 '영적 예배'입니다. 그런데 영적 예배에 대해 말하고 있는 로마서 12장 본문에는 '뜨거움'에 대한 이야기가 없습니다.

2 뜨거움이 잘못되었다는 이야기가 아닙니다. 방언은 하나님이 주신 것이기 때문에 방언으로 예배할 수 있습니다. 다른 은사들도 마찬가지입니다. 그런데 본문에서 말하는 영적 예배는 그런 분위기가 아닙니다. 하나님이 말씀하시는 영적 예배는 우리의 생각과는 조금 다릅니다.

3 우리는 다분히 이원론적 사고 구조를 가지고 있습니다. 우리에게 영(靈)과 육(肉)은 전혀 다른 것이지만, 하나님께는 육 안에 영이 있고, 영 안에 육이 있습니다. 예수님은 영만 부활하신 것이 아니라 몸도 다시 사셨습니다. 기독교는 영과 함께 몸을 인정합니다.

4 마찬가지로 영적인 예배는 육적인 것을 다 배제한 것이 아닙니다. 도리어 하나님께서는 우리가 생각하지 못한 것들을 영적인 예배라고 하십니다.

5 12장 1절의 "이는 너희가 드릴 영적 예배니라"라는 말씀 앞에는 영적 예배에 대한 설명이 있습니다. 하나님은 '우리 몸을 하나님이 기뻐하시는 거룩한 산 제물로 드리는 것'이 영적 예배라고 말씀하십니다.

6 몸을 거룩한 산 제물로 드리는 것이 무엇입니까? 그것은 2절에 나와 있습니다. "너희는 이 세대를 본받지 말고 오직 마음을 새롭게 함으로 변화를 받아 하나님의 선하시고 기뻐하시고 온전하신 뜻이 무엇인지 분별하도록 하라." 즉, 하나님의 뜻이 무엇인지 분별하고 그대로 살라는 말씀입니다.

7 이어지는 말씀에는 하나님의 뜻을 분별해서 우리가 해야 할 일들의 예가 나옵니다.

8 "혹 예언이면 믿음의 분수대로, 혹 섬기는 일이면 섬기는 일로, 혹 가르치는 자면 가르치는 일로, 혹 위로하는 자면 위로하는 일로, 구제하는 자는 성실함으로, 다스리는 자는 부지런함으로, 긍휼을 베푸는 자는 즐거움으로 할 것이니라 사랑에는 거짓이 없나니 악을 미워하고 선에 속하라 형제를 사랑하여 서로 우애하고 존경하기를 서로 먼저 하며 부지런하여 게으르지 말고 열심을 품고 주를 섬기라 소망 중에 즐거워하며 환난 중에 참으며 기도에 항상 힘쓰며 성도들의 쓸 것을 공급하며 손 대접하기를 힘쓰라"(롬 12:6-13).

9 이 말씀에 따르면 하나님을 믿는 믿음으로 사는 삶, 실천할 수 있는 믿음의 행함이 하나님께 드리는 영적 예배입니다.

10 세상에 나가서는 방언을 할 필요가 없습니다. 어차피 알아듣지도 못할뿐더러 이상하게 봅니다. 많은 사람들이 그런 것만 영적인 것이라고 생각하지만, 하나님은 그것이 아니라 내게 주어진 삶을 잘 섬기는 것, 성도의 쓸 것을 공급하고 잘 섬기는 것이 영적인 예배라고 말씀하십니다. 우리는 섬김 받기를 원하지만 하나님의 뜻은 우리가 섬기는 것입니다.

11 다일공동체를 운영하는 최일도 목사님은 노숙자들에게 한결같이 식사를 대접하고 있습니다. 저도 가서 본 적이 있는데, 제가 보니 그것이 예배였습니다. 최 목사님은 노숙자를 섬기고 대접하는 일에 마음과 정성을 다하십니다. 굉장히 섬세하게 섬기는 모습을 볼 수 있었습니다. 어찌 보면 노숙자들이 한 끼 대우는 식사이기 때문에 대충할 것 같지만 그렇지 않습니다. 모든 재료를 좋은 것으로 쓰려고 노력합니다.

12 제가 섬기던 교회의 한 청년이 결혼을 했습니다. 그런데 신혼여행을 다일공동체로 갔습니다. 신혼여행 휴가를 받아서 그곳에서 일주일 동안 밥 퍼주었습니다. 그리고 신혼여행비로 밥값을 냈습니다. 그랬더니 그것을 따라하는 청년들이 생기기 시작했습니다. 유행이 되었습니다. 그 청년은 아이 돌잔치도 그곳에서 했습니다. 돌잔치 할 돈으로 노숙자 천 명을 대접했습니다.

13 그 말을 듣고 얼마나 기뻤는지 모릅니다. 그러니 목사인 제가 가만히 있을 수 있었겠습니까? 우리 손녀도 그곳에서 돌잔치를 했습니다. 제가 이렇게 기쁜데 우리 하나님은 얼마나 기쁘시겠습니까? 이것이 예배입니다. 예배는 하나님을 기쁘시게 하는 것입니다. 그것이 '영적

예배'입니다. 얼핏 보면 노숙자에게 밥 퍼 주는 일은 착한 일이긴 하지만 전혀 영적인 일로 보이지 않습니다. 그러나 하나님은 그것이 영적 예배라고 하시는 것입니다.

14 이런 선한 일뿐만 아니라 직장에 나가서 그리스도인으로서 열심히 일하는 것도 영적 예배입니다. 조금 다른 이야기이지만, 저는 청년들에게 회사에 가서 교회 일 절대 하지 말라고 이야기합니다. 언젠가 믿지 않는 사장님에게 "그래도 교회에 다니는 아이들이 낫지요?"라고 물은 적이 있습니다. 그랬더니 "아니오"라는 대답이 돌아왔습니다. 이유를 물었더니 "교회 다니는 애들은 직장에 와서 근무 시간에 교회 일 하고, 큐티합니다"라는 것입니다. 이건 잘못된 일입니다.

15 저는 청년들에게 절대로 근무 시간에 교회 일을 할 만큼 교회 일을 맡으면 안 된다고 말합니다. 더 심하게 "근무 시간에 교회 일 하는 것은 도적질하는 것이다"라고까지 이야기했습니다. 우리는 하나님의 일이면 무조건 다 해도 되는 줄 알지만, 근무 시간에 다른 일을 하는 것은 고용주의 것을 도적질하는 것입니다. 그래서는 안 됩니다.

16 근무 시간에 열심히 근무하는 것도 예배입니다. 그것을 통하여 하나님이 영광을 받으십니다. 믿지 않는 사장님의 입에서 "예수 믿는 청년들이 낫지요. 그들이 일도 잘하고 정직합니다" 이런 고백이 나오게 하는 것, 그것이 영적 예배입니다.

17 그런데 우리는 그것을 예배라고 생각하지 않습니다. 그건 세상일이라고 생각합니다. 성(聖)과 속(俗)에 대한 이원론적 생각에 꽉 잡혀 있습니다. 이 세상에 있는 것은 다 하찮은 것, 세속적인 것이 아닙니다. 그

래서 "무슨 일을 하든지 마음을 다하여 주께 하듯 하고 사람에게 하듯
하지 말라"(골 3:23)라고 하신 것입니다.

망할 각오 하고 시작하는 일

18 세상에는 세상의 법과 방식이 있고, 하나님나라에는 하나님의 법과
방식이 있습니다. 이 두 가지가 충돌할 때 사람들은 말합니다. "목사
님 말씀은 옳지만 목사님은 세상을 몰라도 너무 모르시는 것 같아요."

19 대부분의 교인들은 믿음 없다는 소리 듣기 싫어서 이런 말을 하지는
않지만 교회에서는 말씀에 "아멘" 해도 세상 나가서는 자기 원하는
길로 갑니다. 그러면서 마음에 아무런 가책도 느끼지 않습니다. 그것
이 그냥 사는 방법인 줄 알기 때문입니다. 예배나 영적인 일은 교회에
서만 이루어지는 것이고, 세상은 나름대로 사는 방식이 있다고 생각
하는 것입니다.

20 그런데 하나님은 예배당에서뿐만 아니라 세상에서 드려지는 예배를
받기 원하십니다. 사실, 교회에서 하나님의 방법에 '아멘' 하는 것은
쉽습니다. 정말 어려운 것은 세상에서 하나님의 방식대로 사는 것입니
다. 이것은 죽음을 각오해야 하는 일입니다. 망할 것을 각오해야 하는
일입니다. 그래서 하나님은 이것을 '산 제물'이라고 표현하셨습니다.

21 '제물'이라는 표현을 쓰신 것은 그만큼 힘든 일이기 때문입니다. 하나
님 앞에 드리는 예배에는 '제물'이 있어야 합니다. 영적 예배에서 가
장 중요한 제물은 '우리의 삶'입니다. 내 욕심 버리는 것, 나를 꺾고
순종하는 것, 그것이 제물입니다. 그 제물이 있을 때 영적 예배라는
것입니다.

22 어떤 분이 여행을 하다가 낯선 교회에 들어갔는데 아무리 기다려도 예배 시작을 안 하더랍니다. 그래서 옆에 있는 사람에게 "언제 예배가 시작됩니까?"라고 물었더니 "당신이 저 문을 열고 나가면서부터 예배는 시작됩니다"라고 대답했다는 이야기가 있습니다. 우리 삶이 영적 예배가 되어야 합니다.

23 하지만 대부분은 세상 방식을 따라 삽니다. 로마서에 대한 잘못된 이해 때문입니다. 로마서는 '믿음으로 얻는 구원'에 대해 말합니다. 그러니 하나님을 향한 믿음만 있으면 세상 방식을 따라 살아도 괜찮다고 생각합니다. 그렇게 산다고 해서 멸망 받는 것도 아니니 괜찮다는 것입니다. 이런 합리화는 이신득의(以信得意)에 대한 잘못된 이해입니다. 이것은 천박한 은혜주의입니다. 지나친 율법주의도 잘못된 것이지만 천박한 은혜주의도 잘못된 것입니다.

24 믿음 없는 행함으로는 구원 얻을 수 없습니다. 그렇다면 행함 없는 믿음으로는 구원 얻을 수 있습니까? 그것도 말이 안 됩니다. 왜냐하면 믿음이 있으면 행할 수밖에 없기 때문입니다. 행함이 없다는 것은 믿음이 없다는 뜻입니다.

25 그러면 행함이 곧 믿음입니까? 또 믿음은 다 행함입니까? 그렇지는 않습니다. 사람의 논리와 말로는 완전한 진리를 충분히 설명하기가 어렵습니다. 사람은 엇나갈 때도 있고 실수할 때도 있습니다. 하나님은 그것을 아십니다. 믿는다고 완전히 행하지 못하는 것이 우리의 한계입니다. 믿음이 있으나 한계가 있는 것과 전혀 믿음이 없는 것은 하나님이 판단하실 일입니다. 하지만 자신의 삶을 돌아볼 때 행함이 없다면 믿음이 없는 것은 아닌지 점검해야 합니다.

26 야고보서의 가르침이 이것입니다. 많은 사람들이 로마서와 야고보서가 서로 상반된다고 알고 있지만, 그렇지 않습니다. 같은 이야기입니다. 로마서에서 말한 믿음이 바로 야고보서에서 말한 그 믿음입니다.

세상에서 하나님 방식대로 살기

27 로마서 12장 본문은 '그러므로'라는 말로 시작합니다. 로마서를 전체적으로 보면, 1-11장에서는 율법주의와 그릇된 선민의식에 빠져 있는 사람들에게 율법을 행함이 아닌 믿음으로 구원 얻는 것임을 강조합니다. 그리고 이어서 나오는 12장은 '그러므로'라는 말로 시작되어 믿음으로 구원 얻은 사람이 어떻게 살아야 하는지를 말합니다. 그렇게 살지 않는다면 믿음이 없는 것입니다. 이것이 로마서의 구조입니다.

28 세상에서 하나님의 방식대로 살면 성공할까요? 쉽지 않습니다. 우리가 풀기 어려운 문제 가운데 하나가 '순교자'입니다. 순교자는 세상적인 기준에서 보면 하나님의 방식으로 살다가 망한 사람입니다. 세상에서는 다시 회복할 기회도 없습니다. 사도 바울 역시 세상 기준으로 보면 감옥에서 죽은 실패자입니다. 하나님께 그렇게 충성을 다했건만 이 땅에서 비참하게 죽었습니다.

29 이 세상에서 하나님의 방식을 고집하면 죽을 수도 있고, 망할 수도 있고, 실패할 수도 있습니다. 하지만 그것은 아주 일부분입니다. 대부분의 경우에는 근사한 반전이 있습니다. 사실은 하나님의 방식을 선택해야 세상적으로도 잘살고 성공할 수 있습니다. 욥을 보십시오. 욥은 많은 고난을 당했지만 하나님이 이 땅에서 갑절로 갚아주셨습니다.

30 시편에 이런 말씀들이 있습니다. "악인들은 그렇지 아니함이여 오직 바람에 나는 겨와 같도다"(시 1:4). "악인들은 풀같이 자라고 악을 행하는 자들은 다 흥왕할지라도 영원히 멸망하리이다"(시 92:7). "의인은 종려나무같이 번성하며 레바논의 백향목같이 성장하리로다"(시 92:12).

31 하나님이 아니면 못 쓰실 표현들입니다. 풀과 나무를 심으면, 처음에는 풀이 빨리 자라다가 시간이 지나면 금방 시들어버립니다. 하지만 나무는 더디지만 계속 자랍니다. 비교가 안 됩니다. 그러므로 멀리 봐야 합니다. 당장 보면 풀이 잘되는 것 같지만 그렇지 않습니다. 그래서 성경은 "악인의 형통함을 부러워하지 말며"(잠 24:1)라고 말합니다.

32 하나님 때문에 손해 보는 것이 좀 있어야 합니다. 하나님 때문에 고생하는 것이 좀 있어야 합니다. 그것이 예배입니다. 우리는 하나님 때문에 받는 것만 생각합니다. 병도 낫고, 돈도 벌고, 형통해야 합니다. 하지만 하나님을 사랑해서 드리고 싶은 마음은 너무 부족합니다.

하나님의 메커니즘은 회복이다

33 학교 다닐 때 전도하다 보면 하나님을 보여주면 믿겠다는 친구들이 있었습니다. 하나님을 어떻게 보여주겠습니까? 하지만 저에게는 보였습니다. 제가 하나님의 얼굴을 본 것도 아니고 하나님과 악수를 한 것도 아니지만, 세상을 보니 하나님이 보였습니다.

34 얼마 전에 텔레비전에서 우주에 대해 다룬 프로그램이 방영되었는데, 그 세계가 얼마나 크고 광활한지 새삼 깜짝 놀랐습니다. 우리가 지금 보는 빛이 250억 광년에서 온 빛이라고 합니다. 그런데 그 넓은 세계

의 모든 것이 다 질서 있게 움직이고 있습니다. 또 자녀를 보십시오. 생명이라는 것이 얼마나 신비합니까? 아이를 낳고도 하나님이 없다고 말할 수 있을까요? 이렇게 큰 우주만 있는 것이 아닙니다. 미세한 데로 들어가면 그것이 또 기가 막힙니다. 마이크로, 나노와 같은 엄청난 세계가 있습니다. 그런 걸 보면 하나님이 얼마나 위대하신지 알 수 있습니다.

35 그 하나님이 우리를 사랑하십니다. 그 모든 것의 중심과 목적이 인간입니다. 하나님이 우리에게 주시려고 만드신 것입니다. 그러므로 하나님의 창조를 보면 '하나님이 계시다', '하나님은 전능하시다', '하나님은 우리를 사랑하신다'라는 것을 알 수 있습니다.

36 하나님이 우리를 사랑하시면 세상의 그 어떤 것도 그리스도 예수 안에 있는 하나님의 사랑에서 우리를 끊을 수 없습니다(롬 8:35-38). 이것이 우리의 믿음입니다.

37 사람들은 세상이 점점 망해간다고 하지만 사실 세상은 회복으로 가고 있습니다. 하나님의 메커니즘은 회복입니다. 예전에 제가 축구 하다가 새끼손가락 뼈가 부러졌습니다. 둔해서 부러진 줄도 모르고 그냥 살짝 삔 줄 알았습니다. 그래서 병원에도 안 갔습니다. 그런데 지금은 잘 붙어서 문제가 없습니다. 우리 몸의 뼈는 부러져도 일정한 시간이 지나면 다시 붙습니다. 하나님이 붙게 만드신 것입니다.

38 때로는 너무 힘들어서 정신적으로 큰 고통을 느낄 때가 있습니다. 그럴 때는 꼭 죽고 싶습니다. 그러나 회복이 되고 나면 다 옛날이야기가 됩니다. 사람들은 세월이 약이라고 말합니다. 아닙니다. 하나님이 약

이십니다. 하나님이 우리를 구원하시려고, 회복시키시려고 인간이 되셨고, 십자가를 지셨습니다. 예수님은 구원을 의미합니다.

끊어진 파이프라인을 이어라

39 그런데 우리는 왜 이렇게 힘듭니까? 누군가 테레사 수녀에게 이렇게 물었다고 합니다. "하나님이 구원이신데 우리의 삶은 왜 이렇게 힘듭니까?" 그러자 테레사 수녀는 "파이프라인이 잘못되어서 그렇습니다. 그러니 회개하세요"라고 대답했다고 합니다. 수원지가 무궁무진하더라도 파이프라인이 중간에 막혀 있으면 물이 잘 나오지 않습니다. 그러니까 문제는 파이프라인인 우리한테 있습니다.

40 하나님이 우리를 사랑하시는 것은 틀림없습니다. 그런데 사랑을 통한 능력은 사랑을 통해서만 받을 수 있습니다. 짝사랑은 사랑이 아니지 않습니까? 하나님이 사랑하셔도 내가 사랑하지 않으면 연결이 안 됩니다. 즉, 우리가 하나님을 사랑하지 않기 때문에 받을 수 없는 것입니다. 문제는 거기에 있습니다.

41 요즘 제 생각은 온통 손녀딸에게 가 있습니다. 거의 매일 전화 통화를 하는데, 이 녀석이 요즘 터득한 것이 있습니다. "구하면 주신다. 거기다가 애교까지 부리면 더 주신다." 그러면서 통화 때마다 "할아버지, 아이 러브 유" 하면서 애교를 부립니다. 그러면 제가 귀찮아할까요? 아닙니다. 행복합니다. 손녀가 옆집 아이가 무슨 선물을 받았다고 하면서 부러워하면 다음 날 당장 사서 보내줍니다. 그렇게 사 보내면서도 행복합니다. 손녀딸이 좋아할 걸 생각하면 행복합니다.

42 하나님도 똑같으실 것입니다. 그래서 "구하면 주신다, 찾아라"라고

말씀하십니다. 그것이 하나님의 기쁨입니다. 하나님의 생각은 온통 사랑하는 사람에게 가 있습니다. 그런데 하나님에 대한 우리의 마음도 그렇습니까? 하나님이 우리 삶의 목적입니까? 혹시 하나님을 알라딘 램프의 요정쯤으로 생각하는 것은 아닙니까?

43 우리의 목적은 "먹든지 마시든지 무엇을 하든지 다 하나님의 영광을 위하여"(고전 10:31) 하는 것입니다. 그것이 사랑입니다. 하나님이 우리를 사랑하시고 우리가 하나님을 사랑하면, 하나님이 우리를 목적으로 삼으시고 우리가 하나님을 목적으로 삼으면 서로 연결됩니다. 그러면 하나님의 전능하신 구원과 능력과 치유와 회복이 다 우리의 것이 됩니다. 우리의 잔이 넘치게 됩니다.

44 그러니 하나님을 탓할 일이 아닙니다. 저 사람의 삶에서는 은혜가 콸콸 쏟아지는데, 내 삶에서는 쫄쫄 흐르고만 있는 것은 우리의 목적이 빗나갔기 때문입니다. 목적이 빗나가면 연결이 안 되고 어긋납니다. 산에서 터널을 뚫을 때 양쪽에서 파고 들어오다가 중간에서 딱 만나면 뚫리게 됩니다. 이것이 예배입니다.

45 삶이 예배가 되어야 합니다. 우리의 삶에서 하나님을 목적으로 삼고 먹든지 마시든지 무엇을 하든지 다 그분의 영광을 위하여 한다면 그것이 바로 예배입니다. 예배자에게 주시는 하나님의 복은 큽니다. 우리 모두가 그 복을 다 받아 누릴 수 있기를 바랍니다.

CHAPTER 20

권위주의를 내려놓고 낮아짐으로
권위를 세워라

각 사람은 위에 있는 권세들에게 복종하라 권세는 하나님으로부터 나지 않음이 없나니 모든 권세는 다 하나님께서 정하신 바라 그러므로 권세를 거스르는 자는 하나님의 명을 거스름이니 거스르는 자들은 심판을 자취하리라 롬 13:1-2

하나님이 좋은 이유

1 하나님은 좋으신 하나님입니다. 많은 사람들, 특히 예수님을 믿는 우리는 하나님을 좋아합니다. 왜 하나님을 좋아합니까? 사람마다 그 이유가 다르겠지만, 저는 하나님이 권위적이지 않으셔서 좋습니다.

2 물론 저를 사랑해주시고, 구원해주신 분이니까 어떻게 좋아하지 않을 수 있겠습니까? 그럼에도 저는 그분이 권위적이지 않고 때로는 전혀 하나님 같지 않은 모습들 때문에 더 좋습니다. 그분은 사람들에게 매를 맞으셨습니다. 모욕도 당하셨습니다. 그 모든 것에도 불구하고 사람이 되셨습니다.

3 주님은 "내가 문 밖에 서서 두드리노니"(계 3:20)라고 말씀하십니다. 그냥 들어오시지 않습니다. 내가 열어주면 들어오시고, 안 열어주면 기다리십니다. 저는 이 하나님이 기가 막히게 좋습니다.

4 하나님은 권위주의적이지 않으십니다. 그래서 함부로 명령하실 것 같지만 그렇지 않습니다. 우리 인간을 명령하면 무조건 따라야 하는 기계적인 존재로 만들지 않으셨습니다. 하나님은 우리에게 자유의지를 주셨습니다. 자유의지는 하나님이 인간에게 주신 소중한 것입니다.

5 명령하면 따를 수밖에 없는 관계에서의 복종은 재미가 없습니다. 우리가 하나님을 거부하거나 모른척 할 수도 있는데, 우리의 의지로 하나님을 선택한다면 하나님은 그것으로 정말 기뻐하십니다.

6 자유는 기독교에서 굉장히 중요한 개념입니다. 이것이 바로 기독교와 미신을 구별하는 키워드가 됩니다. 미신에는 자유가 없습니다. 이사도 제 맘대로 못 갑니다. 손 없는 날을 받아서 무당이 가라고 하는 방향으로 가야 합니다. 운명이나 팔자를 가지고 사람을 꽁꽁 묶어 놓습니다. 그리고 겁을 줍니다.

7 예수 믿는 사람은 언제 이사합니까? 시간이 맞는 날 아무 때나 합니다. 가고 싶은 곳으로 갑니다. 성경에도 있습니다. "네가 어디로 가든지 네 하나님 여호와가 너와 함께 하느니라"(수 1:9).

8 인생을 집을 짓는 건축에 비유한다면, 미신에서는 신(神)이 집을 짓습니다. 신이 자기 마음대로 집을 짓는데, 거기에 대해서 사람은 말할 자격이 없습니다. 그게 운명이고 팔자입니다. 그러다 그 집이 마음에 안 들어서 바꾸려는 것을 '팔자 고친다'고 합니다. 그러기 위해서 굿을 해야 하고, 무당의 말을 잘 들어야 합니다. 이것이 미신입니다.

9 기독교에서는 하나님이 집을 지어주지 않으십니다. 하나님은 우리에게 "네 인생의 집을 네가 한 번 지어봐"라며 집을 지을 수 있는 자유와 스스로 집을 지을 수 있는 능력을 주십니다. 그리고 자꾸 격려하며 지혜도 주시고 능력도 주시며 코치하십니다. 그렇게 우리가 집을 잘 지을 수 있도록 도와주십니다. 실수할 때도 끊임없이 새로운 기회를 주십니다.

10 권위주의자의 특징은 남의 자유를 빼앗고 억압하는 것입니다. 그러나 하나님은 권리는 우리에게 주시고 책임은 자신이 지려고 하십니다. 그런 하나님이 우리의 하나님이십니다.

11 그러니 예수 믿는 사람은 절대로 권위주의적이면 안 됩니다. 하나님을 닮은 우리는 자녀에게도, 부하 직원에게도, 다른 어떤 사람에게도 권위주의적이면 안 됩니다.

듣게 해야 듣는다

12 사람은 명령한다고 듣는 존재가 아닙니다. 제 막내아들이 전도사로 사역을 나가서 주일학교를 맡아 처음 설교를 했는데, 아이들이 말을 정말 안 들었다고 합니다. 그러니 아들이 정말 힘들어 하며 어쩔 줄 몰라 펄펄 뛰었습니다. 그러고는 제가 설교할 때도 아이들이 그랬냐고 물어봅니다. 그때는 그때 나름대로 아이들이 말을 안 듣기는 마찬가지였습니다.

13 우리는 본능적으로 권위주의적입니다. 그러나 무조건 듣는 것은 없습니다. 듣게 해야 듣습니다. 제 아들은 아이들에게 처음부터 설교를 하려고 했습니다. 그건 마치 밭도 갈지 않고 씨부터 뿌리겠다는 것과 똑같습니다.

14 씨를 뿌리려면 먼저 밭을 갈아야 합니다. 그런데도 "내가 전도사인데 쪼그만 것들이 내 말을 안 들어!"라는 분위기로 가면 점점 더 안 됩니다. 아이들이 듣게 하려면 권위주의부터 버려야 합니다.

15 제가 볼 때 가장 권위주의적인 사람들은 부모인 것 같습니다. 부모는

자녀들을 위해서 옳은 말을 합니다. 아이들도 그것을 압니다. 자기를
위해서 하는 말이고, 옳은 말이라는 것도 압니다. 그런데도 말을 안
듣습니다.

16 어른들은 옳은 말, 좋은 말을 기분 나쁘게 말하는 은사(?)가 있습니다.
그리고 대부분 명령합니다. '까불면 맞는다'는 식의 분위기가 되면 기
분이 나빠집니다. 옳은 말이지만 그 말에 순종하자니 자존심이 상합
니다. 아이를 인격으로 대하지 않기 때문에 일어나는 현상입니다. 내
아이니까 내가 마음대로 해도 되는 것으로 생각합니다. 이런 사고가
몸에 배어 있습니다.

17 요즘은 그런 일이 별로 없지만, 예전에는 엄마들이 자녀들에게 버릇
을 가르친다면서 추운 날 속옷만 입혀서 대문 밖에 세워놓기도 했습
니다. 저는 정말 이해가 되지 않았습니다. 나중에 그 자녀들이 성장하
면 오히려 부모 말을 더 듣지 않을 가능성이 많습니다.

18 아이들을 내쫓는 일은 절대로 하면 안 됩니다. 그것을 가지고 협박
해도 안 됩니다. 아직 자기 힘으로 살아갈 수 없는 아이들에게 그것
은 폭력입니다. 아이들도 당장은 어쩔 수 없으니 말을 듣지만, 쌓이
고 쌓이면 폭발하게 됩니다. 부모들은 권위주의에 대해 반성해야 합
니다.

19 노자는 《도덕경》에서 최상의 왕, 최상의 정치를 이야기하는데, 그중
에 제일 하위정치가 군인 정치입니다. 명령에 불복종하면 칼 들고 협
박하는 정치입니다. 칼을 들면 겉으로는 복종하지만 보이지 않는 데
서는 말을 듣지 않으니, 제대로 된 통치를 할 수 없게 됩니다.

20 둘째는 백성에게 칭송 받고 존경 받는 왕입니다. 제 생각에는 이것이 최상의 왕이 되어야 할 것 같은데, 노자는 백성이 왕이 누군지 모르는데도 나라가 잘 굴러가는 경우가 최상이라고 합니다. 노자는 여기까지만 알았지만 저는 그분의 이름이 누군지 알았습니다. 그래서 그 책의 여백에 이렇게 썼습니다. "그런 왕이 한 분 계신다. 하나님."

21 하나님은 인격적이시고 민주적이십니다. 하나님은 우리의 인격을 존중해주시고 자유를 주시기에 그분이 계신 줄도 모르는 사람들이 많습니다. 그렇게 인간이 자기 멋대로 사는 것 같지만, 하나님은 인간에게 자유를 주면서도 통치하십니다. 저는 이런 하나님이 정말 좋습니다.

목욕물 버리다가 아이까지 버리면 안 된다

22 권위주의는 없애야 합니다. 하지만 권위주의와 싸우다가 권위를 부정해서는 안 됩니다. 아이를 목욕시키고 물을 버리다가 아이까지 같이 내버렸다는 우스갯소리가 있습니다. 목욕물만 버려야지 아이를 버리면 어떻게 합니까? 마찬가지로 권위주의를 버려야지 그러다가 권위까지 버리면 안 됩니다.

23 사도 바울은 로마서 13장에서 이렇게 말합니다. "각 사람은 위에 있는 권세들에게 복종하라 권세는 하나님으로부터 나지 않음이 없나니 모든 권세는 다 하나님께서 정하신 바라 그러므로 권세를 거스르는 자는 하나님의 명을 거스름이니 거스르는 자들은 심판을 자취하리라"(롬 13:1,2).

24 여기서 "권세들에게 복종하라"는 말씀은 권위주의에 무조건 복종하라는 것이 아닙니다. 부모가 옳고 그른 것에 대해 이야기할 수는 있지

만 언제나 부모는 부모여야 합니다. 어른은 어른이어야 합니다. 스승은 스승이어야 합니다. 그것을 거스르면 안 됩니다. 그 권위는 인정하고 살라는 말씀입니다.

25 그런데 권위를 인정하는 것이 얼마나 어려운 일인지 모릅니다. 우리가 어른의 자리에 있다면 아랫사람을 존중해야 합니다. 즉, 윗사람의 도리라는 것이 있습니다.

26 사실 우리 부모세대가 윗사람 노릇을 잘했다면 권위의 문제가 생기지 않았을 것입니다. 우리가 존경받는 어른이 못 되니까 젊은이들이나 아이들이 권위를 무시하는 것입니다. '자식의 은혜를 아는 부모'가 되어야 합니다.

27 제 큰아이는 피아노를 쳤는데, 중학교 2학년이 되니 곧잘 치게 되었습니다. 부모 마음에 아이의 피아노 실력을 자랑하고 싶지만 기회가 없었는데, 마침 교회에서 가족찬양대회 때 찬조출연을 해달라고 요청이 왔습니다. 그래서 큰아이에게는 피아노를 치라고 했습니다. 저한테는 아무 말 않던 아이가 엄마에게는 피아노 치기 싫고 같이 노래하고 싶다고 했나 봅니다.

28 그랬더니 아내가 "애, 아빠가 열심히 일하셔서 너 밥 먹여주고 피아노 가르쳐줬는데, 그것도 안 한다고 하면 되겠어?"라고 했답니다. 밥 먹여줬으니 하라는 대로 해야 한다는 것처럼 치사한 것이 어디 있습니까? 그래서 제가 아이에게 편지를 썼습니다.

29 "엄마한테 얘기 들었는데 엄마가 실수한 거야. 엄마도 다 인정했어. 네가 나한테 빚이 있는 건 사실이지만, 나도 너한테 빚이 많다. 네가

알다시피 아버지가 무녀독남 외아들로 자라다가 결혼해서 엄마가 임신했을 때 얼마나 기뻤는지 모른다. 그래서 네 이름을 아비 부(父) 자, 기쁠 열(悅) 자를 써서 '부열'(아비의 기쁨)이라고 지었단다. 아버지가 정말 기뻤어. 네가 태어나서 1년 동안 버스에서 내려서 집에까지 3분인데 아빠가 한 번도 걷지 않았다. 날아다녔지. 그때 네가 나에게 준 기쁨은 평생 갚아도 갚지 못할 빚이란다. 그러니까 밥 먹은 빚 때문에는 피아노 안 쳐도 된다. 너도 빚 있고 나도 빚 있으니까 정 치기 싫으면 안 쳐도 된단다."

30 제 아이가 피아노를 쳤을까요? 신나게 쳤습니다. 게다가 저와의 사이도 더욱 좋아졌습니다.

31 자식의 은혜가 있다는 것을 알아야 합니다. 그것을 알면 관계가 좋아지기 시작합니다. 제가 아이에게 피아노를 치는 것에 대한 선택권을 준 것은 제 권위주의를 포기한 것입니다. 제가 명령했다면 피아노는 쳤겠지만 관계는 나빠졌을 것입니다.

32 그런데 제가 아이에게 예의를 지켰더니 아이 스스로 피아노를 쳤습니다. 뿐만 아니라 아이가 저의 권위를 인정해주었습니다. 그 아이는 저에 대해 예의를 지킵니다. 이런 관계가 되는 것이 중요합니다.

33 아랫사람이 되었을 때 윗사람의 권위를 인정하는 것, 윗사람이 되었을 때 아랫사람의 권위를 인정하는 것, 이것이 예수 믿는 사람들이 훈련하고 배워야 할 굉장히 중요한 것 같습니다.

34 그런데 어떻게 하면 그런 균형을 잘 잡을 수 있을까요? 우리가 배워야 할 것은, 우선 사랑하는 것입니다. 사람을 사랑하는 것을 배워야 합니다. 사랑하면 허다한 허물을 다 덮게 됩니다. 사랑하면 예의도 생기고, 무례하지 않게 됩니다. 서로를 존중하게 되고 권위주의가 사라지게 됩니다.

35 한번은 어떤 아이가 긴 머리를 하나로 묶고 교회에 왔습니다. 무슨 문제가 되냐고요? 문제는 그 아이가 남자아이였다는 것입니다. 처음에 저는 그 아이를 보고 교회 물을 흐리러 들어온 미꾸라지라고 생각했습니다. 저도 고리타분한 어른인가 봅니다. 그런데 한 번 더 생각하니까 머리 깎고 나간 놈보다야 머리 묶고 들어온 놈이 더 낫다는 결론에 이르렀습니다.

36 그렇게 생각을 한 번 바꾸니까 그놈이 기특해 보였습니다. 그렇게 한 달을 지켜보니 아이가 예쁘게 보였습니다. 하지만 말로는 표현하지 않고 혼자 생각만 하고 있었습니다. 그런데 놀라운 일이 일어났습니다. 이후로 머리 묶은 아이들이 단체로 오기 시작했습니다. 저를 목사로 인정하고 설교도 집중해서 잘 들었습니다.

37 저는 이전에는 은혜를 받으려면 머리가 단정해야 되는 줄로만 알았습니다. 하지만 이제는 그 아이들이 예뻐 보입니다. 이런 마음을 갖게 되니 절로 권위주의에서 탈피하게 되고, 아이들은 저를 목사로 인정해주었습니다.

38 우리는 상대방이 어떤 사람이든 사랑하고 존중하고 인격적으로 대해

야 합니다. 하나님이 우리를 그렇게 대해주십니다. 어른들은 권위주의를 버리고, 젊은이들은 권위에 순종해야 합니다. 그렇게 살아가는 우리가 되기를 바랍니다.

CHAPTER 21

내일은 기약 없다,
지금 영원을 준비하라

또한 너희가 이 시기를 알거니와 자다가 깰 때가 벌써 되었으니 이는 이제 우리의 구원이 처음 믿을 때보다 가까웠음이라 밤이 깊고 낮이 가까웠으니 그러므로 우리가 어둠의 일을 벗고 빛의 갑옷을 입자 낮에와 같이 단정히 행하고 방탕하거나 술 취하지 말며 음란하거나 호색하지 말며 다투거나 시기하지 말고 오직 주 예수 그리스도로 옷 입고 정욕을 위하여 육신의 일을 도모하지 말라 롬 13:11-14

종말을 아는 것이 무슨 유익인가?

1 마태복음 25장에 나오는 열 처녀 비유는 우리가 잘 아는 이야기입니다. 신랑을 기다리는 열 처녀가 있었는데 그중 다섯 처녀는 기름을 준비했고, 다섯 처녀는 기름을 준비하지 않았습니다. 기름을 준비한 지혜로운 다섯 처녀는 혼인잔치에 들어갔지만, 기름을 준비하지 않았던 어리석은 다섯 처녀는 혼인잔치에 들어가지 못했다는 이야기입니다.

2 그런데 지혜로운 다섯 처녀와 어리석은 다섯 처녀에게 공통점이 있습니다. 둘 다 신랑이 언제 올지 몰랐다는 점입니다. 신랑이 언제 오는지 아는 게 지혜가 아닙니다. 지혜의 여부는 '기름 준비'에 있습니다. 지혜 있는 사람은 신랑이 오는 때가 '지금'이라고 생각하고 기름을 준비했고, 어리석은 사람은 '나중'이라고 생각하여 기름을 준비하지 않은 것입니다.

3 우리에게도 종말의 때가 옵니다. 예수님이 다시 오십니다. 그런데 우리는 그때를 알 수 없습니다.

4 계산을 해보니 종말의 때가 언제가 되더라, 종말의 시기에 대한 이런 계시를 받았다는 등의 이야기들이 많지만, 이런 것은 다 이단입니다. 예수님은 그 때와 시는 아무도 모르고 아버지만 아신다고 하셨습니다

(마 24:26 참조). 사실 종말의 때를 아는 것이 중요한 게 아닙니다. 하나님이 왜 종말의 때를 모르게 하셨을까요? 종말의 때를 아는 것이 우리에게 유익하다면 하나님이 알려주셨을 겁니다.

5 만일 종말의 때를 사람들이 알게 된다면 아직도 날이 남았으니 천천히 하자, 조금 더 있다 해도 된다 하면서 삶을 엉망으로 살아갈 것입니다. 그러니 종말을 아는 것은 우리에게 도움이 안 될 뿐 아니라 오히려 더 나쁜 영향을 끼치게 됩니다.

6 우리는 늘 주님이 언제 오실지 모른다는 긴장감을 가지고 살아야 합니다. 이것을 ‘종말 신앙’이라고 합니다. 마치 지금이 종말의 때인 것처럼 사는 것입니다. 지금 예수님이 오시는 것처럼 사는 것이 깨어 있는 삶입니다. 만일 예수님이 10시간 후에 오신다면 지금 무엇을 하겠습니까? 사기를 칠까요? 멱살을 잡고 싸우겠습니까? 아마 화해하고 부둥켜안고 회개하기에도 바쁠 것입니다. 평상시에도 우리는 늘 이렇게 살아야 합니다.

‘차차 신앙’에 머물 것인가?

7 이런 재미있는 이야기를 읽은 적이 있습니다. 한의사이신 한 장로님이 친구에게 전도를 했습니다. 그런데 그 친구는 늘 “차차 믿지 뭐” 하면서 미루기만 했습니다. 그러다 어느 날, 그 차차 할아버지가 다리를 삐어서 퉁퉁 부은 다리로 침을 맞으러 그 장로님에게 왔습니다. 그때 그 장로님이 이렇게 말했답니다. “차차 놔 줄게. 차차.”

8 우리 신앙도 대개 ‘차차 신앙’입니다. 조금 더 있다가, 조금 더 놀다가 하겠다고 합니다. 어리석은 것입니다. 지금은 자다가 깰 때입니다. 예

수님이 오실 때가 다 되었습니다. 이것이 예수님이 가르쳐주신 신앙입니다.

9 하나님이 우리에게 원하시는 것은 종말의 때를 정확히 아는 것이 아니라, 그때가 지금이라고 생각하며 사는 것입니다. 그런 마음이 있어야 우리가 바른 신앙생활을 할 수 있습니다.

10 우리는 종말 신앙에 대해 좀 약합니다. 지금 당장 예수님 오시리라고 생각하며 사는 사람이 별로 없습니다. 그러나 성경은 깰 때가 되었다고 말합니다. 어둠의 일을 벗고 빛의 갑옷을 입으라고 말합니다. 그러면서 신랑을 맞기 위해 우리가 준비해야 할 기름, 깨어서 정리해야 할 일들을 몇 가지 예로 들어주었습니다.

지금은, 어둠의 일을 벗을 때다

11 첫째, 방탕하지 말아야 합니다. 방탕하게 산다는 것은 삶의 원칙 없이 자기 기분대로, 자기 욕심대로 살아가는 것입니다.

12 하나님이 에덴동산에 두신 원칙이 있었습니다. 선악과를 따 먹지 말라는 것입니다. 그것을 따 먹는 것이 방탕입니다. 원칙이 없어지는 것입니다. 절제하지 못하고 시간과 물질을 함부로 낭비하고 사는 것이 방탕입니다. 그런데 그렇게 살면 심판 때에 부끄럽지 않을까요? 하나님은 이런 방탕함을 버리라고 하십니다. 우리는 회개할 때 방탕하게 살고 있지는 않은지, 내 멋대로 하고 있는 일은 없는지 점검해보아야 합니다.

13 우리가 잘 아는 시편 1편 말씀입니다. "복 있는 사람은 악인들의 꾀를

따르지 아니하며 죄인들의 길에 서지 아니하며 오만한 자들의 자리에 앉지 아니하고 오직 여호와의 율법을 즐거워하여 그의 율법을 주야로 묵상하는도다"(시 1:1,2). 율법, 즉 하나님의 법에 어긋난 것들이 다 방탕한 것들입니다.

14 둘째, 술 취하지 말아야 합니다. 우리나라는 술을 너무 많이 마십니다. 예능 프로그램에서도 게스트들이 나와서 하는 이야기가 술 마신 이야기, 술버릇, 술 마시고 실수한 이야기 들입니다. 우리나라 대학생 전체의 52퍼센트가 술 때문에 학업에 지장을 받는다는 조사 결과도 있습니다. 뿐만 아니라 대학생의 47퍼센트가 술값으로 경제적 곤란을 경험했으며, 23퍼센트가 두세 번 정도의 사고나 피해를 경험했다고 합니다. 또 6퍼센트의 대학생이 술로 인한 불면증, 수전증을 가지고 있다고 합니다. 이 정도면 알코올 중독입니다.

15 술 문제를 우습게 생각하면 안 됩니다. 술이 지금 이 나라를 망하게 하고 있습니다. 그래서 하나님은 술 취하지 말라고 말씀하십니다. 술에 취해 있을 때 예수님이 오시면 얼마나 곤란하겠습니까?

16 셋째, 음란하지 말고 호색하지 말아야 합니다. 1991년에 중국 북경의 자금성에 다녀온 적이 있습니다. 유명한 관광지인 자금성에는 그때도 한국 여행객들이 많았습니다. 자금성의 놀라운 규모에 감탄하며 돌아보고 있는데, 뒤에서 한국 관광객들의 대화가 들렸습니다. "중국 황제는 후궁이 삼천 명이었대. 진짜 행복했겠다. 부인이 삼천 명이나 되니 얼마나 행복했겠어?" 그 말이 자금성을 돌아보는 내내 머리에 떠올랐습니다. 하지만 저는 궁을 돌아볼수록 '얼마나 외로웠을까?' 하는 생각이 들었습니다.

17 '귀하다'의 반대말에는 두 가지가 있습니다. '흔하다'와 '천하다'입니다. 귀한 것의 반대는 흔한 것입니다. 흔하면 천합니다. 귀한 것은 흔하지 않습니다. 이런 이야기를 들은 적이 있습니다. 세계에서 딱 두 개 있는 우표가 있으면, 하나를 가진 우표 수집가는 상대방의 우표를 매우 고가에 삽니다. 그리고 카메라를 켜놓고 그 앞에서 찢어버립니다. 하나만 남도록 하는 것입니다. 만약 그 우표를 10억을 주고 샀다면 10억을 찢어버리는 것입니다. 하지만 두 장 있을 때에는 한 장에 10억씩이었던 우표가 하나만 남게 되었을 때는 40억도 될 수 있고 50억도 될 수 있습니다. 세상에서 하나밖에 없는 것이기 때문입니다. 두 개 있는 것과 하나 있는 것은 다릅니다.

18 가장 귀한 것은 하나입니다. 사랑도 하나여야 합니다. 그런데 중국 황제는 많으면 좋은 줄 알고 삼천 명이나 부인으로 삼았습니다. 하지만 사랑은 삼천 개가 될 수 없습니다. 삼천 분의 일이 되었을 뿐입니다. 사랑은 본래 하나밖에 없는 것이기 때문입니다. 그러니 중국 황제는 사랑이 무엇인지 몰랐을 것입니다. 사랑한 적도 없고 사랑을 받은 적도 없었을 것입니다. 얼마나 외로웠겠습니까?

19 아이들하고 이야기할 시간이 별로 없는 저는 여행 다닐 때 편지를 써서 보내곤 합니다. 자금성을 돌아보던 그때의 마음을 둘째 아들한테 편지로 써서 보냈습니다. 열두 살쯤 되었을 때입니다. "아빠가 다니면서 보니까 중국 황제 불쌍하더라. … 그런데 아빠는 너희 엄마 한 사람만 사랑해. 그래서 아빠는 중국 황제보다 더 행복해. 너도 이다음에 한 사람만 평생 사랑하며 살렴." 아이가 알아들었을까요? 고작 열두 살이었으니 아빠가 이런 걸 왜 써서 보냈나 했을 것입니다. 하지만

아무것도 모를 때 교육시키는 '무의식화 교육'이 중요합니다.

20 제 아내도 아이들에게 어려서부터 이런 무의식화 교육을 시켰습니다.
제 아이들이 다 사내아이들인데, 아주 어렸을 적부터 목욕을 시킬 때
마다 이렇게 말했습니다. "엄마니까 지금은 이렇게 벗겨놓고 널 씻겨
주지만, 이다음에 커서는 네 아내 외에는 네 몸에 절대 손 못 대게 하
거라." 그게 무슨 소리인지 아이들은 알아들을 수 없었지요. 하지만
계속해서 무의식에 남도록 교육을 시킨 것입니다.

21 우리는 음란하지 말고 호색하지 말아야 합니다. 그렇지 않으면 소중
한 사랑을 잃어버리게 됩니다. 사랑은 장난이 아닙니다. 사랑이 얼마
나 귀한 것인지 모르는 사람들은 호색과 음란한 것을 사랑이라고 주
장하지만, 그것은 사랑이 아니라 사랑을 파괴하는 것입니다.

22 아내와 함께 뮤지컬 영화 〈맘마미아〉를 DVD로 보았습니다. 정말 잘
만든 영화였습니다. 그런데 그 영화의 내용이 무엇입니까? 아빠일 가
능성이 있는 사람이 셋인데, 자기가 누구의 딸인지 모른다는 것입니
다. 그게 아무렇지도 않습니다. 문화가 되어버렸습니다. 그만큼 지금
은 우리가 성적(性的)으로 순결함을 지키는 것이 거의 불가능한 시대
가 되었습니다.

23 한때 미국에서 순결운동이 일어나서 10만 명씩 회개하고 기도하고 순
결서약을 하는 일들이 일어났습니다. 그때 고등학교 여학생 한 명이
감동을 받아 서약을 하려다가 힘들어하는 것을 보았습니다. 그 나이
가 되었는데도 성 경험이 없다는 것은 뭔가 모자라거나 매력이 없다
거나 정신적으로 이상이 있다는 취급을 받기 때문이라고 합니다. 어

느새 순결을 지키지 않는 것이 지극히 자연스러운 일이 되어버린 것입니다.

24 그럼에도 이 모든 것을 이겨낼 수 있는 비결이 딱 하나 있습니다. '지금' 예수님이 다시 오신다고 생각하며 사는 것입니다.

지금은, 빛의 갑옷을 입을 때다

25 넷째, 투기나 시기하지 말아야 합니다. 제가 좋아하는 비유 중의 하나가 마태복음에 나오는 포도원 주인의 비유입니다. 어떤 포도원 주인이 새벽에 장터에 나가 일을 찾고 있는 사람들을 데려가다 포도원에서 일을 하게 했습니다. 그렇게 9시, 12시, 3시, 5시에 나가서 그때마다 사람들을 데려왔습니다. 그리고 저녁이 되자 모두에게 똑같은 품삯을 주었습니다.

26 그랬더니 한 데나리온을 약속 받고 새벽부터 하루 종일 일한 사람이 따졌습니다. 계약은 그렇게 했지만 한 시간 일한 사람에게 한 데나리온 주는 것을 보고 은근히 자신은 더 많이 줄 것이라고 기대를 한 것입니다. 우리 입장에서는 이 생각이 합리적인 것처럼 보입니다. 하지만 주인은 잘못한 것이 없습니다. 그는 계약을 충실히 지켰습니다.

27 반면 한 시간 일한 사람은 기분이 정말 좋았습니다. 하루 일 못하고 공치나 했는데 한 시간 일하고 하루치 일당을 받았으니 말입니다. 하루 종일 일한 사람이 그것을 보고 배가 아파서 따진 것입니다. 그런데 한 시간 일하고 한 데나리온 받은 사람이 만일 자기 아들이었다면 그래도 주인한테 가서 따졌을까요? 아마 감사하다고 인사를 했을 것입니다. 이것이 세상입니다.

28 천국은 어떨까요? 내 아들이 아닌 사람이 한 시간 일하고 한 데나리온 받을 때 배 아파하는 것이 아니라 같이 감사하고 진심으로 기뻐하는 것이 천국 아닐까요? "와, 너 오늘 빈손으로 갈 뻔했는데 너도 나처럼 돈을 받았구나. 한 시간밖에 일을 못해서 쌀 한 바가지도 못 살 돈밖에 못 받으면 어쩌나 걱정했는데, 정말 기쁘다! 정말 감사하다! 우리 주인 정말 훌륭해!" 이것이 제가 생각한 천국의 사고방식입니다. 천국에는 시기심이 없습니다. 시기하지 않으면 다투지도 않습니다.

29 다섯째, 성경은 오직 예수 그리스도로 옷 입고 정욕을 위하여 육신의 일을 도모하지 말라고 합니다. 제가 1970년 1월 2일에 설악산에 갔다가 백담사에서 장수사로 넘어가면서 길을 잃고 죽을 뻔한 적이 있습니다. 운동화에 청바지 입고 그 길을 넘었다는 친구의 말만 믿고 배낭에 라면 몇 개 넣고 덜렁덜렁 갔다가 길을 잃은 것입니다. 산이 얼마나 무서운지 모르고 나침반을 어떻게 사용하는지도 모른 채 산에 들어선 저는 구조가 10분만 늦었어도 죽을 수 있는 상황에 처했습니다. 그때 저는 길을 잃는다는 것은 곧 죽음이요, 길이 생명이라는 것을 배웠습니다.

30 저는 그때 장수대를 향하고 있었으니 장수대로 가는 길을 찾아야 했습니다. 즉, 목적이 없으면 길이 없어집니다. 목적이 길이고, 길이 생명입니다. 인생에서도 마찬가지입니다. 인생의 목적이 길이 되고, 그것이 우리의 생명이 됩니다. 길을 잃으면, 즉 목적을 잃으면 죽습니다.

길 되신 예수님이 생명이다

31 그렇다면 우리 삶의 목적은 무엇입니까? "너희가 먹든지 마시든지 무엇을 하든지 다 하나님의 영광을 위하여 하라"(고전 10:31). 이것이 우

리의 목적입니다. 이 길로 가면 우리는 훌륭해집니다. 아름다워집니다. 그런 사람이 많아지면 세상은 근사해집니다.

32 그러나 사탄은 우리를 사망으로 인도하기 위해 길을 잃어버리게 합니다. 길을 잃어버리게 하기 위해서 목적을 바꿔버립니다. 본래 하나님을 위해서 먹어야 하고, 하나님을 위해서 돈 벌어야 하고, 하나님을 위해서 일해야 하는 우리가 나를 위해서 살고 있습니다. 육신의 정욕을 위해서, 자랑하기 위해서, 다른 사람을 깔보기 위해서 죽기 살기로 일합니다. 그것을 벗어버려야 합니다. 그리고 그리스도로 옷 입고 육신의 정욕을 위하여 일하지 말아야 합니다.

33 교회 청년들에게 이렇게 말했습니다. "너, 하나님을 위해서 돈 좀 벌어봐라. 그래서 하나님나라의 중직자들이 되어라. 구레네 시몬처럼 하나님을 위해서 무거운 짐을 지려는 그런 사람이 되어라. 그래서 하나님나라의 중장비들이 되어봐라." 무거운 일이 있으면 부삽으로 처리할 수 없습니다. 중장비가 필요합니다. 그렇게 살면 10분 후에 예수님이 오신다고 해도 신나기만 할 것입니다.

34 "아멘, 주 예수여, 어서 오시옵소서!" 이런 종말 신앙을 가지고 살아갈 때 아름다운 삶을 살 수 있습니다. 주님이 기뻐하시는 삶을 살 수 있습니다. 이런 삶을 살아가는 우리 모두가 되기를 바랍니다.

CHAPTER 22

비판에도
예의가 필요하다

믿음이 연약한 자를 너희가 받되 그의 의견을 비판하지 말라 어떤 사람은 모든 것을 먹을 만한 믿음이 있고 믿음이 연약한 자는 채소만 먹느니라 먹는 자는 먹지 않는 자를 업신여기지 말고 먹지 않는 자는 먹는 자를 비판하지 말라 이는 하나님이 그를 받으셨음이라 남의 하인을 비판하는 너는 누구냐 그가 서 있는 것이나 넘어지는 것이 자기 주인에게 있으매 그가 세움을 받으리니 이는 그를 세우시는 권능이 주께 있음이라 롬 14:1-4

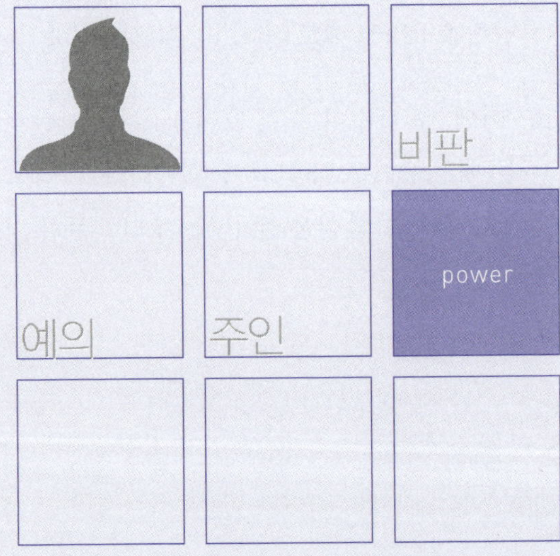

두 가지 비판

1 대부분의 사람들은 대화를 나눌 때 가장 먼저 자신의 이야기를 합니다. 자기 자랑을 합니다. 은근한 자랑에서 시작해 노골적인 자랑까지 다 했는데도 시간이 남으면 남의 이야기를 합니다. 남에 대한 좋은 이야기를 할 때는 질투를 섞어 합니다. 그런 것은 자기 자랑의 연장입니다. 그도 끝나면 다른 사람에 대해 비판하는 이야기가 시작됩니다.

2 로마서 14장 1절에 나오는 "비판하지 말라"는 말씀은 마태복음 7장에도 나옵니다. 이렇게 여러 번 말씀하시는 것은 비판이 정말 나쁘기 때문일까요? 저는 비판이 이루어져야 할 때도 있다고 생각합니다.

3 비판이 없다면 어떻게 될까요? 다 자기가 잘난 줄 알고 잘못된 것도 고치지 않고 엉뚱한 곳으로 갈 것입니다. 그런 측면에서 비판은 있어야 합니다. 그런데 성경은 비판하지 말라고 합니다.

4 여기에서 중요한 것은 '비판'이 어떤 의미로 쓰였는가 하는 것입니다. 개념 정리가 필요합니다. "비판하지 말라"고 했을 때의 '비판'은 영어로 'criticize'(비판, 비평) 또는 'judge'(심판, 판단)의 의미를 가집니다. 두 가지가 그 의미가 조금 다른데, 성경이 금하고 있는 비판은 'judge'입니다. 즉, 남을 비난하고 판단하고 정죄하고 헐뜯는 일을 하

지 말라는 것입니다.

5 예를 들어, 어떤 사람이 차를 운전해서 부산으로 가야 하는데 밤에 방향을 잘못 잡아서 서울 쪽으로 운전해 오고 있다면 어떻게 해야 합니까? 비판하지 말라고 했으니 내버려두고 그냥 간다면, 사람 잡는 일입니다. 잘못되었다면 그것을 지적하고 다시 그러지 않도록 비판해야 합니다.

6 어떤 면에서 보면 선지자들은 그런 비판을 행했습니다. 좋은 말을 하는 것이 아니라 바른 말을 제때 잘한 사람이 좋은 선지자, 진짜 선지자입니다.

비판을 하는 우리의 자세, 혀를 길들여라

7 아이들은 부모의 비판을 잘 받아들이지 못합니다. 부모들은 대체로 자식을 위해서 옳은 말을 합니다. 그런데 아이들은 안 듣습니다. 기분 나쁘게 말했기 때문입니다. 비판이 잘못되었다기보다는 자세가 잘못된 경우가 많습니다.

8 유교적 영향 아래서 자란 우리는 아이들이 어른인 부모에게 예의를 갖춰야 한다고만 생각하지, 부모가 아이들에게 예의를 갖춰야 한다고는 생각하지 못합니다. 하지만 예의는 모든 사람이 모든 사람을 대할 때 가져야 할 자세입니다. 즉, 부모도 자녀에게 예의가 있어야 합니다. 사랑은 무례히 행하지 않습니다.

9 그런데 우리는 상대방을 위해서라는 이유로 함부로 말할 때가 많습니다. 예의만 없는 게 아니라 아예 상대방을 잡으려고 작심하고 매장시

키려 할 때가 있습니다. 그 단적인 예가 인터넷의 '댓글' 문화입니다.

10 사실, 댓글은 인터넷의 순기능입니다. 격려와 지지가 이루어지는 한편 일종의 비판 기능을 담당하는 공간입니다. 하지만 댓글이 악용되기 시작하면, 즉 악플이 되어버리면 찌르는 가시가 됩니다. 자신을 감추고 마구 퍼부어댑니다. 하지만 그 말을 받는 사람은 말할 수 없는 상처를 받게 됩니다. 말은 참 무섭습니다.

11 총은 사람을 죽일 수 있지만, 그런 일은 전쟁이 나지 않는 한 많지 않습니다. 하지만 말에는 시도 때도 없이 당할 수 있습니다. 또 당한 만큼 다른 사람에게도 퍼붓게 됩니다. 종로에서 뺨 맞고 한강 가서 화풀이하는 격입니다. 말을 받고 주고 또 받고, 이렇게 말이 막 날아다닙니다.

12 야고보서 3장 8절에 이런 말씀이 있습니다. "혀는 능히 길들일 사람이 없나니 쉬지 아니하는 악이요 죽이는 독이 가득한 것이라." 사자도 길들이고, 코끼리도 길들이고, 새도 길들일 수 있는데 사람의 혀는 길들여지지 않습니다. 게다가 그 혀에는 죽이는 독이 있습니다. 실제로 악플 때문에 목숨을 끊은 연예인도 있습니다. 말 때문에 상처받아서 죽은 것입니다.

13 또 이런 말씀이 있습니다. "우리가 다 실수가 많으니 만일 말에 실수가 없는 자라면 곧 온전한 사람이라 능히 온 몸도 굴레 씌우리라"(약 3:2). 말을 다스릴 수 있으면 모든 것을 다스릴 수 있습니다. 세상에서 가장 힘든 것이 혀를 길들이는 것입니다.

비판을 듣는 우리의 자세, 겸손히 받아라

14 비판을 들을 줄 아는 사람이 되는 것도 중요합니다. 설령 상대방이 삐딱한 마음으로 한 말일지라도 그 말 속에서 내가 미처 생각지 못했던 모습을 보게 될 수도 있습니다. 상대방이 아무리 좋은 마음으로 말해도 듣는 사람이 옹졸하면 무조건 듣기 싫어지는 법입니다. 좋은 비판을 할 줄 알고 남이 말하면 들을 줄 아는 사람이 되면 참 근사할 것입니다.

15 성경에 그런 모델이 있습니다. 상대방의 잘못을 무조건 덮어주는 것이 아니라 지혜롭게 비판하고, 또 그 비판을 잘 들었던 사람입니다. 그들은 고린도교회의 브리스길라와 아굴라 부부, 그리고 아볼로입니다.

16 고린도교회의 지도자 역할을 하던 바울이 떠나고 그 후임으로 아볼로가 왔습니다. 그는 굉장히 지식이 많고 유능한 사람이었습니다. 그런데 그는 예수님의 세례를 모르고 세례 요한의 세례만 알았습니다. 그것을 브리스길라와 아굴라 부부가 눈치를 챘습니다.

17 아볼로는 지금 시대로 말하면 박사와 같은 사람이었습니다. 브리스길라와 아굴라 부부는 학문 없는 노동자 부부였습니다. 그런데 노동자 부부가 박사의 약점을 찾았습니다. 이럴 때 많은 사람들이 공개적으로 "선생님은 우리를 가르치고 설교하는 분인데 어떻게 예수님의 세례를 모르십니까?"라며 비판할 수 있습니다. 그것은 아볼로를 고쳐서 훌륭한 하나님의 일꾼으로 삼으려는 게 아니라 비난해서 깎아내리려는 의도가 담긴 것입니다. 이것이 우리의 본능입니다.

18 하지만 브리스길라와 아굴라 부부는 몰래 아볼로를 찾아갔습니다. 그

리고 조심스럽게 예의를 갖추고, 아볼로를 최대한 보호하면서 이야기
했습니다. "다 좋은데 제가 보기엔 이것이 빠진 것 같습니다." 이것이
좋은 비판입니다.

19 아볼로는 그 말을 들었습니다. 노동자 부부인 브리스길라와 아굴라
부부가 그렇게 정중하고 예의 있게 비판한 것도 쉽지 않지만, 박사쯤
된 사람이 그들의 말에 변명하거나 그들의 의견을 무시한 것이 아니
라 받아들였다는 것도 대단합니다. 얼마나 아름다운 모습입니까!

참 주인을 인정하는 비판

20 좋은 비판은 어떤 비판입니까? 마태복음 5장 37절에 이런 말씀이 있
습니다. "오직 너희 말은 옳다 옳다, 아니라 아니라 하라." 우리는 옳
고 그른 것까지만 이야기해야 한다는 말씀입니다. "이에서 지나는 것
은 악으로부터 나느니라." 우리는 옳고 그름에 대한 의견을 말할 수
있지만, 판단과 결정까지 다해서 끝을 내려고 하면 안 됩니다. 특히
개인의 문제에 있어서는, 말은 우리가 하지만 듣고 안 듣고는 그 사람
의 문제입니다.

21 로마서 14장 4절에 보면 "남의 하인을 비판하는 너는 누구냐 그가 서
있는 것이나 넘어지는 것이 자기 주인에게 있으매 그가 세움을 받으
리니 이는 그를 세우시는 권능이 주께 있음이라"고 했습니다. 우리는
비판할 때 상대방이 마치 '내 하인'인 것처럼 무조건 내 말을 들어야
한다고 생각하며 비판합니다. 그러나 성경은 그가 '남의 하인'이라고
말하고 있다는 것을 주의해야 합니다. 우리 고집대로 그를 움직이려
고 하지 말라는 말씀입니다. 그에 대한 진정한 권능은 참 주인이신 오
직 주님께 있습니다.

22 저의 둘째 아들이 오래 전에 귀고리를 한 적이 있습니다. 그때 저는 그것 때문에 잠도 못자고 고민을 했습니다. 당시 저에게 남자아이가 귀고리를 했다는 데 굉장한 충격이었기 때문입니다. 게다가 목사 아들 아닙니까? 그러나 한 번 더 생각해보니, 목사 아들이 귀고리를 했다고 그게 그렇게 문제가 되는 걸까 싶었습니다.

23 그러가다 알게 된 사실은 그 아이가 몇 달 전부터 귀고리를 하고 싶었는데 아버지인 저 때문에 참다 참다 그제야 뚫었다는 것입니다. 아이가 아버지를 위해서 자기에게는 전혀 문제없는, 게다가 정말 원하는 일을 몇 달이나 참았다니, 저도 그에 대한 이야기를 몇 달 참았다가 해야겠다고 생각했습니다.

24 그 기간 동안 다시 생각하니 귀고리를 하고 안 하고는 아들의 문제라고 정리가 되었습니다. 내가 옳다고 해도 아이가 동의하지도 않는데 강제로 못하게 하는 것은 더 나쁜 짓이라는 생각이 든 것입니다. 조금 답답한 면이 있어도 아들의 주인은 하나님이시고, 결정은 아들이 해야 되는 것입니다. 저는 '옳다, 아니다'까지만 이야기할 수 있는 것이지요.

25 그런데 이것이 개인의 문제가 아니라 집단의 문제라면 투표를 해서 다수결의 의견을 따르는 것이 좋습니다. 간혹 당회에서 담임목사의 의견에 무조건 만장일치로 동의하는 경우가 있는데, 그보다는 자유롭게 토론할 수 있는 문화가 형성되면 좋을 것 같습니다. 그것이 민주주의 아닙니까. 좋은 비판을 하고 들을 줄 아는 훈련을 하려면 민주주의 훈련도 이루어져야 합니다.

26 물론 신앙은 민주주의로만 해결되지는 않습니다. 우리는 사실 신본주의자들입니다. 그러나 사람들끼리는 민주주의를 할 수 있어야 하나님이 주인이신 신본주의도 할 수 있습니다. 저희 교회는 중요한 사안에 대해서는 대개 투표를 합니다. 그리고 제 양심에 비추어 그 투표에 영향을 끼칠 만한 부정한 일은 하지 않습니다. 하나님의 뜻을 내가 알아차릴 수 없어서 그 길을 통해서 하나님의 뜻을 알겠다고 생각하고 투표를 시행하는 것이기 때문입니다.

27 우리는 무조건적으로 내 고집대로만 해야 한다는 성향이 있습니다. 하지만 아무리 반대 입장이었다 할지라도 투표의 결과에 승복하는 사람이 성숙한 사람입니다. 비판할 때는 사람을 살리기 위해 하고, 그 한계를 알며, 또 자기를 드러내려 하지 말고 민주적인 결정을 내리는 것이 필요합니다. 이런 훈련이 이루어져서 예수 믿는 우리들이 옳은 비판을 하고 비판을 받을 때 겸손히 들을 줄 아는 사람들이 다 되면 좋겠습니다.

페이스북
faith ; book
믿음의 책

Part 5

하나님의 뜻,
사랑으로
세상을 섬겨라

믿음의 책 : 로마서 이야기

CHAPTER 23

하나님의 불공평 안에
사랑의 의도가 있다

믿음이 강한 우리는 마땅히 믿음이 약한 자의 약점을 담당하고 자기를 기쁘게 하지 아니할 것이라 우리 각 사람이 이웃을 기쁘게 하되 선을 이루고 덕을 세우도록 할지니라 **롬 15:1-2**

흐름은 생명이다

1 제가 신학교에 다닐 때 장애인선교회에 갔던 적이 있습니다. 그곳은 뇌성마비 중증장애인들이 모인 곳이었는데, 아이큐가 측정하기 어려울 정도로 낮은 사람이 있었습니다. 무엇을 하는 것은 고사하고 누워만 있어서 밥도 먹여주어야 하고 대소변도 받아주어야 하는, 그저 살아만 있는 상태였습니다.

2 그곳에 다녀오면서 돌아오는 길에 후배 한 명이 저에게 이렇게 말했습니다. "하나님은 왜 저런 아이가 있게 하셨을까요? 저 아이에게 무슨 죄가 있는 건 아니잖아요? 그런데 너무 불쌍하잖아요. 너무 비참하잖아요!" 후배의 그 말이 오랫동안 제 기억에서 지워지지 않았습니다.

3 이 말에 답할 수 있는 사람이 누가 있겠습니까? 우리의 상식으로는 하나님이 계시다면 그런 일이 없어야 합니다. 그런데 자기 의지와 상관없이 어떤 아이는 좋은 집에서 태어나서 아무 걱정 없이 풍요롭게 살아가고, 어떤 아이는 흙탕물을 먹으며 불투명한 미래를 바라보며 하루하루 살아가야 합니다. 어떤 아이는 태어날 때부터 건강하고, 어떤 아이는 장애를 가지고 태어나 평생 그 굴레를 짊어지고 살아야 합니다.

4 그런데도 하나님을 공평하신 분이라고 말할 수 있습니까? 차라리 하

나님을 믿지 않는 사람이라면 그런 일들을 받아들이기가 더 쉬울지도 모르겠습니다. 하지만 하나님이 계신 것과 그분이 우리를 사랑하시는 공평하신 분이라는 것을 믿는 우리에게는 큰 딜레마입니다.

5 저는 세상이 원래 공평하지 않다고 생각합니다. 하나님이 처음부터 세상을 공평하게 창조하신 것 같아 보이지 않습니다. 우리는 무조건 하나님을 공평하신 분으로 생각하지만 실제로는 불공평하신 면이 있습니다. 그렇다면 거기에 우리가 모르는 하나님의 의도가 있는 게 아닐까요?

6 저는 불공평에 대한 하나님의 의도를 '흐름' 에서 찾아보았습니다. 흐름이 우리 삶에서 얼마나 중요한지 모릅니다. 흐름은 곧 생명입니다.

7 물은 고여 있으면 썩습니다. 물이 생명을 가지려면 계속 흘러야 합니다. 공기도 흘러야 합니다. 매년 태풍 때문에 고생하는 사람들이 많습니다. 하지만 태풍은 하나님의 작품입니다. 하나님의 의도가 담긴 것입니다. 인간적인 생각으로는 태풍이 없으면 좋겠지만, 태풍이 바다를 한 번 뒤집어 놓아야 오염되었던 바다가 정화된다고 합니다. 또 열대에서 생성된 습한 공기가 태풍을 타고 올라가야 지구가 사막화 되는 것을 막을 수 있습니다. 만일 태풍이 없으면 우리나라도 사막이 되고 말 것입니다.

8 우리 몸의 혈액도 잘 흘러야 합니다. 뇌출혈과 같은 질병은 피가 흐르지 않고 뭉치면서 생깁니다. 우리 몸의 어디를 찌르든 피가 나옵니다. 심장이 열심히 펌프질을 해서 손가락 끝 가는 실핏줄까지 피가 흘러가도록 합니다. 흐름이 멈추면 죽게 됩니다.

9 흐름은 생명입니다. 그것이 하나님의 설계 개념입니다. 흐름이 잘되기 위해서는 높고 낮음이 있어야 합니다. 강약이 있어야 합니다. 그러니 만약 공평하신 하나님께서 모든 것을 평평하게 하셔서 강한 것도 없고 약한 것도 없고, 높은 것도 없고 낮은 것도 없게 하신다면 세상은 흐르지 못하고 고이게 됩니다. 당장은 좋아 보여도 그것이 우리에게 죽음을 가져올 수 있습니다. 즉, 불공평에 담긴 의도는 '흐름'이고, 흐름의 이유는 '생명'인 것입니다.

흐름에는 원칙이 있다

10 모든 것은 높은 곳에서 낮은 곳으로 흐릅니다. 강한 곳에서 약한 곳으로 흐릅니다. 이것이 흐름의 원칙, 생명의 원칙입니다. 그런데 이 원칙이 바뀔 수도 있을까요? 그러려면 펌프질이 필요합니다. 억지로 해야 합니다. 자연적으로는 낮은 곳에서 높은 곳으로 흐를 수가 없습니다.

11 이러한 흐름의 원칙을 바꾼 것이 인간입니다. 인간은 하나님의 원칙을 뒤집어엎어서 죽음을 자초합니다. 죄로 말미암아 타락한 인간의 손에 의해 흐름의 방향이 반대로 변합니다. 낮은 데서 높은 데로 흐르고, 약한 데로 강한 데로 흐릅니다.

12 우리나라에 경제위기가 왔던 IMF 이전에는 대부분의 사람들이 자신을 중산층이라고 여겼습니다. 굉장히 건강한 구조였다고 합니다. 그런데 IMF가 중산층을 몰락시키면서 돈이 위로 흐르기 시작했습니다. 가난한 사람은 매우 가난해져서 극빈층이 되었고, 중산층은 가난한 사람이 되었고, 부자는 더욱 부자가 되었습니다.

13 어떻게 그렇게 되었는가 보니, 그때 은행 금리가 최고 20퍼센트를 넘었다고 합니다. 장사해서 20퍼센트 수익 남기기 쉽지 않습니다. 그러니 그때 돈 가지고 있던 사람들은 장사할 필요 없이 은행에서 받는 이자로도 엄청난 돈을 벌었습니다. 그때 저는 가난한 사람들의 돈이 부자들에게 빨려 들어가는 것을 느꼈습니다.

14 자본주의의 문제는 흐름의 역행입니다. 부자의 돈이 가난한 사람에게로 흘러야 좋은 세상이 되는데, 약한 사람의 돈이 강한 사람에게로 빨려가고 약한 사람은 점점 더 약해지는 현상이 일어나는 것입니다. 이것은 죄입니다. 그렇다고 자본주의를 반대해서 생긴 사회주의 역시 이 문제를 해결하지 못했습니다. 사회주의는 단체로 다 가난해지자는 것입니다.

15 로마서 15장 1절을 봅시다. "믿음이 강한 우리는 마땅히 믿음이 약한 자의 약점을 담당하고 자기를 기쁘게 하지 아니할 것이라." 로마서가 기록될 때는 제사 음식을 먹어도 되는지의 문제를 가지고 싸울 때였기 때문에 믿음이 강한 자가 믿음이 약한 사람을 지켜주라고 하셨지만, 그 안에 담긴 전체적인 하나님의 의도는 강한 자가 약한 자의 약점을 담당해야 한다는 것이었습니다. 그것이 믿음이든, 건강이든, 사회적인 능력이든, 돈이든 말입니다.

16 그 일은 해도 되고 안 해도 되는 게 아니라 '마땅히' 행해져야 할 일입니다. 강한 데서 약한 데로, 부한 데서 가난한 데로 흐를 때 생명이 생깁니다. 그래서 하나님은 불공평한 세상을 만드셔서 부자도 있고, 가난한 사람도 있고, 강한 사람도 있고, 약한 사람도 있게 하셨습니다.

17 레위기 19장 9,10절에 보면 "너희가 너희의 땅에서 곡식을 거둘 때에 너는 밭모퉁이까지 다 거두지 말고 네 떨어진 이삭도 줍지 말며 네 포도원의 열매를 다 따지 말며 네 포도원에 떨어진 열매도 줍지 말고 가난한 사람과 거류민을 위하여 버려두라 나는 너희의 하나님 여호와이니라"라고 했습니다.

18 자기 소유의 밭에서 추수한 것이라고 모두 자신의 것이라고 생각하면 안 됩니다. 밭모퉁이의 것은 가난한 사람들을 위한 것입니다. 떨어진 열매도 줍지 말라고 하셨습니다. 가난한 사람을 위해서 버려두는 것입니다. 돈을 벌 때도 마찬가지입니다. 이렇게 하면 흘려보내는 것이 됩니다.

19 밭모퉁이를 거두지 않으면 그 양이 얼마나 될까요? 제가 대략 계산을 해보았습니다. 예를 들어 10×10, 즉 면적이 100인 밭이 있다고 합시다. 밭의 네 모퉁이를 제외하고 안에 동그란 원을 그리면, 그 원은 원의 넓이 구하는 공식($5 \times 5 \times 3.14$)을 적용할 때 78.5의 면적을 가지게 됩니다. 그러면 네 귀퉁이의 면적은 21.5가 됩니다. 생각보다 적지 않은 양입니다. 이것이 하나님이 이스라엘 백성에게 흘려보내라고 가르쳐주신 분량입니다.

20 그리고 이것을 직접 가난한 사람들에게 주는 것이 아니라 그냥 그 밭에 두라고 하셨습니다. 도와줬다고 생색내려고 하지 말고 가난한 사람들이 알아서 가져가도록 두라는 말씀입니다. 이것이 강한 자가 마땅히 연약한 자의 약점을 담당하는 것입니다.

21 마태복음 20장에 나오는 포도원 주인의 비유를 보십시오. 그 사람은 새벽에 인력시장에 가서 일꾼을 데리고 왔음에도 불구하고 9시, 12시, 3시, 5시에도 나가서 일꾼을 계속 데려왔습니다. 그리고 5시에 와서 한 시간 일한 사람까지도 모두 동일한 품삯을 주었습니다.

22 예수님은 천국이 이런 것이라고 말씀하셨는데, 저는 그 말씀을 보며 이렇게 생각했습니다. '포도원 주인은 포도원 때문에 일꾼을 부르는 것이 아니라 일꾼들 때문에 포도원을 운영하는 사람이다!'

23 '노블레스 오블리주'(noblesse oblige)라는 말이 있습니다. '가진 자의 책임'이라는 뜻입니다. 하나님의 뜻은 모두가 가난하게 되는 것이 아닙니다. 부자가 되는 것이 좋지만, 부자에게는 책임이 있다는 것입니다. 그 책임을 감당할 뿐 아니라 돕는 자세도 중요하다고 말씀하십니다. 이렇게만 되어도 괜찮은 사회가 될 텐데, 성경에는 더 기막힌 것이 있습니다.

24 하나님이 주신 '희년 제도'라는 것이 있습니다. 하나님은 이스라엘 사람들에게 공평하게 토지를 분배하셨습니다. 하지만 각 사람의 능력이나 성실도가 다르기 때문에 시간이 흐를수록 상황이 변하게 됩니다. 어떤 사람은 땅을 자꾸 팔게 되고, 어떤 사람은 점점 땅을 늘려갑니다. 그것이 실수든 사회적인 이유 때문이든 땅을 판 사람은 가난하게 됩니다.

25 그러나 50년이 흘러 희년이 되면, 모든 것은 제자리로 돌아가게 됩니다. 즉, 희년이라는 제도 안에는 땅을 사고 팔 때에 소유권의 이전이 아니라 사용권을 팔고 사는, 즉 빌려 쓰는 개념이 담겨 있습니다.

26 이 제도를 시행하면 가진 자들은 손해를 보는 것 같습니다. 하지만 내 아들, 내 손녀가 살아갈 환경을 생각하면 훨씬 이익을 주는 제도입니다. 흐름이 잘 이루어지지 않으면 동맥경화가 일어나는 것처럼, 세상에서 동맥경화가 일어나면 그것은 폭력으로 나타날 수도 있고, 공황 상태나 전쟁으로 나타날 수도 있습니다.

27 잘 흐르지 않으면 사회가 불안해집니다. 아이들을 마음 놓고 기를 수 없습니다. 낯선 사람은 절대로 믿으면 안 된다며 불신을 가르쳐야 합니다.

28 하지만 희년 제도를 시행하면 자신의 세대에는 당장 힘든 것 같아도 자녀들은 회복된 삶을 살아갈 수 있다는 희망을 갖게 됩니다. 이런 제도가 시행되면 세상이 얼마나 건강해지겠습니까?

29 하나님이 계획하신 사회는 이런 사회입니다. 다 가지면 안 됩니다. 가졌다가도 놓을 때도 있고, 흘려보낼 때도 있어야 합니다. 그것이 자신에게도 좋습니다. 자녀들에게 불신을 가르쳐주지 않아도 되기 때문입니다.

섬길 수 있는 능력

30 하나님의 자녀인 우리가 하나님의 흐름의 정신이 통하는 세상을 만들려면 어떤 사람이 되어야 할까요? 하나님은 부자를 사랑하실까요, 가난한 자를 사랑하실까요? 다 사랑하십니다. 세상은 상한 갈대를 무시하고, 꺼져가는 등불은 시원치 않으니 꺼버립니다. 하지만 하나님은 상한 갈대를 꺾지 않으시고 꺼져가는 등불을 끄지 않으십니다(사 42:3).

31 제가 아들 셋을 다 사랑하지만 한 아이가 아프거나 하면 그 아이에게 더 관심이 가게 마련입니다. 예를 들면, 한 아이가 감기에 걸리면 다른 두 아이는 잊은 채 그 아이에게만 집중하게 됩니다. 그런데 아이들이 그것을 보고 '우리 엄마 아빠는 감기 걸린 걸 좋아하시는구나'라고 오해한다면 어떻겠습니까? 그래서 일부러 감기에 걸리려고 한다면 어떻게 되겠습니까?

32 하나님도 우리를 모두 사랑하십니다. 그러나 가난하고 약한 자들에게는 더 관심을 가지십니다. 하지만 그것이 "내가 관심 가져줄 테니 계속 감기 앓아라" 하는 것은 아닙니다. 빨리 나아서 건강한 사람이 되라는 것이 하나님의 마음입니다.

33 제가 코스타 집회에서 "고지를 정복하라"는 설교를 한 적이 있습니다. 그 내용 때문에 논란이 있기도 했습니다. 예수님은 우리에게 낮아지고 겸손하라고 말씀하셨습니다. 하지만 저는 높아져서 고지를 정복하라고 설교했습니다. 그것은 예수님이 낮아지라고 하셨을 때에는 실력이 아닌 자세를 말씀하신 것이기 때문입니다.

34 실력이 낮아지는 것은 겸손이 아닙니다. 그것은 그냥 낮은 것입니다. 낮아질 것도 없습니다. 이미 낮기 때문입니다. 자세가 낮아지는 것이 겸손입니다. 실력은 높이고 자세를 낮추는 것이 예수님이 말씀하시는 겸손입니다.

35 실력 있는 사람들 중에 자세를 낮추지 않는 사람들이 있습니다. 그것은 잘못 사는 사람입니다. 정말 실력 있는 사람, 강한 사람이 자세를 낮추면 영향력이 생깁니다. 물은 낮은 데 있을 때는 힘이 없습니다.

높은 데 있어도 힘이 없습니다. 높은 데서 낮은 데로 떨어질 때 힘이 생깁니다.

36 사람들은 자기의 욕심을 위해서, 야망을 위해서 공부하고 돈 벌고 출세하고 높아지려 하지만, 우리는 하나님의 일을 위하여, 소명을 위하여 그것을 버릴 수도 있어야 하고 잡을 수도 있어야 합니다.

37 모든 사람이 욕심을 버린다는 이유로 자신에게 주어진 위치나 실력까지도 다 버려버리면 하나님나라의 흐름을 주도할 책임을 감당할 수 있는 힘마저도 사라질 것입니다.

38 자기만을 위해서 출세하고 공부하고 돈 버는 사람이나, 그 욕심 버리겠다고 혼자 나물 먹고 물마시며 자족감에 젖어 누워 있는 사람이나 저는 둘 다 이기적이라고 봅니다. 사회적인 책임은 저버리는 행동이기 때문입니다. 남 주기 위해 공부해봅시다. 그렇다면 좀 잘하면 더 좋겠지요. 남 주기 위해 돈을 벌어봅시다. 그렇다면 많이 벌수록 좋겠지요.

약할 때도 강자로 살자

39 제가 동안교회에 있을 때 '이삭줍기'를 하면서 3년마다 십일조를 한 번씩 더 내는 것을 시행해보았습니다. 그 헌금은 주로 구제하는 데 사용했는데, 3년에 한 번 하면 30분의 1이 됩니다. 즉, 한 달의 하루를 어려운 사람을 위해 쓰는 것입니다. 성도들도 즐겁게 이 일에 동참했습니다.

40 그때 하루 하루 일당을 받아서 살아가는 독거노인 할머니 한 분이 이

삭줍기에 만 천 원을 내신 적이 있습니다. 그리고 봉투에 '공장 하루 품삯'이라고 적어 내셨습니다. 목사가 한 달의 하루는 가난한 자에게 주라고 하니 그 가난한 분이 하루 일당을 내놓은 것입니다. 그분이 그 다음 달에는 만 삼천 원을 내셨습니다. 그래서 전 일당이 이천 원 오른 줄 알았는데, 알고 보니 잔업수당 받은 것까지 함께 내서 그렇게 된 것이었습니다.

41 하루에 만 천 원 일당 받는 할머니가 강한 사람입니까, 약한 사람입니까? 약한 사람입니다. 그런데 이분이 일당을 구제헌금으로 드렸습니다. 이분은 강한 사람입니까, 약한 사람입니까? 강한 사람입니다. 일당 만 천 원 받는 사람도 얼마든지 강해질 수 있습니다. 이 할머니는 강한 사람이었습니다. 일부러 가난해질 필요는 없지만, 그렇다고 가난하다고 다 약하다고 생각할 필요는 없습니다.

42 우리도 이런 정신을 가지고 약할 때도 강한 사람처럼 더 약한 사람을 돕고자 하는 자세를 가져야 합니다. 그러다가 혹 하나님이 부요하게 하시면, 건강하게 하시면, 출세하게 하시면 더욱 마땅히 연약한 자의 약한 점을 담당합시다. 그래서 우리가 어그러진 흐름을 바로잡는 사람들이 되면 세상이 예수 믿는 사람들로 인해 더 좋아지지 않을까요? 그런 일이 이루어지면 정말 좋겠습니다.

43 공부해서 남 줍시다. 돈 벌어서 남 줍시다. 출세해서 남 줍시다. 예수 믿어서 남 줍시다. 이것이 바로 성경의 정신입니다.

44 그것 때문이라면 건강해도 좋고, 출세해도 좋습니다. 그것은 야망이 아니라 소명입니다. 개인적인 욕심은 버려야 하지만, 의욕은 버리면

안 됩니다. 내가 남과 다르다는 것, 차별을 증명하기 위해 돈을 쓰는
사람이 아니라 그 차별을 철폐하기 위해 돈을 쓸 줄 아는 사람들이 됩
시다.

CHAPTER 24

지금은 사랑의 빚을
갚아야 할 때

그러나 이제는 내가 성도를 섬기는 일로 예루살렘에 가노니 이는 마게도냐
와 아가야 사람들이 예루살렘 성도 중 가난한 자들을 위하여 기쁘게 얼마
를 연보하였음이라 저희가 기뻐서 하였거니와 또한 저희는 그들에게 빚진
자니 만일 이방인들이 그들의 영적인 것을 나눠 가졌으면 육적인 것으로
그들을 섬기는 것이 마땅하니라 **롬 15:25-27**

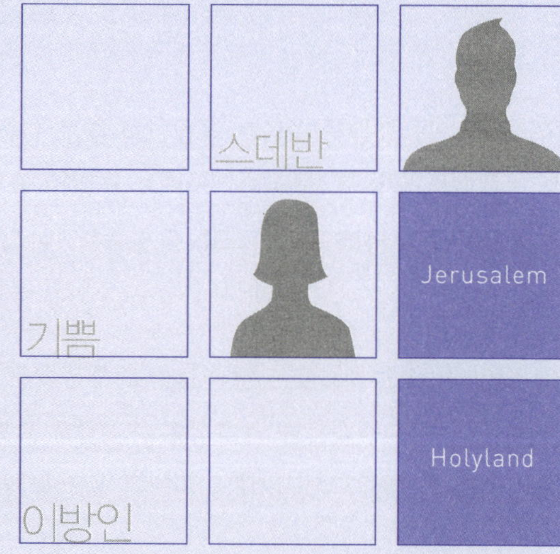

예루살렘 교회의 부흥과 흩어짐

1 예수님은 승천하실 때 마지막 유언으로 딱 한 가지를 말씀하셨습니다. 예루살렘을 떠나지 말고 아버지의 약속하신 성령을 기다리라는 것이었습니다. 예수님의 제자들은 그 말씀에 순종했습니다.

2 그런데 제자들이 예수님의 말씀에 순종하려면 생명을 걸어야 했습니다. 당시 이들이 예루살렘에 모여 있다는 것 자체가 굉장히 위험한 일이었습니다. 때로 우리는 하나님의 말씀에 생명을 걸어볼 필요가 있습니다.

3 그들은 정말 며칠 지나지 않아 성령을 받았습니다. 성령을 받으니까 놀라운 일이 일어났습니다. 교회가 무섭게 부흥하기 시작했습니다. 교회가 부흥하고 성장할 때가 기회일까요, 위기일까요? 위기입니다. 그 위기는 곧 나타났습니다. 스데반의 순교를 도화선으로 핍박이 점점 심해져서 더 이상 예루살렘에 머물 수 없게 되었습니다. 결국 그들은 사방으로 흩어졌습니다.

4 흩어진 곳에서 교회가 몰락했습니까? 아닙니다. 일어났습니다. 사방으로 흩어진 그들을 통해 사방에서 교회가 일어났습니다. 그런데 예루살렘에는 여전히 핍박이 많아 그곳 성도들은 숨어야 했습니다. 동

굴에도 숨고 카타콤에도 숨었습니다. 그러다보니 경제생활도 말이 아니게 되었습니다. 가난해지기 시작했습니다.

5 그랬더니 마게도냐교회, 아가야교회와 같은 곳에서 예루살렘 성도들을 돕기 위해 헌금을 했습니다. 그 헌금을 들고 예루살렘으로 올라가던 바울이 한 말이 로마서 15장의 본문 말씀입니다.

6 바울은 마게도냐와 아가야 교회의 본을 따를 것을 말하면서 그들이 예루살렘으로부터 영적인 것을 나누어 가졌음을 언급합니다. 영적인 것을 나누어 받았으니 육적인 것으로 그들을 섬겨야 한다는 것입니다.

평양에서 되풀이된 예루살렘의 역사

7 성경을 읽다 보면 성경의 역사 흐름이 지금 우리의 역사 흐름과 딱 맞는 경우가 있습니다. 본문이 그렇습니다. 우리는 누구를 섬겨야 합니까? 북한입니다.

8 옛날에는 평양이 '동양의 예루살렘'으로 불렸습니다. 그때는 평양, 정주, 선천 등 평북 쪽 시민의 80퍼센트가 교인이어서 주일에 장이 서면 다 교회 가느라고 다음 날 장이 열릴 정도였다고 합니다. 그 평양에서 1907년에 대부흥이 있었습니다.

9 1907년에 장대현교회에서 부흥회를 하는데 길선주 목사님이 은혜를 받고 사람들이 많이 모인 그곳에서 "나는 아간과 같은 놈입니다"라며 죄를 고백하셨습니다. 자신의 친구가 세상을 떠날 때 재산 정리를 부탁했는데, 목사님이 거기에서 100냥을 떼먹었다는 것입니다. 그것을

하나님 앞에서만 회개하지 않고 공개적으로 회개했습니다. 그때 성령이 임했습니다.

10 그러자 사람들은 "길 목사가 도둑이래"라고 반응하지 않고 "우리도 다 똑같습니다" 하고서는 다 일어나 자신의 죄를 고백하기 시작했습니다. 모두가 통곡하고 회개하느라 그 부흥회가 새벽까지 끝나지 않았습니다.

11 그 회개는 장대현교회에서 끝나지 않고 한국 교회를 휩쓸었습니다. 그리고 그 회개를 이어 대부흥이 일어났습니다. 마치 예루살렘교회가 오순절 날 성령을 받아 부흥했던 것처럼 역사가 똑같이 재현되었습니다. 예루살렘에서 부흥 후에 핍박과 환난이 왔던 것도 평양에서 역시 동일했습니다.

12 먼저 신사참배가 강요되었습니다. 일본의 압제에서 해방되어 그 핍박에서 벗어나나 했더니, 평양이 공산화되면서 일본강점기 때보다 더 혹독한 핍박을 당했습니다. 공산주의자들은 종교를 민중의 아편이라 여겼습니다. 결국 북한에 있던 분들이 흩어지면서 신앙의 자유를 찾아서 남한으로 내려왔습니다. 그 분들이 남한에 와서 제일 먼저 한 일은 교회를 세우는 것이었습니다. 그리고 교회를 중심으로 열심히, 죽기 살기로 믿었습니다.

13 예를 들어, 이분들이 예배당 하나를 지을 때 얼마나 헌신적이었는지 말로 할 수 없습니다. 영락교회도 피난 오신 분들이 지은 교회인데, 건축 당시 성도가 2천 명 정도였습니다. 그런데 돈이 얼마 없으니 가락지도 팔고, 비녀도 팔고, 이불 껍데기까지 팔았습니다. 옛날에는 이

불보가 비단이었습니다. 그것도 없는 분들은 트럭 몰고 가서 돌을 캐 오기도 했는데, 그 돌로 그냥 예배당을 지을 수 없다면서 그 돌을 다 물로 씻었다고 합니다. 손에 피가 터져가면서도 그렇게 정성스럽게 예배당을 지었습니다. 영락교회만 그런 것이 아니라 당시 세워진 교회들이 다 그랬습니다.

14 조금 다른 이야기지만, 그 일이 지금 중국에서 재현되고 있습니다. 제가 1991년도에 중국에 처음 갔을 때 심양의 한 교회를 방문했습니다. 그때 그 교회는 예배당을 건축 중이었는데, 당시 7백여 명의 교인들이 중국 돈으로 70만 원의 헌금을 했다고 합니다. 한 달 평균 월급이 100원이었던 당시에 7백 명이 평균적으로 일 년 치 월급을 냈다는 뜻입니다. 한 마디로 죽을힘을 다한 것입니다.

15 주일예배 헌금 시간에 재정부장이었던 여자 집사님이 헌금 기도를 했는데, 저는 그 기도를 지금도 잊을 수가 없습니다. "하나님, 더 드리고 싶습니다." 그 다음 말이 기가 막혔습니다. "그런데 이제는 없습니다." 그리고 우는데, 천지가 아득해지는 느낌이었습니다.

16 북한에서 피난 와서 남한에 교회를 세웠던 분들도 이런 마음이었을 것입니다. 자기 집을 짓는 것은 안중에 없었습니다. 교회부터 세우려고 했습니다. 그렇게 남한에 교회가 세워졌습니다. 그런 교회들이 어떻게 부흥하지 않을 수 있었겠습니까? 그런 정신으로 교회가 나가는데 어떻게 사탄이 이기겠습니까? 그러니 불과 몇 십 년 만에 세계 선교사상 유례를 찾아볼 수 없는 부흥을 이루게 된 것입니다.

영적 은혜를 나눠준 그들의 오늘

17 바울은 영적으로 빚을 졌으면 육적으로 갚아야 한다고 말합니다. 지금 북한은 굶어 죽어가고 있습니다. 세계에서 제일 가난한 나라가 북한입니다. 아주 심각한 지경입니다. 너무 먹을 것이 없어서 흙을 끓여 먹는다고 합니다.

18 제가 섬기던 교회의 장로님 한 분이 중국에서 사업을 하는데, 그 회사 경리직원이 북한 출신 화교입니다. 그래서 합법적으로 중국에 나와 있습니다. 그 직원은 오빠와 중국에 살고 부모님은 북한에 살고 있어서 일 년에 몇 번씩 부모님께 다녀온다고 합니다.

19 부모님께 가려고 기차를 타는데, 나무고 뭐고 다 떼어가서 아래로 바닥이 보이는 기차를 타고 가다 보면 며칠씩 안 가고 서 있을 때도 있다고 합니다. 그렇게 고향에 갔는데 한번은 어머니가 그러더랍니다. "너 며칠만 늦었으면 네 아버지 돌아가셨다." 먹을 것이 없어서 말입니다.

20 그 직원의 고모 아들이 군대에 갔는데 거기서 굶다가 거의 죽게 되자 집으로 돌려보냈다고 합니다. 어느 날 고모가 집에 들어가다 보니 어떤 거지가 자기 집 문턱에서 죽어가고 있는 것입니다. 고모는 왜 거지가 재수 없게 우리 집에 와서 이러는가 하고 봤더니 자기 아들이습니다. 이런 일이 비일비재하다고 합니다.

21 동안교회 예배당을 짓던 1997년도는 한참 북한이 굶어 죽는다고 난리가 났던 때입니다. 그때 100억 예산으로 공사를 하고 있었는데, 북한이 굶어 죽는다는 소식을 듣고는 양심에 허락이 안 되었습니다. 이다

음에 통일이 되면, 이 사실을 알게 된 사람들이 예수님을 믿지 않을 것 같았습니다. "우리 아버지 굶어죽을 때 너희들은 큰 돈 들여 예배당을 지었다지?" 도저히 예배당을 못 짓겠는데 그렇다고 짓다가 중단할 수도 없는 노릇이었습니다. 그래서 북한에 옥수수라도 몇 화차 사다 주고 싶었습니다.

22 옥수수를 사러 중국에 갔다가 탈북한 아이들을 산에 숨겨주고 밥 먹이며 봉사하는 분을 만났습니다. 그곳에 있던 탈북 아이들은 유치원생 정도 되어 보였습니다. 그런데 실제 나이를 물으니 열세 살이었습니다. 깜짝 놀랐습니다.

23 북한 군인들의 평균 신장이 160센티미터가 안 됩니다. 원래 북한 사람들은 귀골이 장대했습니다. 그런데 어렸을 때 먹지 못해서 자라지 못한 것입니다. 이들이 다시 정상을 회복하려면 삼 대가 흐를 동안 잘 먹어야 한다고 합니다.

24 그런 아이들이 중국에 처음 와서 가장 놀라는 것은 돼지가 옥수수를 통째로 먹는다는 것입니다. 그 아이들은 하루에 옥수수 열 알만 먹어도 죽지 않는다고 합니다. 이 말이 믿어지지 않아서 새터민 사업을 하면서 만난 분들에게 사실 여부를 물었습니다. 그런데 물어보는 사람마다 그 말이 사실이라고 확인해주었습니다.

25 우리는 평양으로부터 영적인 것을 나누어 받았습니다. 그러면 육적인 것으로 나누어 섬기는 것이 마땅합니다. 그것이 군량비가 되는 것은 주의해야겠지만, 그래도 섬겨야 합니다. 북한 사역에 열심을 내시는 홍정길 목사님은 여러 사업 중에서도 특히 아이들 분유 사다 주는 데

열심이십니다. 사람이 생후 1년 안에 잘 먹지 못해서 영양결핍이 되면 저능아가 될 확률이 많다고 합니다. 뇌 발달이 제대로 안 되기 때문입니다.

26 그러면 그 뒷수습을 하는 것이 더 힘듭니다. 그들을 우리 후손들이 먹여 살려야 하기 때문입니다. 그러니 하루라도 빨리 조금이라도 쉽게 수습이 될 때 그들을 돕고 살려야 합니다. 이런 측면에서라도 북한을 돕는 일은 참 중요합니다.

빚을 갚아야 할 때다

27 우리는 항상 "우리의 소원은 통일"이라고 노래는 하지만 실질적으로는 통일이 되는 것에 대해 막대한 부담감을 안고 있습니다. 하지만 어차피 언젠가는 통일을 하게 될 테니 믿는 자로서 우리가 준비할 것들이 무엇인지 고민을 해야 합니다.

28 북한 주민들은 정말 마음의 소원을 담아서 이 노래를 부를 거라고 생각합니다. 통일 되는 것밖에는 살 길이 없으니 말입니다. 그런데 남한 사람들도 과연 마음의 소원을 가지고 이 노래를 부를까요? 저는 아니라고 생각합니다. 잊을 수만 있다면 그냥 제쳐놓고 우리끼리 사는 게 훨씬 낫다고 생각할 것입니다. 하지만 그럴 수 없습니다. 우리는 한 민족입니다.

29 홍정길 목사님이 늘 하는 말 중에 하나가 "통일이 되면 우리 것 3분의 1은 줘야 합니다"라는 것입니다. "우리의 소원은 통일"이라는 노래를 부르려면 자기 재산의 3분의 1은 내줄 마음을 가져야 한다는 것입니다.

30 남한이 왜 북한과의 전쟁을 두려워합니까? 잃는 게 너무 많기 때문입니다. 가진 것이 너무 많습니다. 북한은 전쟁을 겁낼까요? 아닙니다. 잃을 게 없기 때문입니다. 폭격을 맞아 무너질 것도 없습니다. 이미 다 무너졌습니다. 정말 '이판사판'이라는 말이 딱 맞습니다. 오히려 은근히 전쟁을 바라고 있는지도 모릅니다. 이기면 뺏어 먹으면 되고, 지면 얻어먹으면 되기 때문입니다.

31 다른 나라랑 싸우다 이기면 그것으로 끝입니다. 패배한 나라의 백성이 죽을 먹든 밥을 먹든 상관할 바가 아닙니다. 하지만 북한과의 전쟁에서는 우리가 이겨도 지고, 져도 지게 되어 있습니다. 우리가 이기고 북한이 진다 하더라도 우리에게는 그들을 먹일 책임이 따르기 때문입니다.

32 그러니 통일이 안 되면 좋을까요? 통일에 대해서는 옳고 그름의 문제도 있지만 사실은 경제적으로도 따져보아야 합니다. 3분의 1을 투자하는 한이 있어도 통일이 되는 것이 좋은 것인지 따져보면, 통일 비용도 만만치 않지만 분단을 유지하는 데 드는 비용도 엄청나다는 것을 알 수 있습니다.

33 그러니 통일을 준비하며 우리 자녀 세대에는 북한과 우리의 차이가 조금이라도 줄어들 수 있도록 노력할 필요가 있습니다. 이런 것까지 따지지 않더라도 굶어죽는 사람을 내버려두어서는 안 되지 않겠습니까? 그 정도의 책임은 우리가 져야 합니다.

34 우리나라에 정착하는 새터민들은 돈을 벌면 대부분 북한에 있는 가족들을 데려오는 데 사용합니다. 그래서 그들의 수는 점점 증가하고 있

고, 그 증가에 가속이 붙고 있습니다. 새터민들에 관계하는 정부 관계
자들의 이야기를 들으면, 한 해에 5천 명 이상이 늘어나면 거의 재난
수준이라고 합니다. 그만큼 감당하기가 어렵다는 것입니다.

35 지금 우리가 새터민들과 함께 사는 일을 연습해서 해결점을 찾지 못
하면, 갑자기 통일이 되었을 때는 감당이 안 될 것입니다. 2천 만, 3천
만 명이 쏟아져 내려오면 물에 빠진 아이 건지다가 같이 물에 빠져 죽
는 것과 같은 일이 벌어질지도 모를 일입니다.

지금부터 준비해야 한다

36 사회주의에서 자란 사람과 자본주의에서 자란 사람은 정말 다릅니다.
한 예로, 자본주의 사람들은 열심히 일을 합니다. 특히 남한 사람들은
더 열심히 합니다. 그에 따라서 자기 생존과 수입이 달라지기 때문입
니다. 그런데 사회주의에서는 일한다고 자신의 삶이 변화되는 것이
아니기 때문에 죽어라 일하지 않습니다. 그러니 두 체제의 사람을 똑
같이 공장에 배치하면 생산성이 비교도 안 되게 차이가 납니다.

37 제가 실제로 새터민 사업을 해보니 남한 사람에 비해 생산성이 2,30퍼
센트 정도밖에 안 되었습니다. 그들이 남한에 와서 농땡이를 부리는
게 아니라 지금까지 그렇게 살아왔기 때문입니다. 그렇다고 포기할
수는 없습니다. 우리가 그들에 대해 공부하고 남한을 가르쳐주어서
함께 사는 법을 찾아가야 합니다.

38 결국 동안교회는 예배당 짓는 것을 포기하고 그 돈으로 재단을 만들
어 새터민을 위한 공장을 세우기로 했습니다. 새터민의 생산성이 20
퍼센트밖에 안 되기 때문에 월급을 많이 줄 수가 없어서 남한 노동자

가 100만 원 받을 때 새터민들은 60만 원정도 받았습니다. 그런데 그렇게 주는 사장님을 욕할 수가 없었습니다. 그들에게 60만 원 주는 것도 손해를 보는 상황이었기 때문입니다. 그런데 새터민들은 100만 원을 받고 싶어 했습니다.

39 그래서 기도했습니다. "하나님, 그들에게 100만 원 월급을 줄 수 있는 공장을 세우게 해 주세요." 그리고 우리가 직접 공장을 세웠습니다. 그곳에서 일할 사람을 뽑으면서 일을 잘하든 못하든 무조건 124만 원을 주기로 했습니다. 첫 지원자가 80명이었는데 석 달 동안 교육을 시키고 23명을 뽑았습니다. 124만 원 월급을 주고 나니 많이 손해를 보았습니다. 공장에 매달 몇 천만 원씩 쏟아 부어야 했습니다. 그런데 조금씩 회복이 되기 시작했습니다.

40 우리가 새터민 공장을 운영하는 것을 보고 정부와 어떤 그룹에서 지원을 하기 시작했습니다. 그래서 제2공장이 세워졌습니다. 사람들은 어떻게 새터민들을 데리고 공장을 운영해서 수지를 맞추냐며 의아해하며 걱정합니다.

41 물론 저도 안 되는 줄 알지만 될 수 있느냐 없느냐를 생각하지 않고 해야 할 일인지 아닌지만 생각한다고 답했습니다. 그리고 하나님이 계시지 않습니까? 저희는 지금 불가능한 미션을 수행하고 있는 중입니다. 하나님의 도움은 이때 구하는 것입니다.

42 우리 주변에는 가난한 사람들이 있습니다. 그리고 통일이 다가오고 있습니다. 이런 와중에 "우리의 소원은 통일" 노래만 부르며 서 있다면 재앙을 맞게 될 것입니다.

43 뿐만 아니라 우리에게는 빚이 있습니다. 북으로부터, 평양으로부터 영적인 것을 나누어 가졌습니다. 세상 사람들은 모르지만 예수 믿는 사람들은 빚이 있습니다. 갚아야 합니다. 되풀이되는 성경의 역사 안에서 우리가 마게도냐교회입니다. 평양은 예루살렘교회입니다. 지금은 그들을 섬길 때입니다. .

CHAPTER 25

하나님께 쓰임 받는 사람이
행복하다

내가 겐그레아 교회의 일꾼으로 있는 우리 자매 뵈뵈를 너희에게 추천하노니 너희는 주 안에서 성도들의 합당한 예절로 그를 영접하고 무엇이든지 그에게 소용되는 바를 도와줄지니 이는 그가 여러 사람과 나의 보호자가 되었음이라 너희는 그리스도 예수 안에서 나의 동역자들인 브리스가와 아굴라에게 문안하라 그들은 내 목숨을 위하여 자기들의 목까지도 내놓았나니 나뿐 아니라 이방인의 모든 교회도 그들에게 감사하느니라 **롬 16:1-4**

쓰임 받는 기쁨

1 앞에서도 몇 번 살펴본 것처럼 보통 '잘 산다'라고 하면 '부자로 산다'라는 말과 동의어로 생각합니다. 그래서 가난한 사람을 '못 사는 사람'이라고 표현합니다.

2 하지만 이것은 틀린 말입니다. 부자라고 잘 사는 게 아닙니다. 그냥 부자로 사는 것입니다. 물론 잘 살 수도 있습니다. 하지만 꼭 잘 사는 것은 아닙니다.

3 잘 살고, 못 사는 것은 돈만 가지고 이야기할 수 없습니다. 정말 잘 사는 사람은 존재가치가 높은 사람입니다. '나'라고 하는 존재가 가치 있을 때 잘 사는 것이지, 내 지갑에 돈이 얼마 있느냐 없느냐로 결정되는 것이 아닙니다. 그것은 전혀 다른 이야기입니다.

4 소유도 좋고, 돈도 좋고, 부자도 좋지만 '나'라고 하는 존재가 정말 잘 살아야 합니다. 가치는 쓰임새를 말합니다. 쓸 데가 있으면 가치가 높아지고, 쓸 데가 많으면 더 높아지고, 쓸 데가 없어지면 가치가 없어집니다.

5 또한 쓰는 사람이 잘 사는 것이 아니라 쓰임 받는 사람이 될 때 잘 사

는 것입니다. 그러면 우리의 존재 가치는 누구에게 쓰임 받을 때 높아질까요?

6 하나님께 쓰임 받을 때입니다. 그래서 정말 잘 살려면 "하나님께 쓰임 받는 사람이 되게 해주세요"라고 기도해야 합니다. 쓰임 받을 때 기쁨이 있습니다. 물론 돈이 있을 때도 기쁩니다. 하지만 하나님께 쓰임을 받을 때와는 질이 다릅니다. 쓰임 받을 때 '아, 내가 가치 있는 사람이구나! 라고 느끼게 되며 참 행복합니다.

7 하나님께 쓰임 받는다는 것은 대단한 일입니다. 아기를 낳았는데 "하늘이 쓸 놈이네" 하면 어느 부모가 "어, 이 아이는 쓰면 안 돼요. 아까운데…"라고 하겠습니까? 늘 하나님 앞에 쓰임 받는 일에 관심을 가져야 합니다.

8 그런데 우리는 간혹 하나님이 "너 좀 쓰자" 하시면 마음이 바뀌어 "아이, 저 말고 쟤 쓰세요"라고 합니다. 하나님께 쓰임 받는 일을 위해서 기도하고 노력하는 사람이 되어야 합니다. 또 실제로 하나님께서 쓰시고자 하실 때 쓰임 받는 사람이 되어야 합니다.

하나님이 쓰신 사람들

9 성경에 나오는 훌륭한 사람들의 공통된 특징이 있습니다. 다 하나님이 쓰신 사람들이라는 것입니다. 바울, 모세, 아브라함 등 우리가 신앙의 위인이라고 하는 인물들을 보면 다 하나님이 쓰신 사람들입니다.

10 성지순례를 가보면 바울이 정말 대단한 사람인 것을 알 수 있습니다. 차를 타고 다니기에도 험한 그 길을 바울이 다녔습니다. 바울 혼자서

그렇게 훌륭한 사람이 될 수 있었을까요? 아닙니다.

11 바울이 바울 되게 된 데에는 "내가 나 된 것은 하나님의 은혜라"(고전 15:10)고 고백한 것처럼 첫째는 하나님이 그를 쓰셨기 때문이고, 둘째는 숨어서 그를 돕고 섬긴 사람들이 많았기 때문입니다. 로마서 16장에 그 사람들의 이름이 나옵니다.

12 1,2절서 바울은 뵈뵈가 자신의 보호자였다고 합니다. 그리고 브리스가와 아굴라 부부가 자신이 사역을 잘 하도록 목숨을 걸고 도왔다고 합니다. 이런 사람들의 도움이 있었기에 바울이 바울이 될 수 있었던 것입니다.

13 개인적으로 바울이 바울 되게 한 사람 중에 일등공신은 바나바라고 생각합니다. 초대교회 때 바울은 알려진 사람이 아니었습니다. 도리어 그는 예수 믿는 사람을 핍박하고 스데반이 죽을 때 증인까지 섰던 핍박자였습니다.

14 핍박자였던 사울이 바울 되었을 때 많은 사람들이 "저 사람이 왜 교회에 들어왔을까? 요주의 인물이다. 잘 살펴야 한다"면서 그를 잘 믿지 않았습니다. 그럴 때 그를 교회에 들여보내고 변호했던 사람이 바나바입니다.

15 초대교회 때는 바울보다 바나바가 영향력이 컸습니다. 바나바는 자기 재산을 내놓고 '권위자'라는 이름을 얻었습니다. 우리가 흔히 아는 '권위'가 아닙니다. 한자 뜻을 보니 '권면하고 위로하는 사람', 즉 교회의 최고 어른이었습니다.

16 앞서 말했듯이 안디옥교회는 교회가 서자마자 선교사를 파송했습니다. 교회가 이제 서려고 할 때 선교사로 파송한 두 사람이 바나바와 바울입니다. 지금으로 치면 담임목사 급 두 명을 선교사로 보내는 것과 같습니다.

17 그런데 중요한 것은 사도행전에 그 이름을 쓸 때 '바울과 바나바를 보냈다'고 하지 않고 '바나바와 바울을 보냈다'고 했다는 것입니다. 처음에는 바나바가 큰 자였기 때문입니다.

18 텔레비전 프로그램에서 공동 진행자일 경우 중요한 사람의 이름을 먼저 말하는 것과 같습니다. '바나바와 바울'이라는 표현이 한동안 계속됩니다. 그러던 것이 어느 순간 슬그머니 '바울과 바나바'로 바뀝니다. 그리고 실제로 사역의 주인공이 바나바가 아니라 바울이 됩니다.

19 처음 안디옥교회가 그들을 파송할 때는 바나바가 주(主)고 바울이 부(附)였습니다. 바울은 바나바를 돕기 위해 함께 떠났던 것입니다. 바울이 '아, 나는 2인자가 아니야, 내가 주인공이 돼야지'라고 해서 바뀐 것이 아닙니다. 열심히 하다 보니 그의 사역이 커지면서 자연스럽게 그렇게 된 것입니다.

20 그렇게 바뀐 뒤에도 바나바가 어떻게 했습니까? 대개는 그렇게 되면 바울을 시기하거나 따돌리거나 했을 것입니다. 그러나 성경 어디를 봐도 바나바가 그랬다는 내용이 없습니다. 1인자가 2인자를 섬기는 것은 정말 어렵습니다. 바울도 훌륭하지만 바나바가 더 훌륭하게 느껴지는 부분입니다.

리더를 키우는 리더로 서라

21 그런데 성경에 그런 사람이 또 있습니다. 모세가 그렇습니다. 하나님의 뜻에 따라 여호수아를 세우기 위해서 자기는 가나안 땅에 들어가지 못하고 느보산에서 죽습니다. 모세가 죽지 않으면 여호수아는 살 수가 없기 때문입니다.

22 1997년에 브라질에 갔다가 정말 희한한 일을 봤습니다. 담임목사가 부목사가 되고, 부목사가 담임목사가 된 교회를 본 것입니다. 거제도 포로수용소 출신의 할아버지 목사님이셨습니다. 수용소에서 석방된 후에 북으로도 안 가고 남으로도 안 가고 제3세계로 간 포로들이 있었습니다. 그 교회 목사님은 인도로 가셨다가 브라질에 정착하셨다고 합니다.

23 신학대학 교수도 하시고, 큰 교회 담임도 하셨는데, 30대 부목사님이 괜찮아 보여서 당회와 의논하여 박사 공부를 하게 하였습니다. 또 사모님이 훌륭하다고 사모님까지 박사 공부를 시켰습니다. 공부를 마친 후에는 견문을 넓히라고 그 젊은 목사님 가족을 1년 동안 세계 일주까지 시켜주었다고 합니다. 그리고 돌아오자 할아버지 담임목사님은 그 목사님에게 담임목사직을 내어주고 본인은 부목사가 되었다고 합니다.

24 사람은 누구나 리더가 될 때가 있습니다. 그러나 어느 때는 섬기는 사람이 되어야 합니다. "난 바울과 같은 사람이 돼야지"보다 "난 바나바, 브리스가와 아굴라 같은 사람 돼야지"라고 할 수 있어야 합니다.

25 미국 시애틀의 한 교회를 갔다가 그곳으로 안식년을 보내러 오신 한

목사님 이야기를 들었습니다. 그 목사님은 자기 신분을 숨기고 열심히 교인 노릇을 했습니다. 하도 신앙생활을 열심히 하니까 교회에서는 집사 임명을 했습니다. 저 같으면 "아이, 저 사실은 목산데요"라고 했을 것입니다. 그런데 이분은 '내가 언제 집사 노릇 해보랴' 하고 정말 집사 노릇을 열심히 하셨답니다. 더 열심히 해서 안식년이 거의 끝나갈 때는 순장이 되어 섬겼다고 합니다.

26 리더는 사람들에게 영향력을 끼치는 사람입니다. 한 번이라도 영향력을 끼치지 못했다면 그는 사실상 리더라고 할 수 없습니다. 안식년 동안에 집사 노릇한 목사님이 그 교인들에게 끼친 영향력이 얼마나 컸을까요? 다들 그 목사님을 진심으로 존경하게 되었습니다. 이것이 바로 성경적인 리더십입니다.

27 리더십은 헬퍼십하고 똑같습니다. 잘 섬길 줄 아는 사람이 리더가 됩니다. 교회에서도 부교역자들이 일은 다 합니다. 담임목사가 시간 쓰고, 신경 쓰고, 스트레스 받아야 할 대부분의 일들을 부교역지들이 다 처리해줍니다. 그렇게 다 처리해주면 그 공은 주로 담임목사한테 갑니다. 장로님들과 교인들도 마찬가지입니다. 다 헬퍼이지요.

28 그런데 도움 받는 목사가 혼자 잘나서 된 줄 아는 경우가 있습니다. 바울이 훌륭한 점이 이것입니다. "나 혼자 잘난 게 아니라 이런 분들이 있어서 할 수 있었습니다"라고 고백합니다.

섬김의 회복이 필요한 시대

29 이 시대는 '섬김'을 잃어버렸습니다. 요즘은 아이들이 학교에 가지만 옛날에는 서당에 보냈습니다. 서당에서 뭘 배웠을까요? 천자문, 논어,

맹자 같은 것들을 배웠는데, 그 공부를 통해서 진정 배우고자 했던 가장 중요한 것이 효(孝)와 예(禮)입니다. 그 안에 섬김의 정신이 있습니다. "스승의 그림자도 밟지 말아라, 어른들을 보면 인사를 하거라, 부모에게 순종하거라"라고 가르쳤습니다.

30 세계사를 연구하는 사람들이 우리나라를 대단하게 보는 것이 있습니다. 500년 이상 가는 왕조를 가진 나라가 별로 없다는 것입니다. 늘 반역에 의해서 나라가 무너지기 때문입니다. 어떻게 이 작은 나라가 그렇게 오랜 시간 왕조를 이어갈 수 있었는지 분석해보니 두 가지 특출한 게 있었다고 합니다.

31 우선 임금을 위하여 목숨을 바치는 충(忠)이 있습니다. 우리나라의 충성은 품격이 높습니다. 맹종이 아니었습니다. 우리나라 충신이 제일 많이 한 말이 "아니 되옵니다. 전하"입니다. 임금 앞에서 이렇게 겁 없이 말할 수 있었던 것은 반역이 아니라 충의였습니다. 예의와 효도가 있다고 해서 옳음과 그름이 없어진 것이 아니었습니다.

32 또 사관(史官)이라고 해서 역사를 쓰는 사람들이 있어서 매일 기록했다고 합니다. 그렇게 역사를 중히 여긴 것이 오백년, 천년 왕조를 이어간 비결이라는 것입니다.

33 이런 내력 때문에 오늘날 우리 민족은 나름 옳고 그름에 대해서는 강한 데 반해 예의라는 부분은 약해졌습니다. 민주주의에도 권위는 있어야 하고, 권위를 존중할 줄 알아야 하는데 그것이 무너졌습니다.

34 옳고 그름에 분별력이 있어야 하고 어른이라도 아닌 것은 아니라고 말할 수 있어야 하지만, 언제라도 예의를 잊어서는 안 됩니다. 아니라

고 말할 때에도 그 자세는 반드시 어른은 어른으로, 스승은 스승으로 대해야 한다는 것입니다. 어느새 이 사회에 스승이 사라졌습니다. 예전에는 스승은 스승이고 허물은 허물이었는데, 지금은 허물 잡다가 스승이 없어졌습니다.

35 저는 학교 다닐 때 수학을 꽤 잘했습니다. 좋아하니까 잘할 수밖에 없었습니다. 그런데 제가 수학 때문에 대학에 떨어졌습니다. 고등학교 3학년 때 수학 선생님하고 싸웠기 때문입니다. 그랬더니 선생님이 싫어져서 수학 시간에 공부를 안 했습니다. '저 선생 수업 안 듣고 내가 혼자해도 할 수 있어' 하는 마음으로 말입니다. 그러다 보니 수학 시간에 풀면 금방인 것을 혼자 5시간 걸려야 풀 수 있었습니다. 그러자 점점 미루다가 나중에는 아예 수학을 포기했습니다.

36 결국 손해는 제가 봤습니다. 그래서 제 아들들에게는 "손해를 본다 해도 싸워야 할 때는 싸워야 한다. 하지만 지켜야 할 선은 있어야 한다. 그것을 놓치면 옳고 그름 때문에 더 중요한 스승을 잃어버리게 된다. 그러면 넌 아무것도 아니다. 그 분이 네 선생님이라는 것을 늘 인정해라"고 가르쳤습니다.

37 설사 학생과 선생님 사이에 분쟁이 있을 때 학생의 의견이 옳을지라도 그가 예의 없이 문제를 해결하려 든다면 아무도 그에게 옳다고 말하지 않습니다. 옳은 이야기를 무례하게 하는 게 더 잘못이란 것입니다. 우리는 옳기만 하면 예의는 아무래도 상관없다고 생각합니다. 그러나 옳은 이야기에도 예의는 반드시 필요합니다.

38 리더도 중요하지만 리더가 리더 되게 하는 일도 중요합니다. 우리 모

두 바나바와 같은 섬김의 사람이 될 수 있기를 바랍니다. 그래야 바울이 비로소 바울이 될 수 있기 때문입니다. 그것을 위해 기도하는 우리 모두가 되기를 바랍니다.

페이스북, 믿음의 책 : 로마서 이야기

초판 1쇄 발행 2013년 9월 6일
초판 6쇄 발행 2019년 1월 28일

지은이   김동호

펴낸이   여진구
편집   김아진, 권현아, 안수경, 최현수, 이영주, 김윤향
책임디자인 마영애 | 노지현, 조아라
기획·홍보   김영하   해외저작권 기은혜
마케팅   김상순, 강성민, 허병용   마케팅지원 최영배, 정나영
제작   조영석, 정도봉   경영지원   김혜경, 김경희

이슬비전도학교   최경식   303비전성경암송학교   박정숙
303비전장학회 & 303비전꿈나무장학회   여운학

펴낸곳   규장

주소 06770 서울시 서초구 매헌로 16길 20(양재2동) 규장선교센터
전화 02)578-0003   팩스 02)578-7332
이메일 kyujang0691@gmail.com   홈페이지 www.kyujang.com
페이스북 facebook.com/kyujangbook   인스타그램 instagram.com/kyujang_com
카카오스토리 story.kakao.com/kyujangbook
등록일 1978.8.14. 제1-22
ⓒ 저자와의 협약 아래 인지는 생략되었습니다.
이 출판물은 저작권법에 의해 보호를 받는 저작물이므로 무단 전재와 무단 복제를 할 수 없습니다.

책값 뒤표지에 있습니다.
ISBN 978-89-6097-316-9 03230

규 | 장 | 수 | 칙

1. 기도로 기획하고 기도로 제작한다.
2. 오직 그리스도의 성품을 사모하는 독자가 원하고 필요로 하는 책만을 출판한다.
3. 한 활자 한 문장에 온 정성을 쏟는다.
4. 성실과 정확을 생명으로 삼고 일한다.
5. 긍정적이며 적극적인 신앙과 신행일치에의 안내자의 사명을 다한다.
6. 충고와 조언을 항상 감사로 경청한다.
7. 지상목표는 문서선교에 있다.

하나님을 사랑하는 자 곧 그의 뜻대로 부르심을 입은 자들에게는 모든 것이 合力하여 善을 이루느니라(롬 8:28)

규장은 문서를 통해 복음전파와 신앙교육에 주력하는 국제적 출판사들의 협의체인 복음주의출판협회(E.C.P.A:Evangelical Christian Publishers Association)의 출판정신에 동참하는 회원(Associate Member)입니다.